JN102245

北村雅史 編

スタンダード
商法 **I**

商法総則・
商行為法

〔第2版〕

法律文化社

スタンダード商法シリーズの刊行にあたって

　近年、商法をめぐる環境には、大きな変化がみられる。そうした変化には、例えば、ここ数年間だけでも、平成26年の会社法の改正、平成26年、27年、29年の金融商品取引法の改正、平成29年の民法（債権関係）の改正、平成30年の商法（運送・海商関係）等の改正等、大きな改正が続いていることがあげられる。

　いうまでもなく、商法の対象とする範囲は広く、実質的には、商法総則、商行為法、会社法、手形法、小切手法、保険法、金融商品取引法等の諸法が含まれ、法改正だけではなく、新たな裁判例の蓄積等も目覚ましく、その範囲は、拡大の一途をたどっている。

　そこで、こうした状況に鑑み、基本的に商法の全範囲についてカバーしながら、しかも、直近の法改正や新たな裁判例の蓄積等についても対応した、新しい教科書シリーズの刊行が、強く望まれてきたところである。本『スタンダード商法』シリーズ（全5巻）は、こうした期待に応えるべく、刊行されるものである。

　本シリーズは、その『スタンダード商法』という名称が示すように、基本となる幹の部分を丁寧に概説することにより、主として、法学部生をはじめ、経済学部、商学部、経営学部等の学生の皆さんが、商法の全体像をしっかりと修得しながら、リーガルマインドを養成することができるように、標準的な内容を提供することをコンセプトとしている。

　このような本シリーズが、これまでに刊行されてきた優れた教科書と並び、広く世の中に歓迎され、永きに亘って愛されることを心より祈念してやまない。

　末筆ながら、本シリーズの刊行に向けて鋭意取り組んで下さった執筆者各位に心より敬意を表するものである。また、本シリーズの刊行にあたっては、法律文化社の皆様、特に、小西英央氏と梶原有美子氏に大変お世話になった。ここに記して、心より感謝申し上げる次第である。

　　2018年11月

　　　　　　　徳本穰・北村雅史・山下典孝・高橋英治

i

第 2 版はしがき

　本書の初版を2018年12月に刊行してから 3 年あまりが経過した。この間、本書の内容を深くご理解いただくために引用している「商法（総則・商行為）判例百選〔第 5 版〕」が「商法判例百選」に改編され、「商法判例集」が第 7 版から第 8 版に改訂された。また、令和元年の会社法改正により本書において修正を要する箇所が生じた。そこで、これらの変更を反映させ、内容をアップデートするために第 2 版への改訂を行うこととした。

　本書は、幸いにも多くの大学で教科書として採用され、読者のみなさんから貴重なご意見・ご感想を頂いている。今回の改訂は読者のみなさんからのご支援により行うことができたものと深く感謝している。

　第 2 版の刊行にあたっては、法律文化社の梶原由美子氏および徳田真紀氏に大変お世話になった。厚く御礼申し上げる。

　　2021年12月

北村雅史

はしがき

　本書は、主に大学で法律を学ぶみなさんに向けた、商法総則と商行為法の教科書である。

　商法は、企業関係に関する私法の基本法であり、将来、企業社会で活躍しようとするあるいは法曹を志す学生のみなさんにとって、商法は必ず学習しなければならない科目である。もっとも、商法は、規定が複雑であり、規制対象となる企業関係が学生のみなさんにはイメージしにくく、さらに商法のうち特に本書が対象とする商行為法の分野はその理解のためには民法の知識が必要になるなど、学びにくい科目という印象がもたれやすい。

　「スタンダード商法」のシリーズは、このような商法の基本的な制度や考え方を読者のみなさんが無理なく修得できるようにするというコンセプトの下で編集されている。本書もこのコンセプトの下で執筆されているが、それに加えて特に本書の編集にあたって考慮した点は以下の通りである。

　第1に、大学の教科書として、教師にとっても学生にとっても、使い勝手の良いものとすることである。商法総則と商行為法を初学者に講述する際には、できるだけ条文の体系に沿って、制度趣旨と条文の解釈を説明してゆくのが通常であろう。そこで、本書は、基本的に商法の条文体系に従った構成をとっている。

　第2に、商法総則については、原則的に同じ定めが会社法総則にも置かれていることから、引用の際には会社法の条文も併記するとともに、会社特有の論点についても言及した。そのため、本書の商法総則に関する部分は、会社法総則の教科書としての側面を併せ持つことになる。

　第3に、平成30年の商法の改正により、商行為法のうち運送法に関する規制が全面改正されたが、この分野については、いまだ多くの教科書が改正法に対応しているとはいえず、そもそも運送法そのものの概説書も少ない。そこで、本書の運送に関する記述については、本書の他の部分に比べて多くの紙面を使い、新しい運送法の概要を明らかにした。この部分は、学生諸君のみならずこれまである程度法律を学んだ方々にも有益な内容を含んでいるものと考えている。

　第4に、「スタンダード商法」の他のシリーズにもある程度共通するが、商

法上の諸制度に関する読者の理解に役立つように、「論点」「コラム」および「図表」を、本文とは別の枠を設けて適切な場所に配置した。とりわけ商取引の分野では、条文の説明のみでは取引規制の実情がみえにくいことがあるので、「コラム」や「論点」をやや多めに配置して、読者のみなさんに興味をもっていただくように心がけている。

　本書の執筆は、平成29年の民法（債権法）改正と平成30年の商法改正を挟んだ時期に行われた。執筆者の先生方には、執筆依頼の後、上記２つの改正に対応していただき、また最新の判例や実務の動向にもご配慮いただいた。本書を、平成最後の民法・商法の大規模改正を反映した教科書として刊行することができたのは、執筆者の並々ならぬ努力の賜物である。編者として深く謝意を申し上げたい。法律文化社の小西英央氏および梶原有美子氏には本書の完成に絶大なご援助を受けた。心より御礼申し上げる。

　　2018年11月

北村雅史

目　次

■図表目次

凡　例

（＊主なものを掲載）

1　法令の略語

一般法人	一般社団法人及び一般財団法人に関する法律
会社	会社法
会社規	会社法施行規則
会社計算	会社計算規則
会更	会社更生法
割賦	割賦販売法
金商	金融商品取引法
国際海運	国際海上物品運送法
商	商法
商登	商業登記法
商規	商法施行規則
倉庫業	倉庫業法
特商	特定商取引に関する法律
独禁	私的独占の禁止及び公正取引の確保に関する法律
破産	破産法
不正競争	不正競争防止法
保険	保険法
保険業	保険業法
民	民法
民再	民事再生法
民訴	民事訴訟法

＊商法については、原則、本文・（　）内とも法令名を省略し条数のみで表記することとしたが、例外として、（　）内でほかの法令と併記する場合には「商」と表記した。

＊本書は、令和元年改正会社法、平成30年改正商法・平成29年改正民法を引用している。改正法であることを特に強調すべき箇所について、本文では「改正商法」「改正民法」と表記し、（　）内では改商・改民と表記した。それ以外の改正前法については、「平成17年改正前商法（平成17年改前商）」「平成29年改正前商法」のように改正年度を明示して表記した。

なお、「平成29年改前商」とは、平成29年民法改正に伴う平成29年商法改正前の法をさす。

2 裁判関係

大判	大審院判決
控判	控訴院判決
最大判	最高裁判所大法廷判決
最判（決）	最高裁判所判決（決定）
高判（決）	高等裁判所［支部］判決（決定）
地判（決）	地方裁判所［支部］判決（決定）
刑集	大審院刑事判例集・最高裁判所刑事判例集
民録	大審院民事判決録
民集	大審院民事判例集・最高裁判所民事判例集
下民	下級裁判所民事裁判例集
高民	高等裁判所民事判例集
裁判集民	最高裁判所裁判集民事
金判	金融・商事判例
金法	金融法務事情
判時	判例時報
判タ	判例タイムズ

3 文献略語

百選	神作裕之・藤田友敬編『商法判例百選』有斐閣、2019年
商判	山下友信・神田秀樹編『商法判例集〔第8版〕』有斐閣、2020年

1章 商法総論

1 商法の意義

　商法には形式的意義と実質的意義がある。形式的意義における商法とは、商法という名のついた法律（商法典）のことである。日本の現行の商法典は明治32（1899）年に制定され、その後数々の改正を経て今日に至っている。

　これに対し、実質的意義における商法とは、商法として把握される特定の法域を意味する。商法は、原則的には私人間の法律関係を規律する法（私法）に属するが、私法の一般法として民法が存在するときに、さらに商法の存在を主張するには、商法が独自の統一的な法領域を構成していることを論証しなければならないはずである。これが、実質的意義における商法をどのようにとらえるか、という従来大いに議論されてきたテーマである。

　現在では、実質的意義における商法とは、企業の組織・活動といった企業生活関係に特有な法規の総体であるとする、企業法説が通説となっている。ここで企業とは、「継続的・計画的な意図をもって営利行為を実現する独立の経済的単位である」と定義され、商法は、企業をめぐる関係主体相互間の経済的利益の調整を目的とする法律ということになる。

　そのかぎりでは、商法典以外の法律、例えば会社法、手形法、国際海上物品運送法などの商事特別法も実質的意義における商法に属することになる。企業関係も私人間の法律関係である以上、民法によって規制すれば足りるはずであるが、企業関係にはそれとしての特殊性があり、これを民法のみによって規制したのでは不十分または不適切な場合がある。そこに商法の存在意義が認められるのである。

論点1-1　商法の本質に関する学説

　商法はどのような領域を対象とするのかについては、古くから様々な見解が主張されてきた。

　初期には、商法とは商に関する法であり、商法典において商または商事として定める法律事実に対する法規の総体が商法であるとする立場（松本烝治博士）があったが、この立場は、商法が民法から区別される理論的根拠の究明を放棄するものであった。

　企業法説が唱えられる前には、商的色彩論（田中耕太郎博士）という考え方が支配的であった。この立場は、商法と民法が規律する法律事実の対象は概ね共通するのだが、商法の特質はその法律事実が反映する色彩によるとし、商法は商的色彩を帯びている私人間の法律関係を規定するものである点で、民法とは区別されると解く。そして、商的色彩とは、「商法上の法律事実に通有な技術的性格」であり、具体的には「専門化された営利活動である投機売買から演繹されるべき特性であって、集団性および個性喪失をその主要内容とするもの」であるとされる。商的色彩論は、商法の本質というテーマに、独創的思考方法によって挑戦する画期的な試みではあったが、商法を民法から区別する基準となる「商的色彩」の内容が漠然としているという批判を受けた。

　現在は商法は企業生活関係を規律するとする企業法説（西原寛一博士）が通説である。もっとも、絶対的商行為（501条）は企業でない者が行っても商行為として商法が適用されることや、手形法・小切手法は、一般生活において用いられる手形・小切手にも適用されることを企業法説からどのように説明するかという問題が指摘される。しかし、501条は企業的性格が最も強い取引を列挙しているのであるから、同条に含まれる行為はその性質がそもそも企業的といえるものである。また、手形・小切手の利用者の大部分は企業であり、手形・小切手は企業の決済手段として機能し、さらに企業の信用取引を助長し、金融手段として機能する。手形・小切手はこのような企業の需要に応じるためのものであるから、これを規律する手形法・小切手法は実質的意義の商法に属するといってよい。

2　商法の地位

民法が市民生活・経済生活関係一般を規律する私法であり、商法は企業生活

関係として特殊な規制を要する面のみを規制するのであるから、企業に関する事柄については商法が優先して適用され、民法は商法に規定がない場合に補充的に適用される。つまり、商法は、企業生活関係について、一般法である民法の特別法と位置づけられる。

一方、企業に関する私法秩序と関連を持ちつつ、国民経済的立場から企業のあり方を規制する、独占禁止法や金融商品取引法といった経済法といわれる法領域が、近時重みを増している。また、企業に労働力を提供する労働者の保護を目的とした労働法という法領域が存在する。さらに、企業と取引をする一般消費者を保護する消費者保護のための法領域もある。これら企業に関連する様々な法分野と実質的意義における商法をどのように体系的に理解するかは将来的な課題として残っている。

このように広い意味での企業関係法の中で、商法は企業に関する私法の基本法ということができる。

3 商法の特色と傾向

企業生活関係の規制には民法の規定では不十分・不適切な面があり、そこに商法の存在意義があると述べた。商法規定の民法に対する特色としては、企業活動と企業組織の側面から、それぞれ次のような点が挙げられる。

1 企業活動に関する特色

(1) **営利性**　企業の活動は利潤の獲得を目的とするので、企業の主体である商人がその営業の範囲内でした行為は特約がなくても報酬をともなうこと（512条）や、商人間において金銭の消費貸借をしたときに貸主に法定利息の請求権が認められていること（513条1項）など、商法には企業の営利性を考慮した規定がおかれている。

(2) **簡易迅速主義**　企業活動を合理的に行うには取引の敏速な処理が必要である。そこで、商法は代理の非顕名主義を採用し（504条）、また商行為の委任による代理権は本人の死亡によって消滅しないこととしている（506条）。隔地者間における契約の申込みの効力（508条）、平常取引をする者から契約の申

込みを受けた場合の諾否通知義務（509条）なども、簡易迅速主義に立脚した規定である。

　(3)　**定型主義**　　大量の取引を能率よく処理するためには、取引上の法律関係を定型化するのが合理的である。株式（会社203条2項）や社債（会社677条2項）の募集に応じるときは原則として一定の事項を記載した書面によって申し込まなければならないことなどはその表れである。後で述べる取引約款が用いられるのも定型主義の要請による。

　(4)　**公示主義**　　商法は、企業に一定の重要な事項を登記・公告により公示させ、取引の相手方が不測の損害を被らないようにする（公示主義）。公示主義は、企業の規模が大きくなるに従ってより強く要請されるようになるため、株式会社に関する会社法の規定には、登記・公告に関する規制が多く見られる。

　(5)　**外観主義**　　商法は、企業に関する外観が真実と一致しないときに、外観を信頼した者を保護する規定を設け、企業と取引した者の信頼を確保している（外観主義）。表見支配人（商24条、会社13条）、表見代表取締役（会社354条）、名板貸人の責任（商14条、会社9条）、営業譲渡人の商号を続用した譲受人の責

任（商17条、会社22条）などの規定は、外観主義に立脚している。

(6)　**契約自由**　　企業活動は合理的計算に基づいて行われるから、当事者の自由意思によって契約を締結させるのが、当事者間の利害調整にとって合理的である。そこで、商取引に関する商法の規定には、当事者間の合意がない場合に補充的に適用される、いわゆる任意規定が多い。民法で禁止されている流質契約（民349条）が商法（515条）では許容されているのはその例である。

　もっとも、民法の契約に関する規定も任意規定が多く、商法の特性として契約自由主義を強調すべきではないともいえる。

(7)　**責任加重主義**　　取引を行う者が期待どおりの経済的効果を得られることを保障するため、商法は、数人がその1人または全員にとって商行為となる行為によって債務を負担した場合の連帯債務（511条1項）や場屋営業者の無過失責任（596条1項）など、企業取引の主体の責任を強化する規定をおく。もっとも、運送人の損害賠償額の定型化（576条1項）のように、民法の原則（民416条）より、債務者の責任が軽減されている規定もある。

2　企業組織に関する特色

(1)　**資本の集中**　　企業が活発に経済活動を展開するためには資本が必要である。そこで、会社法は株式会社と持分会社の制度を設け、商法は匿名組合制度を設けることにより、企業への資本の集中の便宜をはかっている。

(2)　**危険の分散**　　企業活動は利益（リターン）の獲得を目指して行われるが、そのような活動には損失が発生する危険（リスク）が常につきまとっている。そこで、会社法は、株主有限責任制度などを定め、保険法は各種の保険制度を定めるなど、商法には、危険の分散のための諸制度が存在する。

(3)　**企業の維持・強化**　　企業が安定的・効率的に活動を行うためには、いったん成立した企業の解体を防止し、経営を効率化して企業を強化するための制度が必要である。そのため、会社法は、合併、会社分割、株式交換・株式移転・株式交付等の企業の組織再編に関する諸制度を定めている。商法が定める営業譲渡（会社法では事業譲渡）の制度も、企業の維持強化に資するものである。

(4)　**労力の補充**　　企業活動には実際にそれに携わる人の労力が必要である。商法は、企業の使用人の代理権に着目して商業使用人制度を設けている。

そのほか、企業の外部からその企業の活動を補助する商人（これを補助商という）として、代理商、仲立人、問屋、運送取扱人、運送人、場屋営業者および倉庫営業者の制度が設けられている。海上企業（海洋を舞台として船舶を用いて行う企業）の補助者として船長等の制度が設けられている。

3　商法の傾向

　商法には、発展過程に関する特色（傾向）として、進歩的傾向と世界的傾向があるといわれる。

　(1)　**進歩的傾向**　商法は企業法である。企業は営利を目的として経済活動を行うので、その行動指針は経済的合理主義である。企業生活関係は、経済の発展に即応しつつ、新たな技術開発や経営手法の開発によって変化してゆく。企業生活関係が変化してゆけば、それを規制する法も変化せざるを得ない。

　このように、商法には、歴史・習俗等に制約される度合いが民法に比べて小さく、経済の発展にあわせて法規制が進展するという進歩的傾向が認められる。とりわけ、株主、投資家、会社債権者等の多数の利害関係者の利害調整を行うとともに、企業組織の再編や機関設計に関する社会・経済的要請の変化等に対応する株式会社法制の分野では、改正の頻度が高い。

　(2)　**世界的傾向**　企業生活関係において合理的な技術・経営手法が開発されれば、それが他の国々に伝播する可能性が高い。そうすると、企業生活関係を規制する商法も、その内容が各国で同じようになってゆく傾向にある。また、国際取引が発達すると、商法の国際的統一への動きが生じる。このような特色を商法の世界的傾向という。

　例えば、1930年と1931年に、ジュネーブにおいて、手形法統一条約と小切手法統一条約が成立し、英米法系の諸国を除く多くの国がこれに参加することにより、手形法・小切手法の国際的統一が図られた。わが国の手形法と小切手法も、これに基づいて制定された。20世紀以降新たな運送手段として重要な役割を担うようになった航空運送の分野では、国際条約が主要な規範として位置づけられている（ワルソー条約・モントリオール条約など）。

　会社法の分野では、20世紀の終わりごろから、企業をいかに健全かつ効率的に運営するかというテーマに関する議論（コーポレート・ガバナンス論）が世界

的に盛んになり、投資のグローバル化の影響もあって、21世紀に入り、わが国の会社法が、欧米型の要素を多く取り入れるようになった（指名委員会等設置会社の創設（平成14年）、監査等委員会設置会社の創設（平成26年）など）。

4　商法の法源

　一般生活において紛争が生じ裁判に持ち込まれたとき、当事者の合意がなくても裁判所が問題解決のために適用する規範を（狭義の）法源という。企業生活関係についての法源すなわち商法の法源として、商法典を中心とする商事制定法のほか、条約、商慣習（法）、商事自治法がある。

1　商法典その他の商事制定法

　制定法は、法律およびそれに基づく命令（政令・省令等）を意味する。

　商事制定法としてまず商法典がある。商法典は3つの編から成る。

　第1編は「総則」であり、まず商法の適用に関する通則と商人の定義について規定し、次に商業登記、商号、商業帳簿という商人の物的施設について定め、さらに商業使用人と代理商という商人の人的施設について定めている。

　第2編は「商行為」であり、まず商行為の定義規定を置き、次に商行為についての通則として、そして典型的商取引である売買について、民法の特則を設け、続いて企業の決済手段としての交互計算と特殊な企業組織である匿名組合について定め、さらに、仲立営業、問屋営業、運送取扱営業、運送営業、場屋営業および倉庫営業という、補助商といわれる各種営業について定めている。

　第3編は「海商」であり、海上企業の物的組織である船舶と海上企業者である船舶所有者等、そして海上企業特有の補助者である船長について定め、ついで海上企業の中心となる海上運送について規定し、さらに船舶の衝突、海難救助、共同海損、海上保険という海上企業特有の危険に関する定めを設けている。

　その他の商事制定法には、商法の規定を施行しまたは具体的細目を定めるものと、商法の規定を補充し変更するものがある。前者として、商法施行法、商法施行規則、商業登記法がある。後者として、不正競争防止法、宅地建物取引

業法、国際海上物品運送法などがある。会社法、保険法、手形法、小切手法のように、もともと商法典に含まれていた法律も商事制定法として重要な役割を果たしている。

2 商慣習（法）

社会生活のなかで反復して行われ、ある程度まで人の行動を拘束するようになった社会の規範を慣習といい、慣習が法的なものとして広くその社会の人々に認められるようになった（慣習が法的確信を伴うようになった）とき、慣習法が成立する。企業生活関係では、企業社会に生きる人々の合理性に基づき種々の慣習ないし慣習法が形成されてきた。

法の適用に関する通則法3条は「公の秩序又は善良の風俗に反しない慣習は、法令の規定により認められたもの又は法令に規定されていない事項に関するものに限り、法律と同一の効力を有する」と定める。この規定にある「慣習」は慣習法を意味すると解され、同条は慣習法の法源性を規定している。これに対し、民法92条が定める「法律行為の当事者がその（法令中の公の秩序に関しない規定と異なる）慣習による意思を有していると認められるときは、その慣習に従う」とされる場合の「慣習」は「事実たる慣習」といわれるが、慣習法に至らない慣習には法源性は認められない。

商事に関する慣習法を商慣習法といい、これには法源性が認められるから、紛争が裁判に持ち込まれた場合、裁判所は、商慣習法を当事者の主張にかかわらず自ら探知して適用しなければならない。商慣習法として認められたものとして、白地手形が通常の手形と同様の方法で流通できること（大判大15・12・16民集5・841、大判昭5・10・23民集9・972）や、元受保険者が再保険者より再保険金の支払いを受けた場合、元受保険者は再保険者が保険代位により取得した第三者に対する損害賠償請求権を自己の名で再保険者のために行使することができること（大判昭15・2・21民集19・273〔百選1〕）などがある。

3 商事自治法と取引約款

商事関係において、団体が規則を自主的に定め、その構成員に遵守させることは、取引社会に広く見られる。このような自治規則が関係者を法的に拘束

し、商事自治法として商法の法源となるためには、その規則の制定に制定法の根拠があるか、あるいは関係者はその規則に従うこととする商慣習法がある場合に限られると解すべきである。会社の定款（会社26条・575条）や金融商品取引所の業務規程（金商117条）には、その制定に法的根拠があるが、手形交換所規則には法的根拠がないので、これが商事自治法となるかどうかは見解が分かれる。

　商取引の定型性の要請から、銀行取引、保険取引、運送などの分野では、企業があらかじめ契約内容を定型化した約款とよばれるものを作成しておき、企業と取引に入る者は誰でもその約款の条項に従うことが要求される。私たちがそのような企業と取引関係に入る場合、約款の内容をほとんど意識していないことがある。契約であれば当事者が合意していない（認識していない）条項は効力を生じないはずであるが、いったん紛争が生じたとき、裁判所は原則的に約款の規定を適用する（大判大4・12・24民録21・2182）。その根拠をどのように考えるかは、長年にわたり民法・商法の論点となってきた。例えば、取引約款を商事自治法と解する立場、一定の取引分野で取引約款が通常用いられる場合には取引約款に従うという白地慣習法が存在すると解する立場、約款によるという当事者の合意に約款の拘束力を認める立場などがあった。

　平成29年の民法の改正により「定型約款」に関する規律が創設され、取引約款が定型約款（民548条の2第1項）に該当する場合には、当事者のみなし合意によりその拘束力が認められることとなった（民548条の2ないし548条の4参照）。

5　商法の適用

1　商法の適用対象──商法の基本概念

　商法が企業に関する私法であり、商法上の諸制度が企業関係に適したものになっているといっても、どのような生活関係に商法が適用されるのかが具体的に明らかにされなければ法律関係が混乱する。例えば、代理について顕名（本人のためにすることを示すこと）が必要かどうかや（商504条、民99条1項）、数人の者が債務を負担した場合に連帯債務となるかどうか（商511条1項、民427条）などについて、民法と商法の間で規定の内容が異なるときそのいずれを適用す

るのか、あるいはある事業を営む者に、商業登記、商号、商業使用人といった民法にはない商法独自の制度が適用されるか、といった事柄は、当事者にとって非常に重要な問題である。

　商法は、企業主体を商人、企業取引を商行為という概念でとらえ、商人と商行為という2つの基本概念で商法の適用対象を画する。言いかえれば、商法は、商人に関する法律関係と商行為に関する法律関係について、民法とは異なる、あるいは民法にはない特別の規定を設けている。

　例えば、本人にとって商行為となる行為の代理であれば、顕名がなくても代理行為は本人に対して効力を生じ（504条）、数人の者がその1人または全員のために商行為となる行為によって債務を負担すると、その債務は連帯債務となる（511条1項）。またある事業を営む者が商人であれば、商法の商業登記制度などが適用されることになる。

　商行為概念と商人概念の定め方についての立法主義としては、まず商行為概念を定めてこれから商人概念を導く商行為法主義と、まず商人概念を定めてこれから商行為概念を導く商人法主義がある。日本の商法は、まず商行為概念を定めた上で（501条・502条、基本的商行為）商人概念を導いているが（4条1項、固有の商人）、一方で商行為概念を基礎としない商人を定めるとともに（4条2項、擬制商人）、商人がその営業のためにする行為を、その行為の企業的性質にかかわらず商行為とする（503条、附属的商行為）など、商人法主義を加味した体系になっている（→2章1～3）。

2　商法の適用の順序

　(1)　**商事制定法・商事条約**　　商事制定法には、商法典、商事特別法（会社法、保険法、国際海上物品運送法など）および商事条約がある。法律の間に抵触が生じる時、特別法は一般法に優先する。条約と法律が抵触する場合は、条約が制定法に優先するのが原則であり（憲98条2項参照）、国内法の補完・具体的措置がなくてもそのまま実施できる条約（自動執行力のある条約）は法律に優先する。

　したがって、商事制定法と商事条約の適用順序は、①商事条約、②商事特別法、③商法典、となる。

　(2)　**商事制定法、商慣習（法）、民法**　　1条2項は、商事に関し商法に規定が

ない事項については商慣習に従い、商慣習がないときは民法の定めるところによる、と規定する。ここで「商事」とは、一般に商法典によって規律されるべき事項をいうと解されている。

平成17年改正前商法の1条は、商事に関し商法に規定がないものについては商慣習法に従い、商慣習法もないときは民法に従う、と定めていた。現在の1条2項の商慣習は、従前どおり「商慣習法」を意味すると解すべきである。

1条2項は、商法と商慣習（法）との関係では制定法である商法が優先されるべきことを明らかにする。これは、制定法優先主義を定めた法の適用に関する通則法3条の趣旨に合致する。また、商慣習法は商慣習に法的確信を伴うものであり、その実質は商慣習であるから、当事者が特にこれに従わない意思を有していない限り、商慣習法は商法の任意規定にも優先する（民92条）。

1条2項によると、商慣習（法）は民法に優先する。企業生活関係は経済社会の発展に即応して変化してゆくため、それに関する法規制も固定的な性質のある制定法では規制が実情に合わない時代遅れのものとなって合理的な経済活動を制約することがあり、特に一般生活関係を対象とする民法との関係ではそのおそれが大きいためである。伝統的通説は、1条2項を制定法優先主義の例外であると解する。

6　商法の歴史と展開

1　商法の起源

古代においても、商取引が行われていたところでは商法的な制度は存在していたが、一般私法から独立した法領域としての商法が誕生したのは、中世地中海の商業都市における商人法（商人という階級に適用される法）であるといわれている。当時のベネチア、ジェノアなどの諸都市における商人法は、それまでの慣習法をもとに形成されていた。商号、商業帳簿、合資会社、匿名組合などの現代の商法上の諸制度には、このような中世の商人法に由来するものが多い。

2　大陸法系の商法の展開

近世の中央集権国家に移行するにあたり、都市の商人法は次第に国家法に組

み入れられるようになった。

　商法が商人階級の法としての域を脱し、近代的商事法として制定されたのは、1807年のフランス商法典（いわゆるナポレオン商法典）が最初である。これは、フランス革命時の平等思想に基づき、商行為を行うすべての者に適用され、商行為を営業とする者を商人としてその権利義務等を定めるという立法主義（商行為法主義）を原則的に採用した。

　国家の統一が遅れていたドイツでは、ラントごとに法規が異なることによる経済生活の支障を解消するため商法の統一が必要とされ、1861年に普通ドイツ商法典（これがドイツ旧商法となる）が制定された。普通ドイツ商法典は、基本的には商行為法主義を採用したが、フランス商法典では絶対的商行為とされていた行為の多くを営業的商行為に移すとともに、附属的商行為を定めるなど、商人法主義の要素も兼ね備えていた。その後、民法典との調和の必要などから、1897年にドイツ帝国商法典（ドイツ新商法）が制定された。ドイツ新商法は、商人法主義を採用したが、特定の階級に適用される中世型の商人法ではなく、誰でも商人になりうることを前提に、商人として営業する者に適用される新しい商人法である。

　このようなフランスとドイツの商法典は、日本を含め多くの大陸法系諸国の商法に影響を与えた。

3　英米法系の商法の展開

　判例法主義をとるイギリスでは、体系的な商法典は存在しない。商人間の紛争は海事裁判所を中心に発達した商慣習法によって処理され、それが18世紀にコモンローに吸収された。もっとも、19世紀後半以降、会社法をはじめとして商事に関する多くの個別的な成文法が制定されている。

　アメリカ合衆国の法制度はイギリス法を基本的に継受している。ただ、アメリカの連邦制の下では、商事に関する立法権は各州にあるので、商法の内容は州によって異なることになる。しかし、それでは、州境を超えた取引の円滑化が阻害されるので、州法を統一する動きが早くから見られた。1958年に作成された「統一商法典（Uniform Commercial Code）」は、各州が自発的に採用することが期待される商取引法に関するモデル法であり、現在ほとんどすべての州に

おいて採用されている。会社法についても「模範事業会社法（Model Business Corporation Act）」がモデル法して作成されるなど統一への動きはあるが、各州がより魅力的な会社法を制定しようと競争するなど、州ごとに特徴的な会社法制が存在している。

4 日本の商法の展開

　我が国でも、古代から近世にかけて商法的制度が存在していたが、現在の商法は、これらとは無関係に、明治維新後外国から輸入されたものが基礎となった。我が国最初の近代的商法典は、ドイツ人ヘルマン・レースラー（Hermann Roesler）の起草に基づき、明治23（1890）年に成立した。もっともこの商法典（旧商法典といわれる）は、日本固有の慣習を顧慮していないことや、民法典との調和が十分ではないとの理由から、その実施が延期され、明治31年にようやくその全部が施行されたものの、翌年に新商法典が成立したため、一部を除いて廃止された。

　新商法典は、明治32（1899）年3月に公布され、同年6月から施行された。これが我が国の現行商法である。制定当時の編成は、第1編「総則」、第2編「会社」、第3編「商行為」、第4編「手形」、第5編「海商」となっていた。

　その後、わが国が手形法と小切手法の統一条約（ジュネーブ条約）に参加したことにより、昭和7（1932）年に手形法が、昭和8（1933）年に「小切手法」がそれぞれ独立の法律として制定され、商法の手形の編は廃止された。会社に関しては、昭和13（1938）年に、商法の会社編とは別に、有限会社法が制定された。

　戦後には数々の商法改正が行われてきたが、特に昭和25（1950）年、昭和49（1974）年および昭和56（1981）年の改正は、かなり大規模なものであった。平成に入ってからは会社関係の改正の頻度がさらに高くなり、特に平成9（1997）年から平成16（2004）年にかけては毎年改正が行われた。

　平成17（2005）年には「会社法の現代化」のための議論の成果として、「会社法」が単行法として制定された。「会社法」は、従前の商法第2編「会社」のほか、有限会社法その他の会社関係の個別立法を1つの法律としてまとめ、再編成したものである。これにより、商法の会社に関する編は廃止され、商法

の編成は、第1編「総則」、第2編「商行為」、第3編「海商」となった。

平成20（2008）年には、それまで商法第2編「商行為」第10章に定められていた「保険」に関する規制が、「保険法」として単行法に取りまとめられた。

平成29（2017）年には、民法（債権法）の改正に伴い、商法第2編「商行為」第1章「総則」に含まれる多くの規定が改正または削除されるなど、商行為に関する規制が幅広く改正された。

平成30（2018）年には、運送に関する規制が社会情勢の変化に対応して現代的なものに改正され、あわせて一部にカタカナ文語体が残っていた商法の規定がすべてひらがな口語体に改められた。

2章

商人・商行為——商法の基本概念

1　商法の適用範囲

1　商法の適用対象と商人・商行為の概念

　実定法はその適用対象を明らかにする必要がある。特に、商法は民法の特別法であり、商法の適用がない場合には民法が適用されるから、商法と民法の適用範囲の区別が明確でなければならない。そこで、商法は**商人**と**商行為**という2つの基本概念を定め、これらの概念を用いて商法の適用対象を明確化している。すなわち、商法の各規定は、商人または商行為に関する各種の法律関係に適用される（1条参照）。例えば、512条（民648条1項の特則）は「商人」の報酬請求権について規定し、511条1項（民427条の特則）は「商行為」によって負担した債務の連帯について規定している。もっとも、具体的に商人または商行為に関するいかなる法律関係に商法の各規定が適用されるかは、当該規定の解釈問題である。

　実質的意義の商法を企業に関する法と理解するなら（→1章1）、企業概念を基礎に商法の適用範囲を決定するのが理論的ではある。しかし、商法典は企業の概念を用いていない上、商法典の定める商人および商行為の範囲と、企業法説（→論点1-1）の考える企業主体および企業取引の範囲は一致しない。

2　商人および商行為の意義

　近代商法典における商人および商行為の概念の定め方には、大別すると2つの立法主義がある。

　商行為概念をまず定めて、そこから商人概念を導く立場を**商行為法主義**（客

観主義）という。この立場では、行為の主体を問わず行為の客観的性質から一定の行為を商行為と定め、そのような商行為を営業とする者を商人とする。もっとも、純粋な商行為法主義を採用する立法例は現在なく、我が国の商法やフランス商法はこれをやや修正した**折衷主義**の立場に立つ。これは、特定の種類の行為については行為の主体を問わずに商行為とするが（絶対的商行為）、他の種類の行為については営業としてなされるものだけを商行為とし（営業的商行為）、これらの商行為を営業とする者を商人とする。

　他方で、まず商人概念を定めて、そこから商行為概念を導く立場を**商人法主義**（主観主義）といい、ドイツ商法やスイス債務法がこれを採用する。この立場では、例えば一定の企業的形式で経営を行う者を商人と定め、そのような商人の営業上の行為を商行為とする。

　商行為を商法典に限定列挙する商行為法主義には、経済の発展により生じる新たな種類の営業に対応できないという欠陥がある。また、企業主体たる商人概念を基礎とする商人法主義が企業法説には適合する。行為の主体を問わない商行為（絶対的商行為）を認める商行為法主義は、企業といえない者の行為にも商法を適用することになり、企業法説の立場と合致しない。

　我が国の現行法は基本的には商行為法主義のうち折衷主義に属するが、商人法主義の立場からの修正が相当なされている。詳細は **2** 以下で述べるが、商法および会社法は概略次のように規定している（→図表2-1）。

　まず、現行法では、会社以外の者（自然人および会社以外の法人）と会社とで、商人および商行為の定め方が異なる。

　会社以外の者について、商法は4種類の**絶対的商行為**（501条）と13種類の**営業的商行為**（502条）を列挙した上で、自己の名をもってこれらの商行為をすることを業とする者を商人と定義する（4条1項）。これを**固有の商人**といい、商法は基本的に折衷主義の立場に立つ。他方で商法は、店舗その他これに類似する設備によって物品を販売することを業とする者および鉱業を営む者も商人とみなしており（4条2項）、かかる商人は**擬制商人**とよばれる。固有の商人と異なり、擬制商人は商行為概念から導かれるのではなく、その企業的設備に着目して商人とみなされるから、商人法主義の立場からの商人概念である。さらに商法は、絶対的商行為・営業的商行為とは別に、商人（固有の商人および擬制商

図表 2-1　商人および商行為の概念

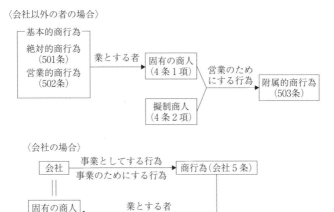

　人）がその営業のためにする行為も商行為としており（503条1項）、かかる商行為は**附属的商行為**とよばれる。附属的商行為も商人概念から導かれる商人法主義的な概念である。

　以上に対して会社法は、会社がその事業としてする行為およびその事業のためにする行為を商行為と規定する（会社5条）。その結果、会社は商行為を業とする者といえるから、固有の商人である（4条1項）。このように、会社については絶対的商行為または営業的商行為を業とするか否かにかかわらず、会社という企業形態をとれば当然に商人となり、その行為は商行為となる。これは、会社について実質的には商人法主義を採用するものであり、現実に多くの企業活動が会社形態で行われているから、実務上の意義も大きい。

3　会社に対する商法の適用関係

　会社は商人であり、会社の行為は商行為であるから（商4条1項、会社5条）、商人・商行為に関する商法の規定は会社とその行為にも適用されるのが原則である。ただし、商法総則の規定の多くは会社以外の商人にのみ適用され、会社については、会社法が、商法総則とほぼ同内容の規定を主として会社法総則に置いている。

具体的には、商法総則の商号・営業譲渡・商業帳簿・商業使用人・代理商に関する規定は会社には適用されない（11条1項括弧書）。代わりに、会社の商号・事業譲渡・使用人・代理商の規定が会社法総則にあり（会社6条以下）、会社の会計帳簿・計算書類の規定も会社法にある（会社431条以下・614条以下）。会社の登記についても会社法の規定（会社907条以下）が適用され、商法総則の規定（8条ないし10条）は適用されない。本書では、商法総則と会社法の規定を両方引用するが、それぞれ適用対象が異なることに注意してほしい。

2　商　　人

1　固有の商人
　固有の商人とは、「自己の名をもって商行為をすることを業とする者」をいう（4条1項）。

　ここでいう「商行為」とは、絶対的商行為（501条）と営業的商行為（502条）であり、両者を併せて**基本的商行為**という。ただし、会社については、事業としてする行為はすべて、ここでいう商行為である（会社5条）。

　「自己の名をもって」とは、その行為から生じる権利義務の帰属主体となることをいう。したがって、営業主ではなく代理人（商業使用人・親権者・後見人など）が実際の営業活動を行っていても、営業主が商人である。同様に会社の代表者（代表取締役・代表執行役など）も商人ではなく、会社が商人である。権利義務の帰属主体が誰かは営業の実態に基づいて判断され、経済的損益の帰属者や官庁等への届出名義人と同一人であるとは限らない。

　「業とする」とは、営業とするということであり、営利の目的で同種の行為を計画的に反復継続して行うことを意味する。計画的に反復継続して行う意図がある限りは、1回目の行為も業として行われたといえる。営利の目的とは、本来は収支の差額を利得する目的の意味だが、一般にもう少し広く解されている。すなわち、資本的計算方法（資本に対する利回り計算）のもとで、少なくとも収支相償う（収入と支出がバランスする）ことが予定されていればよい。営利の目的があれば、結果的に利益があがらなくても商人になりうる。また、営利の目的と他の目的（例えば公益的・政治的・宗教的目的）が併存していてもよく、

論点2-1　自由職業者の商人性

　医師・弁護士・芸術家などの自由職業人に営利の目的があるかが議論されてきた。ただ、そもそも自由職業人の業務はほとんど基本的商行為に該当せず、営利目的の有無にかかわらず固有の商人になりえないから、議論の実益はあまりない。ともかく、これらの者が実際には営利の目的を有する場合があることは否定しがたい。しかし、通説は、これらの業務の客観的・社会的にあるべき姿や職業の歴史的経緯を理由に、社会通念の問題として営利の目的を否定する。他方で、医師が病院を経営し患者を入院宿泊させる場合（502条7号の商行為）や芸術家が自作品を店舗販売する場合（4条2項の行為）などを念頭に、自由職業人も商人たりうるとする見解もある。

得た利益の使途も問わない。そのため、公法人や公益法人が営業を行う場合にも商人となりうる（→本章**4**の1）。

2　擬制商人

　(1)　**総　説**　　商行為概念から商人概念を導き出す固有の商人だけでは、商法の適用範囲が不合理に狭くなることから、基本的商行為を業としない一定の者も、その経営方式や企業的設備に着目して商人とみなされる（4条2項）。これを**擬制商人**といい、次の2つがある。

　(2)　**店舗その他これに類似する設備による物品の販売を業とする者**　　農業・漁業などの原始産業を営む者が、自ら生産・収穫した農産物・畜産物・水産物等を店舗を用いて販売する場合がこれにあたる。他人から有償取得した物を販売することは絶対的商行為だが（501条1号）、原始産業を営む者が原始取得した物を販売する行為は基本的商行為でないから、それを業としても固有の商人ではない。しかし、店舗という企業的設備を用いる者は、商人として商法の適用対象とするのが適切である。また、店舗で販売されている物が他人から有償取得した物か否かは顧客からは分からないのに、それによって販売者が商人か否か（商法適用の有無）が異なるのは不合理である。そこで、商法はかかる原始産業従事者を擬制商人としている。ただし、店舗その他これに類似する設備を用いる必要があるから、単に経営規模が大きい者や訪問販売は含まれない。イン

ターネット等の情報通信設備を用いた通信販売は含める余地がある。

(3) **鉱業を営む者**　鉱業も原始産業であり、基本的商行為には含まれない。しかし、鉱業は相当大規模な企業的設備を用いて行われるものであるから、これを営む者を商法は擬制商人としている。

3　小商人

登記や商業帳簿に関する商法の規定は、規模の非常に小さい商人に適用すると、負担が重すぎたり手間が煩雑すぎたりする。そこで商法は、最終営業年度の貸借対照表（なければ開業時の貸借対照表）に計上された営業用財産の価額が50万円を超えない者を**小商人**とし、一定の商法の規定を小商人には適用しない（商7条、商規3条）。具体的には、①登記に関する規定として、未成年登記（5条）、後見人登記（6条）、商業登記（8条ないし10条）、商号の登記（11条2項）、商号譲渡の登記（15条2項）、商号を続用する営業譲受人が譲渡人の債務の弁済責任を負わない旨の登記（17条2項）、支配人の登記（22条2項）の規定と、②商業帳簿（19条）の規定が小商人には適用されない。もっとも、登記はできないが小商人も商号の使用は可能である。支配人についても同様に解する説もあるが、支配人は登記を前提にし、小商人は支配人を選任できないと解する説が多数である（→**7章3**の2(3)）。

3　商　行　為

1　基本的商行為

商法は、4種類の絶対的商行為（501条）と13種類の営業的商行為（502条）を列挙している。これらは固有の商人（4条1項）を導く概念であり、**基本的商行為**と総称される。商法の適用範囲を明確にするため、基本的商行為の種類は限定列挙と解されており、類推解釈は許されない。これらの行為は、企業活動の歴史的拡大に応じて大陸各国の商法に規定された行為を参考にしたものではあるが、現代企業の営業種類が網羅されているわけではない。

2　絶対的商行為

(1)　**総　説**　　絶対的商行為とは、強度の営利性を有することを理由に、営業として行われるか否かを問わずに商行為とされる行為である（501条）。商人でない者の1回限りの行為も含まれることになるから、企業法説からは絶対的商行為の廃止が主張されている。

(2)　**投機購買およびその実行行為（501条1号）**　　利益を得て譲渡する意思で動産・不動産・有価証券を有償取得する行為、およびその取得した物を譲渡する行為である。物を安く取得して高く譲渡することで、差額を利得する行為であり、取得行為（投機購買）と譲渡行為（実行売却）がそれぞれ商行為となる。経済史上の商取引の原始形態（固有の商）であることに着目して絶対的商行為とされている。

　有償取得した物に製造・加工をして譲渡してもよい（大判昭4・9・28民集8・769〔百選27〕）。例えば、原材料を買い入れて、製造・加工の上で製品として売却する製造業者の行為はこれにあたる。また、利益を得て譲渡する意思（投機意思）が物の取得時点で存在し、かつ相手方に認識可能でなければならない。したがって、例えば自己使用目的で取得した物を後になって高値で売却しても、実行売却にはあたらない。逆に、取得時点で投機意思があれば、後に意思が変わって目的物を自己使用しても、取得行為が商行為であることに変わりはない。

(3)　**投機売却およびその実行行為（501条2号）**　　他人から有利な条件で後に取得する物で履行する意思で、動産・有価証券を将来譲渡する契約（供給契約）を締結する行為（投機売却）、および後にその物を有償取得する行為（実行購買）である。先に高く売る契約を結んでおき、後から安く買い入れて、差額を利得する行為であり、(1)と行為の順序が異なるだけである。ただ、不動産は後から取得できるかが不確実で、このような供給契約に適さないから、目的物から除外されている。

(4)　**取引所においてする取引（501条3号）**　　取引所には、株式等の有価証券の売買を主に行う金融商品取引所と貴金属・石油・農産物などの取引を行う商品取引所がある。取引所における取引は、代替性のある有価証券や商品の大量取引で、極度に技術的・定型的な性格を有するから、絶対的商行為とされてい

る。もっとも、取引所での取引を行えるのは、取引所の会員等（会員または取引参加者）の商人のみであり（金商111条1項、商品先物取引97条1項・2項）、それ以外の者の取引は会員等が委託を受けて行う。

(5) **手形その他の商業証券に関する行為（501条4号）**　本号の商業証券は広く有価証券を意味し、手形のほかに小切手・株券・社債券・船荷証券・複合運送証券・倉荷証券などを含む。また、商業証券に関する行為とは、振出・裏書・引受などの証券上になされる行為をいい、白地手形の補充権授与行為も、これに準ずる行為として含まれる（最判昭36・11・24民集15・10・2536〔商判Ⅴ-19〕）。他方で、証券の売買・寄託などの証券を目的とする行為は含まれず、他の規定（501条1号2号など）によって商行為となる場合があるだけである。

有価証券上の行為は、現在では商法以外の法律（手形法、小切手法、株券・社債券に関する会社法の規定のほか、民法520条の2以下など）によって規整される場合が多く、これを絶対的商行為として商法の規定を適用する意義は大きくない。

3　営業的商行為

(1) **総説**　営業的商行為とは、営業として行われる場合、すなわち、営利の目的で反復継続して行われる場合にのみ商行為となる行為である（502条）。商行為を営業として行う者は商人であるから（4条1項）、絶対的商行為と違い商人の行為のみが営業的商行為となる。ただし、もっぱら賃金を得る目的で物を製造し、または労務に従事する者の行為は含まれない（502条但書）。502条列挙の行為を営業としてはいても、手内職人などの企業的性格の弱い者については、商法の適用は不要だからである。

(2) **投機貸借およびその実行行為（502条1号）**　他に賃貸して利益を得る意思で、動産・不動産を有償取得または賃借する行為、およびその有償取得または賃借した物を他に賃貸する行為である。動産・不動産を安く取得または賃借し、高く賃貸して利益を得る行為であり、物の所有権でなく利用の媒介である点で投機購買（501条1号）と異なる。レンタカー業・レンタルビデオ業・貸家業・リース業などがこれに属する。

(3) **他人のためにする製造・加工に関する行為（502条2号）**　相手方から原材料

の供給を受けて、製造または加工をすることを引き受ける行為をいう。製造とは、原材料に手を加えて全く異なる種類の物にすることであり、紡績・醸造・機械器具の注文生産などである。加工とは、物の種類に変更が生じない程度に手を加えることであり、クリーニング・染色・精米などである。自己の計算で取得した原材料に製造・加工をして売却する行為は、本号の行為ではなく投機購買（501条1号）である。

(4)　**電気・ガスの供給に関する行為（502条3号）**　　電気・ガスの継続的供給を約する契約をいい、電気・ガス事業者の行為である。水の供給契約をこれらと区別する理由はないが、現行法には含まれない。

(5)　**運送に関する行為（502条4号）**　　物（物品）または人（旅客）の運送を引き受ける契約をいう（→15章）。陸上・海上・航空のいかんを問わない。市営地下鉄のような公営のものも含む。

(6)　**作業・労務の請負（502条5号）**　　(2)の製造・加工が主として動産を対象にしているのに対して、本号の作業の請負とは、不動産または船舶に関する工事の請負契約をいうと解されている。建設業者や造船業者の行う道路や鉄道の建設・家屋の建築・船舶の修繕の請負などである。労務の請負とは、労働者の供給の請負契約をいう。労働者派遣法に基づく労働者派遣事業がこれにあたる。

(7)　**出版・印刷・撮影に関する行為（502条6号）**　　出版に関する行為とは、文書・図画・CDなどを複製して販売または頒布する行為である。出版業者・新聞業者などの行為がこれにあたる。印刷に関する行為とは、文書・図画の印刷を引き受ける行為である。撮影に関する行為とは、写真やビデオの撮影を引き受ける行為である。これらに対して、通報業（興信所や通信社の行為）や放送業・電気通信業は現行法では営業的商行為に含まれておらず、会社形態でなされない限り商行為にならない。

(8)　**客の来集を目的とする場屋における取引（502条7号）**　　多数の客が来集するのに適した人的・物的設備を用意し、来集する客の需要に応じる諸種の契約をいう。場屋営業ともよばれ、旅館・飲食店・浴場・劇場・遊園地などの多様な業種がこれにあたる（→17章）。設備の利用を目的とする契約がないとして理髪店を含めないのが判例だが（大判昭12・11・26民集16・1681）、通説はこれも含める。

(9)　**両替その他の銀行取引（502条8号）**　　銀行取引とは、金銭または有価証券の転換を媒介する行為をいうと解されている。すなわち、預金の受入等の受信行為と貸付等の与信行為の両方を行うのが銀行取引である。この解釈によると、自己の資金で貸付を行う貸金業者や質屋の行為は銀行取引でなく（最判昭50・6・27判時785・100〔百選28〕）、会社形態でなされない限り商行為にならない。

(10)　**保険（502条9号）**　　営利保険を引き受ける行為をいう。営利保険とは、保険会社（株式会社に限られる。保険業5条の2）が収入保険料と支払保険金の差額を利得する目的で行う保険である。保険加入者が社員となる相互会社（会社法上の会社ではない）による相互保険の引受けは、営利の目的を欠くから営業的商行為ではない。もっとも、相互会社とその行為には、会社法総則および商法商行為編の多くの規定が準用されている（保険業21条1項・2項）。

(11)　**寄託の引受け（502条10号）**　　他人のために物の保管を引き受ける契約、すなわち寄託契約（民657）をいう。倉庫業者や駐車場経営者の行為がこれにあたる（→**16章**）。

(12)　**仲立ち・取次ぎに関する行為（502条11号）**　　仲立ちに関する行為とは、他人間の法律行為の媒介（仲立ち）を引き受ける行為をいう。商行為の媒介を業とする媒介代理商（商27条、会社16条）や仲立人（543条）の行為がこれにあたる（→**8章・13章**）。さらに、居住用不動産の周旋や結婚の仲介などの非商行為の媒介でもよいから、民事仲立人も商人となる（最判昭44・6・26民集23・7・1264〔百選34、商判Ⅱ-17〕）。

　取次ぎに関する行為とは、自己の名をもって他人の計算で法律行為をすること（取次ぎ）を引き受ける行為をいう。問屋（551条）、準問屋（558条）、運送取扱人（559条1項）による取次ぎの引受け行為がこれにあたる（→**14章・15章**）。引き受けた取次ぎの実行のための法律行為は、これらの者の附属的商行為となる。

(13)　**商行為の代理の引受け（502条12号）**　　委託者にとって商行為となる行為の代理を引き受ける行為をいう。締約代理商（商27条、会社16条）の行為がその例である（→**8章**）。

(14)　**信託の引受け（502条13号）**　　受託者として信託（信託2条1項）を引き受けることをいう。

4　附属的商行為

　商人は営業の目的たる行為（基本的商行為または4条2項の営業）だけでなく、その遂行に必要・有用な各種の行為も行う。このような行為も企業活動の一部であり、商法を適用するべきだから、商法は、商人がその営業のためにする行為を**附属的商行為**とする（503条1項）。附属的商行為には、営業に直接必要な行為だけでなく、広く営業の維持便益を図るための行為が含まれる。例えば、商品の運送委託、営業所・工場・機械の購入、営業資金の借入などのほか、取引先への贈与のようなそれ自体は無償の行為も含む。判例は、従業員の雇用契約も商人の附属的商行為とするが（最判昭30・9・29民集9・10・1484）、その特殊性から労働関係をもっぱら民法・労働法の領域とみる学説もある。

　個人商人には営業生活のほかに私生活があるから、ある行為が営業のためのものか明確でないこともある。そこで、商人の行為はその営業のためにするものと推定され（503条2項）、営業と無関係であると主張する側にその旨の立証責任がある。

5　会社の行為

　会社（外国会社を含む）が事業としてする行為および事業のためにする行為は商行為である（会社5条）。したがって、絶対的商行為・営業的商行為に含まれない種類の事業でも、会社が事業として行えば商行為となる。その結果、事業の種類を問わず、会社は商行為を業とする者といえ固有の商人である（4条1項）。

　会社の行為でも、対株主や対役員関係の行為は、組織法的・団体法的行為として商行為と解されない場合がある（東京地判昭58・8・23判時1114・102（剰余金配当）、東京高判平9・12・4判時1657・141（取締役の報酬）等参照）。これに対して、会社の対外的行為については、会社には事業を離れた生活関係が存在しない以上、すべて事業のための行為であるとする学説が多い。しかし、判例（最判平20・2・22民集62・2・576〔百選29、商判Ⅰ-1〕）は、商法503条2項を会社にも適用し、事業と無関係な対外的行為の余地を認めている。慈善団体への寄付等がそのような行為に該当しうるとする学説もある。

6　商行為に関する規定の適用

(1)　**擬制商人が営業としてする行為**　擬制商人が営業のためにする行為は附属的商行為であるが（503条1項）、擬制商人が営業としてする行為は商行為ではない（→本章**2**の2(2)(3)）。しかし、商行為に関する規定の適用の有無が両者で異なるのは不合理であり、擬制商人が営業としてする行為にも商行為に関する商法の規定が類推適用されると解するべきである。

(2)　**一方的商行為と双方的商行為**　小売業者と消費者との間の売買のように、当事者の一方にとってのみ商行為である行為を**一方的商行為**という。これに対して、卸売業者と小売業者との間の売買のように、当事者の双方にとって商行為である行為を**双方的商行為**という。一方的商行為であっても、商行為に関する商法の規定が双方に適用されるのが原則である（3条1項）。また、当事者の一方が数人いる場合、そのうち1人にとって商行為であれば、商法が当事者全員に適用される（3条2項）。もっとも、商行為に関する商法の規定には、当事者の一方または双方が商人であることなど、当該規定の適用範囲について特別な定めがあることも多く（512条・513条・521条等）、一方的商行為であれば商行為に関する商法の規定が無条件に適用されるわけではないことに注意を要する。

4　商人資格

1　法人の商人資格

　法人も4条の要件をみたせば商人となるが、法人はそれぞれの存在目的による権利能力の制限を受けるから（民34条）、種類ごとに商人たりうるかを検討する必要がある。

　法人のうち営利法人たる会社は商人である（→本章**3**の5）。ただし、営利法人の要件としての営利の目的は、対外的活動によって利益を得て、それを構成員に分配する目的を意味し、収支相償うことを意味する商人の要件としての営利の目的とは異なるから、非営利法人も商人たりうる。

　国や地方公共団体のような公法人の存在目的は一般的なもので、目的達成の手段に制限はない。したがって、地方公共団体がバス・電車の運送営業（502

条4号）を行うなど、公法人も商行為を営業として行え、その限りで商人となる。

　公益認定を受けた一般社団法人・一般財団法人（公益法人4条・5条）や学校法人・社会福祉法人・宗教法人のような、学術・技芸・慈善・祭祀・宗教などの公益を目的とする公益法人（民33条2項）は、本来の目的事業に関する限り営利目的と相容れず商人とならない。しかし、本来の目的事業の資金を得るためなら、公益法人も収益事業を行えると解され（公益法人5条7号参照）、その限りでは商人となりうる。

　営利も公益も目的としない法人を中間法人とよび、公益事業を目的としない一般社団法人・一般財団法人はこれにあたる。一般社団法人・一般財団法人は利益を構成員等に分配しえないが（一般法人11条2項・35条3項・153条3項2号）、目的事業に限定はなく、対外的事業により利益を得ること自体は可能である。したがって、商行為を営業として行えば、商人となる。これに対して、中間法人のうち、個別の特別法に基づく各種の協同組合や保険相互会社は、目的事業が法律上特定され、その事業は構成員の相互扶助や共通利益の促進・擁護を目的とする。そのため、これらの法人は、少なくとも目的事業に関しては、営利目的がなく商人でないと解するのが判例・通説である（信用協同組合につき、最判昭48・10・5判時726・92〔百選3〕。ただし、取引相手の組合員にとって商行為であったから、3条1項により当該取引に商法を適用した。信用金庫につき、最判昭63・10・18民集42・8・575）。

　公庫・公団・日本銀行などの特殊法人は、いわゆる独立採算制をとり、収支相償うことを目的とするから、その事業が商行為にあたれば商人となる。

2　商人資格の取得・喪失の時期

　会社は常に商人であるから、設立登記（会社49条・579条）のときに商人資格を取得し、清算結了（会社476条・645条）のときにそれを喪失する。

　自然人と会社以外の法人は、営業目的行為（基本的商行為または4条2項の営業）を開始すればもちろん商人となるが、営業目的行為の開始前でも、営業資金の借入・店舗の賃借・使用人の雇用のような開業準備行為をすれば商人資格を取得しうると解されている。なぜなら、営業目的行為のための準備行為とい

う計画性がある限り、当該準備行為は企業活動の一環であって、附属的商行為（すなわち商人の行為）として商法（商行為法）の適用を受けるべきだからである。また、商号・商業使用人・商業帳簿などの商人に関する規定を開業準備段階で適用するためにも、商人資格を認める必要がある。

　もっとも、商法の適用の有無は取引相手方の利害にも関わるから、準備行為者の開業意思のみで商人資格を認めてよいかは問題であり、説が分かれる。初期の大審院判例は、開業準備段階での商人資格取得のためには、営業意思を外部に発表する特別の表白行為（店舗の開設・開店広告等）を要するとした（表白行為説）。これに対して、かつての学説は、営業の意思が準備行為によって主観的に実現されれば足りるとし（営業意思主観的実現説）、最高裁もこの立場にたった（最判昭33・6・19民集12・10・1575〔百選2〕）。しかし、現在の多数説は、取引相手方の利益を考慮して、営業意思が客観的に認識可能であることを要求する（営業意思客観的認識可能性説）。この説の中には、営業所の賃借のように準備行為自体の性質から営業意思を客観的に認識しうることを求めるものもあり、現在の最高裁の立場はそれに近い（最判昭47・2・24民集26・1・172）。また、商人資格の取得を段階的・相対的に認め、当事者の利害のより緻密な調整を行う立場も有力である（段階説）。それによると、①まず、営業意思が準備行為によって主観的に実現された段階で、相手方は行為者の商人資格を主張することができる。②次に、営業意思が特定の相手方に認識されたか認識可能な段階では、行為者も相手方に対して自己の商人資格を主張することができる。③最後に、行為者が商人であると一般に認識可能な段階になれば、その者の行為に附属的商行為の推定が生じる。

　これらの判例・学説は、開業準備行為への商行為法の規定の適用の可否、とりわけ債務の連帯性（511条）・商事法定利率（平成29年改前商514条）・商事時効（平成29年改前商522条）の規定の適用の可否を念頭に置いてきた。ただし、このうち商事法定利率と商事時効の規定は平成29年民法改正に伴う商法改正で削除された。

　自然人と会社以外の法人は、営業目的行為の終了時ではなく、残務処理の完了時に商人資格を喪失すると解されている。

5　営業能力

　商人たる自然人が、単独で完全な効力をもって営業活動を行うためには、**営業能力**を要する。営業能力の有無および範囲は行為能力に関する民法の一般原則によって決まり、商法は営業能力の公示に関して規定している。

　法定代理人（親権者・後見人）の同意がない未成年者の行為は、原則として取り消しうるので（民5条1項・2項）、未成年者が商人として営業を行うには実際上次の方法による必要がある。まず、法定代理人から営業の許可を得れば、その営業に関しては未成年者も成年者と同一の能力で営業を行える（民6条1項）。ただし、この場合には、営業の許可の有無を取引の相手方が確認しうるように、登記を要する（5条）。次に、法定代理人は未成年者に代わって営業を行える（民824条・859条）。ただし、後見監督人があるときに後見人が営業を行うには、後見監督人の同意を得なければならない（民864条）。そのため、後見人が営業を行う場合、未成年者を適法に代理しうることの公示のために登記を要する（6条1項）。また、取引の安全のため、後見人の代理権に加えた制限は、善意の第三者に対抗しえない（6条2項）。

　日常生活に関する行為を除き、成年被後見人の行為は取り消しうる（民9条）。そのため、成年被後見人が商人として営業を行うには、後見人が代理して行うことが実際上必要である（民859条）。この場合に登記を要すること等は未成年者の場合と同じである（6条）。

　民法13条1項各号列挙の行為で保佐人の同意のない被保佐人の行為は、取り消しうる（民13条4項）。保佐人の同意をその都度得て営業を行うのは実際には難しい。法定代理人でない保佐人が、被保佐人に代わって営業を行うこともできないため、被保佐人は商人として営業を行う上で不利な地位にある。

　補助開始の審判で補助人の同意を要するとされた行為で、補助人の同意のない被補助人の行為は、取り消しうる（民17条4項）。補助人の同意を要する行為が営業上の行為であれば、営業活動について被補助人は被保佐人と同様の立場に立つ。

3章 商業登記

I 商業登記制度

1 企業の公示制度

商業登記は、商人に関する取引上重要な事項を公示することにより、集団的・反復的に行われる商取引の円滑と確実を図り、商人をめぐる関係経済主体間の利害を調整することを目的とする制度である。すなわち、たとえば、商人の取引においては、商人またはその使用人の能力や代理権の有無・範囲等がその効力に影響を及ぼすところ、これらは商人の内部的な事項であり、取引の相手方がこうした事項を探知することは困難である。商人にとっても、取引の都度相手方にこれらの事情を通知することは煩雑であり、取引の円滑が害される一方、取引上重要な事項を公示すれば、自己の信用を確保することが可能となる。そこで、取引上重要な事項を一定の手続により公示し、取引相手方の調査の労と不測の損害を回避するとともに、商人の便宜を図ることが有益であり、これを実現するのが商業登記制度である。

商法は、5条、6条、8条ないし10条、11条2項、15条2項、17条2項前段、および22条に商人の登記に関する規定を置く。会社の登記については、会社法第7編第4章に定めが置かれている。本章では、商法8条ないし10条に定められる内容と、会社につき同内容を定める会社法907条ないし909条を扱う。

2 商業登記の意義・機能

商業登記とは、商人に関する法定の事項を商業登記簿に記載してなす登記をいう。商業登記簿には、商号登記簿・未成年者登記簿・後見人登記簿・支配人

登記簿・株式会社登記簿・合名会社登記簿・合資会社登記簿・合同会社登記簿・外国会社登記簿があり（商登6条）、これらは登記所（法務局、地方法務局またはその支局、出張所）に備え置かれる（商登1条の3参照）。船舶登記（686条）のように、商法の規定する登記でも、商業登記簿になされないものは商業登記でない。また、各種協同組合や保険相互会社は商人でないから、その登記は商業登記でない。ただし、これらの者の登記の効力や手続については商業登記と類似の規定が置かれ（農協9条・73条の9、生協7条・74条以下、保険業64条以下等）、会社法や商業登記法の規定が多く準用されている（生協92条、保険業67条等）。

　商業登記は、原則として、登記事項（→後記3）である事実・法律関係を公示する機能を有するにすぎず、不動産登記のような権利変動の対抗要件（民177条）という機能が認められるのは、法律が特別の定めを置く場合（15条2項等）に限られる。

3　登記事項

　(1)　**登記事項の法定**　　商業登記により商人に関する事項を広範・詳細に公示することは、前述の商業登記制度の目的の達成に寄与する。しかし、商人の営業秘密保持の要請もあり、また、公示された事項を相手方が知らなかった場合に、知らなかったことの不利益は、公示されていたにもかかわらず知らなかった者が負担すべきであるという取扱いがなされるならば（商9条1項、会社908条1項→後記**3**）、取引安全の要請も生ずる。これらの要請に配慮すれば、公示内容の制約も必要となり、いかなる事項を公示事項とするか、さらに、公示にいかなる効力を認めるかは、関係経済主体間の利害調整の観点から高度の政策判断を要する。そこで、法律（商法、会社法、破産法、会社更生法、企業担保法、担保附社債信託法等）により、公示させる事項（登記事項）が定められ、商法・会社法により商業登記の一般的効力が定められている。法律が登記事項としたもの（商登1条参照）以外は登記することができず（商登24条2号）、誤って登記されても何ら効力を生じない。

　(2)　**登記事項の分類**

　(i)　**絶対的登記事項と相対的登記事項**　　絶対的登記事項とは、商人が必ず登記しなければならない事項であり、ほとんどの登記事項がこれに該当する。

相対的登記事項とは、登記するか否かが商人の裁量に委ねられている事項であり、例えば、会社以外の商人の商号の登記（11条1項）がこれに該当する。相対的登記事項も、一度登記されると、その変更・消滅は絶対的登記事項となる（商10条、会社909条参照）。絶対的登記事項の登記を怠った場合、会社については罰則の制裁があるが（会社976条1号）、会社以外の商人は、商法9条1項所定の不利益（→本章**3**の2）を被るのみである。

(ii)　設定的登記事項と免責的登記事項　　設定的登記事項とは、事実・法律関係の創設に関する登記事項である。商号の選定（11条2項）、支配人の選任（商22条、会社918条）、会社の設立（会社49条・579条・911条ないし914条）、代表取締役・代表執行役の選定（会社911条3項14号・23号ハ）等がこれに当たる。免責的登記事項とは、当該事実・法律関係の関係当事者の責任を免れさせる機能を有する登記事項である。例えば、支配人の代理権消滅（商22条、会社918条）、代表取締役・代表執行役の退任（会911条3項14号・23号ハ・915条）等である。

(3)　**登記事項の通則**　　登記した事項に変更が生じまたはその事項が消滅したときは、遅滞なく、変更の登記または消滅の登記をしなければならない（商10条、会社909条）。

2　商業登記の手続

1　登記の申請・管轄

商業登記は、法令に別段の定めがある場合を除き、登記事項たる事実・法律関係の主体である商人の申請（商8条・10条、会社907条、商登14条・36条1項）または官庁の嘱託（商登14条・15条）による（商登14条、会社907条・909条）。官庁の嘱託による例として、登記事項が裁判により生じた場合（例えば、会社設立無効判決、登記事項に関する株主総会決議取消判決等）の裁判所書記官の嘱託による登記がある（会社937条）。

法令に別段の定めがある場合の例として、休眠会社の解散の登記（会社472条1項本文、商登72条）のように登記官の職権による場合や、商号の廃止・変更があったにもかかわらず登記がない場合の商号の登記の抹消のように、利害関係人の申請による場合（商登33条）、未成年・後見人登記の申請（商登36条2項ない

し4項・41条）等がある。また、会社の設立登記は、登記前は会社が成立していないため、会社を代表すべき者の申請による（商登47条1項）。

　登記申請は、書面により（商登17条）、登記当事者の営業所所在地を管轄する登記所に行う（商登1条の3）。「登記・供託オンライン申請システム」による申請も可能である。登記所における事務は、登記官（登記所に勤務する法務事務官から、法務局または地方法務局の長が指定する者）が取り扱う（商登4条）。

2　登記官の審査

　登記官が登記の申請書を受け取ったときは、遅滞なく、申請に関するすべての事項を審査し（商業登記規則38条）、商業登記法24条に掲げる却下事由があるときは、理由を付した決定で申請を却下しなければならない（商登24条柱書）。

　商業登記法24条は、登記申請の却下事由を個別的・限定的に列挙し、その大部分が形式的事由である。このため、登記官は、申請事項の真否を審査する職務・権限を有せず、申請の形式上の適法性（申請事項が登記事項であるか、登記所の管轄に属するか、申請書が法定の形式を具備するか等）のみを調査する権限を有すると解する（形式的審査主義）のが通説である。ただし、同条9号は「登記すべき事項につき無効又は取消しの原因があるとき」という実質的な却下事由を掲げており、形式的審査主義の下では、登記官が同号に基づく無効または取消しの原因の存否をどのように審査すべきかが問題となる。多数説は、同号の「登記すべき事項につき、無効……の原因があるとき」とは、登記事項である法律関係の無効であることが客観的に明白である場合に限られ、登記事項たる法律関係の効力につき解釈上疑義がある場合は、登記官は一応その登記をし、効力の決定は関係者が訴訟で争うところに一任すべきであるとする。

　同号が取消原因のあるときを却下事由としている点については、取消原因のある法律関係も取り消されるまでは有効であり（民121条。なお、商登25条参照）、この段階で登記申請を却下せしめることは妥当でないと指摘される（なお、商登134条1項2号・135条参照）。

3　商業登記の公示

　商業登記の目的を達するためには、登記自体の公示が必要となる。従前は登

記簿の閲覧、謄本・抄本の交付等によったが、現行法では商業登記は磁気ディスクをもって調製され（商登1条の2第1号）、手数料を納付して、登記簿に記録されている事項を証明した書面（登記事項証明書）の交付（商登10条1項）および登記簿に記録されている事項の概要を記載した書面（登記事項要約書）の交付（商登11条）を請求することを何人に対しても認める形で公示がなされている。また、登記簿の附属書類につき利害関係を有する者は、手数料を納付してその閲覧を請求することができる（商登11条の2）。

登記事項証明書の交付等は、原則として管轄登記所以外の登記所に対しても請求することができ（商登10条2項）、「登記・供託オンラインシステム」による請求も可能である。さらに、電気通信回線による登記情報の提供に関する法律（平成11年法律第226号）に基づき、民事法務協会が運営する「登記情報提供サービス」のウェブサイトから有料で登記情報の送信を受けることもできる。

3　商業登記の効力

1　総　説

商業登記の目的を達するため、商法および会社法は商業登記に次のような効力を認める。第1に、商法9条1項・会社法908条1項は、登記すべき事項は、登記の後でなければこれをもって善意の第三者に対抗することができない旨を定める（→後記2）。これは、商業登記の本来的効力であり、商業登記の一般的効力（宣言的効力・確保的効力）といわれる。第2に、商法9条2項・会社法908条2項は、故意または過失により不実の事項を登記した者は、その事項の不実たることを善意の第三者に対抗することを得ない旨を定める（→後記3）。これは、登記の真実性を担保して商業登記制度の機能を維持することを目的とする。

以上に加えて、商業登記の事実・法律関係を明確化させる機能を利用し、商法・会社法は一定の事項の登記に特殊の効力を認めている（→後記4）。

2　商業登記の一般的効力

(1)　**登記前の効力（消極的公示力）**　　商法9条1項前段・会社法908条1項前

段によれば、登記事項たる事実・法律関係について、実体法上、その発生、変更または消滅があった場合でも、その登記前は、これを善意の第三者に対抗することができない。このような効力を、商業登記の消極的公示力という。例えば、支配人が終任した場合、営業主たる商人と当該元支配人との間では、登記の有無にかかわらずその終任の効力が生ずるが、支配人の代理権の消滅は登記事項であるから（商22条、会社918条）、その終任が登記されていない元支配人が、代理権を偽って当該商人のために取引をした場合、当該商人は、当該元支配人の終任を知らない第三者にその代理権の消滅を主張することができない。このような効力が認められているのは、未登記の事実・法律関係を知らない第三者の不測の損害を防止するためである。

　ここでいう善意は、登記事項たる事実・法律関係の存在を知らないことを指し、重過失があっても第三者は保護される。第三者に登記の確認を超える探知義務を課すことは、商業登記制度の趣旨に反するからである。また、登記がないことが第三者の意思決定に影響したか否かは問わないと解されている。第三者の善意は、法律上の利害関係が生じた時が基準となる。以上に対し、登記事項たる事実・法律関係につき悪意の第三者に対しては、登記前であっても、当該事実・法律関係を対抗することができる。悪意の立証責任は登記義務者に課される。

　商業登記の消極的公示力は、登記事項である事実・法律関係の当事者（登記当事者）が、登記前の当該事実・法律関係を善意の第三者に対抗し得ないというものであり、第三者から登記当事者に対して当該事実・法律関係を主張することはできる（大判明41・10・12民録14・999）。登記当事者間（例えば、商人と支配人間、会社と社員・株主間）や第三者相互間でも同様である（最判昭29・10・15民集8・10・1898〔百選4〕）。

　なお、消極的公示力は、免責的登記事項につき特に重要な意味を有するが、設定的登記事項にも認められ、絶対的登記事項のみならず相対的登記事項にも認められるとするのが通説である。

(2)　登記後の効力（積極的公示力）

（i）　意義・例外　　登記事項たる事実・法律関係の登記後は、登記義務者は、原則として、当該事実・法律関係を知らない第三者に対してもこれを主張

しうる。このような商業登記の効力を、積極的公示力という。

　商法は、この例外として、第三者が正当な事由により登記の存在を知ることができなかったときは、登記後であっても、登記当事者は当該第三者に登記事項たる事実・法律関係を対抗することができないとする（商9条1項後段、会社908条1項後段）。ここでいう正当事由は、交通の杜絶、登記簿の滅失汚損等、登記の公示力が機能しない客観的事由に限られ、主観的事由（長期旅行や病気等）は含まないと解するのが通説・判例（最判昭52・12・23判時880・78〔百選7〕）である。商人側は義務を果たしているにもかかわらず登記事項の対抗を認めないことは、本来、商業登記制度の趣旨に反するから、対抗力が否定される事由を厳格に解するのである。正当事由が存することの立証責任は第三者に課される。

　(ⅱ)　積極的公示力の根拠　　登記後は、登記事項を、その事実・法律関係につき善意の第三者にも対抗できる根拠をどのように理解するか、争いがある。

　①伝統的な通説は、登記後は、第三者は登記を確認すべきであり、これを怠る以上、第三者は登記事項に係る事実・法律関係につき悪意と擬制されるとする（悪意擬制説）。これに対して、商法9条1項・会社法908条1項は、登記事項について登記前にはその対抗力を制限し、登記により対抗力を発生させることを定めるものと解する立場が主張されてきた。この立場には、登記により対抗力が発生することを、②法は、取引に重要な事項を登記事項とし、これらについては、登記という信頼に値する外観を形成させ、この外観を基準に対抗力を与えていると説明する見解と、③事実はその善意・悪意を問わず第三者に対抗できるのが原則であることを前提に、商法9条1項・会社法908条1項は、商人による登記義務の履行を促すため、登記事項については、登記前はその対抗力を制限して未登記の登記義務者を不利に扱うものであり、登記後は、その制限が解かれ、その対抗力が登記事項でない事実と同様にまで復帰すると説明する見解とがみられる。さらに、近時有力な立場として、④商法9条1項・会社法908条1項は、法的な効果として第三者の悪意を擬制するものと理解する必要はなく、単に、登記後は、登記当事者はその事実・法律関係を善意の第三者に対しても対抗できると文面通りに解すれば足りるとして、悪意擬制説の理解を修正し、または、同説を否定する見解がある。

(ⅲ)　**積極的公示力と民商法上の外観保護規定との関係**　商業登記の積極的公示力と、民商法上の外観保護規定（民109条・110条・112条、商24条、会社13条・354条・421条）との関係について、活発な議論がみられる。悪意擬制説を採る場合、登記により、登記事項に係る事実・法律関係につき第三者の悪意が擬制されるから、外観と真実の不一致につき第三者の善意を要件とする民商法の外観保護規定の適用の可否が問題となる。例えば、商人が支配人の選任登記をしていれば、第三者は当該商人が選任した支配人が誰であるかにつき悪意であるとみなされ、他の者が支配人であると信頼したことを前提とする表見支配人制度（商24条、会社13条）等の外観保護規定を適用する余地がないのではないかということが問題となるのである。

判例は、積極的公示力の根拠をどのように理解するか明らかでないが、当時の商法に基づき代表取締役の共同代表の定めがあり、その旨の登記がある（したがって、当該事実につき登記の積極的公示力が問題となる）のに代表取締役が単独で会社を代表した事案につき、表見代表取締役の規定の類推適用を認めている（最判昭42・4・28民集21・3・796、最判昭43・12・24民集22・13・3349。最高裁はその理由を述べていないが、前掲最判昭42・4・28の調査官解説は、悪意擬制説に言及し、表見代表取締役の規定は登記の積極的公示力を定める規定の例外であるとする）。

伝統的通説は、悪意擬制説を前提に、少なくとも商法24条、会社法13条・354条・421条について、これらは商法9条1項・会社法908条1項の例外規定であり、その適用は登記の存在により排除されないとする（例外説）。その根拠は、取引に際し、その都度登記簿を調査することは煩雑であり、登記の存否を絶対視することが取引の実情に照らして適当でないとの認識が表見支配人制度・表見代表取締役制度の基礎にあると考えられること等にある。

判例は、他方で、代表取締役退任登記後に、当該退任者が会社の代表権を偽って会社のために第三者と取引した場合に、当該第三者が民法112条による保護の対象となるかが問題となった事案につき、会社法908条1項のみが適用され、民法112条の適用ないし類推適用の余地はないとする（最判昭49・3・22民集28・2・368〔百選6、商判Ⅰ-14〕）。その理由として、商業登記に積極的公示力が認められているのは、商人の取引活動が、一般私人に比し、大量的、反復的に行われ、これに利害関係をもつ第三者も不特定多数の広い範囲に及ぶこと

から、商人と第三者の利害調整のために、登記事項を定め、一般私法たる民法とは別に、特に登記にそのような効力を付与することが必要とされたためであることを挙げる。例外説を採る学説には、民法112条もまた、商業登記の効力規定の例外であるとする立場もある。

(3) **商法９条１項・会社908条１項の適用範囲**　　商法９条１項・会社法908条１項は、大量的・反復的に取引をなす商人と第三者との利害調整を図るものであるから、原則として取引行為のみに適用がある。純粋な不法行為に同項の適用はないが、取引と不可分な関連において生じた不法行為・不当利得には適用があると解されている。

　訴訟行為に同項の適用があるかにつき見解が分かれる。判例（最判昭43・11・１民集22・12・2402〔百選５〕）は、民事訴訟における会社代表者を確定する際、平成17年改正前商法12条（現行会社法908条１項に相当）は会社と実体法上の取引関係に立つ第三者を保護するものであるとし、その適用を否定した。学説には、訴訟といえども取引活動の延長の面があること、例えば退任した代表取締役を代表者として、退任登記未了の時点で会社を被告とする訴えを提起した場合、退任登記をしなかった会社のために、相手方の訴訟行為が無効になるのは不当であること等から、適用を認める立場が多い。

3　不実登記

　商業登記は、既存の事実・法律関係を公示するもので、事実・法律関係が存在しなければ、登記があっても何らの効力も生じない。例えば、ある者につき有効な選任決議がないのに会社の代表取締役である旨の登記がなされても、同人が代表取締役となるわけではない。しかし、この取扱いを貫くと、登記を信頼した第三者が不測の損害を被り、商業登記制度がその信用を失って機能しなくなるおそれがある。そこで、商法９条２項・会社法908条２項は、故意または過失により不実の事項を登記した者は、その事項が不実であることを善意の第三者に対抗できない旨を定める。権利外観法理または禁反言の原則に基づくものである。

　商法９条２項・会社法908条２項は、登記義務者が、申請登記の内容が不実であることを知りながら、または不実であることを知ることができたのに誤っ

論点 3 - 1　　登記の積極的公示力と外観保護規定の関係に関する他の見解

　前記 2 (2)(ii)③の見解は、商法 9 条 1 項・会社法908条 1 項は公示主義に基づく規定であり、民商法上の外観保護規定は外観主義に基づくもので、両者は次元を異にし、何ら抵触しないと解したうえで、登記の積極的公示力は、登記前に制限されていた事実の対抗力が登記により制限を解かれたものであり、この通常のレベルに復帰した事実には民商法のすべての表見規定の適用が可能であるとする（異次元説）。前記 2 (2)(ii)②の見解は、積極的公示力と表見支配人制度等の外観保護規定は外観保護という点で同一次元にあり、両者の関係を、登記という外観と名称使用という外観のいずれを優先させるべきかという問題と捉え、より強力な外観である後者を優先させるべきであるとする。そのうえで、商法・会社法上の外観保護規定の対象となるような外観の存在は、商法 9 条 1 項・会社法908条 1 項にいう「正当な事由」に該当するとし、登記後もこれらの規定の適用があるが、民法の表見代理規定は登記上の外観に後れるとする（正当事由弾力化説）。

　前記 2 (2)(ii)④の見解には、次のように理解するものがある。第 1 に、民法112条以外の外観保護規定と登記の積極的公示力は矛盾しない。例えば、〈例 1 〉商人 A の支配人として B のみが登記されているときに、C が A の支配人であると称して A のために第三者 X と取引をした場合、例外説の下では、C が支配人でないことにつき X の悪意が擬制されるため、積極的公示力と商法24条や民法109条との矛盾が生じる。しかし、これは、登記の積極的公示力を、登記を確認すればわかる事項にまで過度に拡大するものであり、登記の積極的公示力は、登記当事者が「登記事項」を善意の第三者にも対抗できることと解するのが適切である。そうすると、支配人 B の選任登記により、A は C が支配人でないことを第三者に対抗できるわけではないから、〈例 1 〉のような場合、外観保護規定が適用されるかは登記の積極的公示力と関係がない。〈例 2 〉商人 A の支配人を退任した D の終任登記後に、D が A の支配人であると称して第三者 X と取引をした場合、商法 9 条 1 項により、A は、X に対し、D の終任につき善意でも、D が支配人でないことを対抗することができる。この時、商法24条、民法109条または112条の適用が同時に問題となりうるが、商法24条は、D が支配人でないことを前提にしており、同条の要件を満たす場合にその適用を認めることは、D の終任を登記後に A が X に対抗できることと矛盾しない。民法109条、会社354条、421条も同様に登記の積極的公示力と矛盾しない。第 2 に、〈例 2 〉のような場合、商法 9 条 1 項に従えば、A は D の代理権の消滅を善意の第三者にも対抗し得、民法112条に従えば、A は、D の代理権の消滅を善意無過失の第三者に対抗することができず、登記の積極的公示力と民法112

> 条は衝突するが、商法9条1項を優先すべきである。退任した支配人や代表取締役の無権代理・無権代表を、民法112条により解決することで問題ないのであれば、支配人や代表取締役の退任を登記事項とする必要はないところ、民法112条によれば、取引の効果の商人への帰属が第三者の過失の有無という微妙な事項に依るという問題があり、商法9条1項・会社法908条1項は、まさに民法112条を排除するものと理解すべきである。

て虚偽の内容の登記の申請をしたこと（帰責事由）を適用要件とする。したがって、同項は、登記官の過誤や申請権限のない者の虚偽の申請による不実の登記には適用されない（最判昭55・9・11民集34・5・717）。ただし、判例・学説は、登記義務者ではないが、登記事項の対象である当事者（例えば、代表取締役の選任登記（登記義務者は会社）において代表取締役として登記された者）が、当該不実登記の実現に加功したといえる場合には、商法9条2項・会社法908条2項の類推適用を肯定する（→**論点3-2**）。

　ここでいう善意とは、登記と事実の不一致を知らないことをいう。登記制度の信頼性から、善意であれば、重過失を含め過失の有無を問わない。第三者が取引に際して、不実の登記を信頼したことが必要か、議論がある。登記そのものを信頼する必要はないとする考え方が一般的であるが（東京地判昭31・9・10下民集7・9・2445）、その場合でも、登記の基礎となる実体に対する信頼は必要であるとする立場が有力である。

4　特殊の効力

　商業登記は、事実・法律関係の公示をその目的とするが、登記により事実・法律関係が明確になることを利用し、次のような特殊の効力が認められる場合が法定されている。

　(1)　**創設的効力**　　登記により新たな法律関係が創設される、すなわち、登記が一定の法律関係の成立要件または効力要件とされる場合がある。このような効力を、創設的効力という。その典型例として、会社の設立登記がある（会社49条・579条）。

　(2)　**補完的効力（治癒的効力）**　　登記後、法律関係に存する一定の瑕疵の主張

論点3-2　登記簿上の取締役の対第三者責任（会社429条1項）と会社法908条2項の類推適用

　法律上取締役の地位にないにもかかわらず、登記簿上取締役とされている者（登記簿上の取締役）が、取締役の第三者に対する責任（会社429条1項）を負うか議論がある。特に会社法施行前に、小規模な会社において、登記簿上の取締役が多数生じ、この者の平成17年改正前商法266条ノ3第1項（会社429条1項に相当）に基づく責任が追及された事例がみられた。このような事案として、①正規の選任手続（会社329条1項）を経ていないにもかかわらず、登記簿上取締役とされている者の対第三者責任が問題となったものと、②取締役であった者が辞任したものの、辞任登記がなされず、登記簿上はいまだ取締役とされている場合に、その者の対第三者責任が追及されたものとがある。

　いずれの場合も、登記されている者は取締役でないため、会社法429条1項にいう「役員等」に該当しない。しかし、判例（最判昭47・6・15民集26・5・984〔百選8、商判Ⅰ-154〕）は、①につき、次のように、平成17年改正前商法14条（現行会社法908条2項に相当）を類推適用し（会社法908条2項は、「不実の登記をした者」、つまりこの例においては登記義務者たる会社を対象とするものであるため、取締役として登記された者に直接適用することはできず、類推適用が問題となる）、それを介して、会社法429条1項の責任を肯定した。すなわち、登記簿上取締役とされている者が、故意または過失により、その就任の登記につき承諾を与えていた場合、その者は登記義務者でないが、不実登記の出現に加功したといえるから、この者に対しても平成17年改正前商法14条（会社908条2項）を類推適用し、当該登記事項が不実であることを善意の第三者に対抗することができず、その結果、平成17年改正前商法266条ノ3第1項（会社429条1項に相当）の責任を負う。

　さらに、判例（最判昭62・4・16判時1248・127〔商判Ⅰ-155〕、最判昭63・1・26金法1196・26）は、前記②につき、取締役を辞任した者は、辞任後なお積極的に取締役として対外的または内部的な行為をしたとか、登記申請権者である当該会社の代表者に対し、辞任登記を申請しないで不実の登記を残存させることにつき明示的に承諾を与えていたなどの特段の事情のない限り、平成17年改正前商法266条ノ3第1項（会社429条1項）の責任を負わないとする。判例は、前掲最判昭47・6・15の趣旨を②の事案にも及ぼしつつ、辞任者が責任を負うべき場合を、辞任者が単に不実登記の残存を放置していることを超えた特段の事情がある場合に限定している。

ができなくなり、いわば登記によって瑕疵が治癒されたと同一の効力が生ずる場合がある。これを補完的効力（治癒的効力）という。例えば、設立登記により株式会社が成立した後は、発起人は、錯誤を理由として設立時発行株式の引受けの取消しをすることができなくなる（会社51条２項。会社102条６項も参照。他に、会社839条・828条１項）。

(3) **対抗力**　商号譲渡の登記には、物権変動と同様の対抗力が認められている（15条２項）。

(4) **強化的効力**　外国会社は、外国会社の登記（会社933条）により、日本において継続的に取引できるようになる（会社818条）。このような効力は、強化的効力と呼ばれる。

(5) **付随的効力**　登記が特定の行為の許容または免責の基礎となる場合があり、これを付随的効力という。例えば、退社した持分会社の社員の責任は、退社の登記から２年で免除される（会社612条２項、なお会社673条）。

(6) **特殊の効力をもつ登記と商法９条１項・会社法908条１項の適用**　登記に特殊の効力が認められる場合に、商法９条１項・会社法908条１項が重畳的に適用されるか、つまり、特殊の効力は、登記前の第三者が登記事項につき悪意でも（商９条１項前段、会社908条１項前段）、登記後の第三者が正当な事由により登記を知らなかったときも（商９条１項後段、会社908条１項後段）、登記の有無だけを基準に認められるのか、議論がある。

　(ⅰ)　会社の設立登記　法律関係の画一性を図る観点から、会社法908条１項の適用を否定し、設立登記により、登記を知らない正当な理由（商９条１項後段、会社908条１項後段）の有無を問わず、すべての第三者に対し会社の成立を主張することができるとする見解が多数である。

　(ⅱ)　商号譲渡の登記　商号譲渡における法律関係を、商号権の譲渡という面と、当該商号によりなされた取引の効果の帰属主体の確定に関する面に分け、前者との関係では、商法９条１項・会社法908条１項の適用を否定し、登記をしなければ譲渡を第三者に対抗しえないが、後者については、適用を肯定する見解が一般的である。

　(ⅲ)　退社した社員の責任　持分会社においては、退社した社員は、退任登記前の持分会社の債務を弁済する責任を負う（会社612条１項）。この規定は、

当該退社員が会社の債務につき責任を負うことを前提に取引に入った者の保護を目的とするところ、退任登記前の会社債権者が当該退社員の退社の事実を知っている場合にも、同人は同条に基づき弁済責任を負うか、会社法908条1項の適用の有無との関係で議論がある。大判昭14・2・8民集18・54は、この場合にも退社員の責任を肯定し、当時の商法12条（会社908条1項に相当）の適用を否定している。退社員が登記義務者でないことに配慮し、会社法908条1項の適用を根拠に、債権者が退社につき悪意の場合には、登記前でも退社員の責任を否定する見解も有力である。

4章 商 号

1 商号の意義

　商号とは、商人がその営業上自己を表すのに用いる名称をいう。

　商号は名称であるので、文字で表し、かつ発音することが可能なものでなければならない。したがって、図形や記号などは商号には用いることができない。

　商号は自己を表すものであり、自己の営業にかかる商品・役務（サービス）について用いる文字、図形、記号などである商標（商標2条1項参照）や、自己の営業を表示するために用いる文字、図形、記号などである営業標（不正競争2条1項1号参照）とは異なるものである。

　商号は商人としての名称である。商人ではない法人（例えば相互会社や協同組合）の名称は商号ではないし、自然人が一般生活において自己を表すのに用いる氏名、それに代わるものとして広く通用している通称、営業以外の生活で用いられる筆名、雅号、芸名、ハンドルネームなども商号ではない。このため、個人商人については氏名と商号の双方を持つこととなるし、会社以外の法人が商人である場合もその名称と商号の双方を持つこととなる（ただし、氏名または名称を商号として選ぶことで事実上両者が同一となることはありうる）。これに対し、会社は常に商人であり（→2章1の2、3）その名称を商号とすることとされている（会社6条1項）。すなわち、会社においては商号のみが自己を表す名称である。

　なお、会社以外の商人は営業上自己を表示するのに常に商号を用いなければならないわけではなく、氏名その他の名称を用いることも可能である。また、会社以外の商人が営業外において自己を表すのに商号を用いることも原則とし

て可能である。ただし、例えば婚姻・養子縁組などの身分法上の行為や、不動産登記・商業登記など永続的な確定性が要求される場合など、特に氏名等によることを要求されている場合はこの限りではない。

2　商号の歴史

商号はもともと、中世ヨーロッパにおいて会社組織が現れ、会社とその社員の識別のため会社固有の名称を用いたことがその始まりである。そして、近代に入り個人商人についても商号の使用がなされるようになったものである。こうした商号に関する規律を、明治期に日本は継受している。

もっとも、日本では明治維新以前においても、商家では屋号を名乗ることが通常であった。これは、江戸時代においては武家や公家を除いては原則として苗字を公称できなかったため、商家は屋号をもってその営業を表していたものである。明治期に苗字公称の制限は撤廃されたが、屋号はその他の名称とともに商号として用いられている。

3　商号の機能と選定

商号は、商標等と同じく自他識別機能を有する。すなわち、商号を使用することで、自己や自己の営業と、他の商人やその営業とを識別できるという機能がある。取引相手方は場合によっては、商号により識別された商人やその営業に期待をして取引を行う。取引が繰り返されれば、取引相手方はその商号を使用する商人やその営業を信用し、ひいてはその商号を信用するようになる。そして、多くの取引相手方から信用を得た商号には、顧客誘引力などの経済的価値が生じることとなるのである。

商号に関する法の規律の趣旨は、1つは、商号に関する商人の経済的利益を守るところにある。経済的利益を守るため、例えば、商法は商人が選定した商号を他人に妨害されることなく使用し、一定の要件の下で他人が同一または類似の商号を使用することを排斥する権利を認めている。また、商号の経済的価値の活用のため、商号を譲渡し、また使用を許諾することなども認める。

もう１つは、商号を信頼する一般公衆の保護を図るところにある。商人の取引相手方や取引に入ろうとする一般公衆は、欺瞞的な商号の濫用により損害を受けることがありうる。一般公衆の保護のため、例えば、商法は商号選定の自由に制限を加え、１つの営業または事業につき複数の商号を認めず、営業の譲渡または廃止とともにしない商号の譲渡を認めず、さらに商号を信頼して取引した相手方の保護のために名板貸責任の規定を置く。

1　商号単一の原則

　(1)　**会社以外の商人**　個人商人など会社以外の商人については、１つの営業につき１つの商号を用いてよい。複数の営業を同一の商人が行う場合、複数の営業につき１つの商号を用いることもできるし、営業ごとに各別の商号を用いることもできる。これに対し、１つの営業について複数の商号を用いることは許されないとされている（大決大13・6・13民集３・280）。これを商号単一の原則という。１つの営業につき複数の商号を用いることを認めると、一般公衆の誤認を導くおそれがあるし、また商号専用権（→本章**4**の３）が発生することにより他人の商号選定の自由の妨げとなるおそれがあることから、商号単一の原則が認められている。

　商人が複数の営業所を有するときも、営業が１個である限り、商号も１個でなければならず、営業所ごとに各別の商号を用いることは許されないものと解されている（なお、前掲大決大13・6・13は傍論で各別の商号を用いることを妨げないとしているが、これには批判がある）。

　(2)　**会　社**　会社においては商号のみが自己を表す名称である（→本章**1**）。このため、会社の商号は自然人の氏名と同様、その全人格を表す名称となる。会社の人格が１つである以上、これを表す名称も１つであるべきである。したがって、会社はたとえ複数の営業を行うときであっても、１つの商号のみ認められる。会社が複数の営業を行うとしても行うべき事業は１つであるので、商号も１つのみ認められるものともいえる。

　なお、会社は定款において商号の外国語での表記を定めることがあるが、これは商号の訳語であって商号自体ではなく、商号単一の原則に反するものではない。

コラム4-1 「営業」と「事業」

　商法において商人の「営業」について規定されている条文で、それに対応する会社法の条文では、他の法人法制で一般的に用いられている「事業」という用語を用いている。会社法で「事業」という語を用いている理由の1つは、会社法が他の多くの法人法制や組織法としての基本法的な役割を果たしていることに鑑み、用語の統一を図るという法制的な観点によるものである。

　また、個人商人は、1個の営業につき1個の商号を用いるという考え方の下、1の個人が複数の営業を営む時には複数の商号を用いることができるとされているのに対し、会社は、その法人としての名称が商号とされ、1個の商号しか持ちえない。会社に「営業」という語を用いると、仮に会社が複数の営業を行っていても、1個の営業として取り扱うほかないこととなる。そこで、会社法では、このような概念の差異を整理し、会社が行うべきものの総体については、個々の営業とは区別して、「事業」と表記することとしたものである。

2　商号の選定

　⑴　**商号自由主義**　会社以外の商人は、その氏、氏名その他の名称をもってその商号とすることができるとされている（11条1項）。会社は、定款において商号を定めることとされている（株式会社につき会社27条2号、持分会社につき会社576条1項2号）。すなわち、商人は、商人やその社員の氏や氏名、商人が行う営業を表す商号のほか、自由に商号を選定できる。こうした法の立場を商号自由主義という。商人とまったく無関係の氏名を商号に選択することや商人の行う営業とは異なる営業を表す商号を選択すること、さらにはキャッチフレーズや新しい造語などを商号に選択することも、後述する制限を除いては自由である。文字数についても法の制限はない。

　商号の選定に際しては、選定の自由など商人の利益の保護と、一般公衆の商号に対する信頼の保護という要請があり、この要請をどう調整するかで様々な法制度がありうる。商人の氏名または営業の実際と商号が一致することを要求する法の立場を、商号真実主義（商号厳格主義）という。商号の選定にあたっては商人の氏名または営業と商号が一致することを要求するが、営業の譲渡・相続・変更があっても従前の商号の使用を認めその限りでは不一致を認める立

場を、折衷主義という。商号真実主義はフランス法系の国々で、折衷主義はドイツ法系の国々で、商号自由主義は日本のほか英米法系の国々で見られる。

日本においては、前述のとおりかつて商人が屋号を用いる例があったが、屋号は必ずしも商人の氏名や営業を反映したものではなく、こうした屋号の実情に鑑みて商号自由主義を採用したものとされる。

(2)　**商号自由主義への制限**　　もっとも、商法・会社法は原則として商号自由主義を採るものの、一般公衆の保護の観点から、また他者の権利との調整の観点から、商号自由主義は制限される。

なお、このほかに登記商号に関しては使用できる文字の制約などの登記上の制限を受けるが、これについては**5**において述べる。

(i)　公衆の保護の観点による制限

(a)　会社の種類に関する誤認の防止　　会社法は、商人が会社であるかどうか、また会社である場合いかなる種類か（とりわけ社員の責任は有限責任か無限責任か）を商号により取引相手方が判別できるように商号選定の自由に一定の制約を加えている。

会社は、株式会社、合名会社、合資会社または合同会社の種類に従い、それぞれその商号中に株式会社、合名会社、合資会社または合同会社という文字を用いなければならない（会社6条2項）。例えば株式会社であれば、商号中に「株式会社」の文字がどこかに入っていることが必要となる。一般にはいわゆる前株、すなわち「株式会社○○」とするか、またはいわゆる後株、すなわち「××株式会社」とするが、それ以外の場所でも差し支えない。

また、会社はその商号中に、他の種類の会社であると誤認されるおそれのある文字を用いてはならない（会社6条3項）。会社以外の商人は、その商号中に、会社であると誤認されるおそれのある文字を用いてはならない（会社7条）。会社でない商人が「会社」の文字を商号中に用いたり、合同会社が「株式会社」の文字を商号中に用いたりすることが認められないのみならず、一般人に会社でない商人を会社と誤認させたり会社を他の種類の会社と誤認させたりする文字を用いることも禁じられる。例えば、会社でない商人が「合名商会」という文字を用いることは許されないとされる（大決明41・11・20民録14・1194）。これらの制限に反した場合、過料の制裁がある（会社978条1号2号）。

また、制限に反した商号の登記の申請は却下される（商登24条14号）。

　（b）　その他　　会社以外の法人についても、例えば、一般社団法人または一般財団法人でない商人は、その商号中に、一般社団法人または一般財団法人であると誤認されるおそれのある文字を用いてはならない（一般法人6条）。ほかにも相互会社（保険業21条1項、会社8条）などにつきこうした規定が置かれる。また、許認可を要する事業などに関しては、当該事業を営む商人に一定の文字の使用が強制され、それ以外の商人については一定の文字または誤認される文字の使用が禁止されることがある。例えば、銀行（銀行6条1項・2項）、保険会社（保険業7条）、信託会社（信託業14条）などにつきこうした規定が置かれる。これらは、法人の種類や事業に関する誤認を防ぎ一般公衆を保護するための規定である。

　そのほか、公序良俗に反する商号も許されない（民90条参照）。登記先例においては、出版物の印刷、発行および販売を営業の種類とする個人商人の「公安調査機関」「公益社団日本探偵調査士連合会」の商号登記申請を却下すべきものとしている（昭53・7・14民四3956号回答登研372・77）。

　(ii)　他者の権利との調整の観点による制限　　他者の権利としては、他の商人の商号権（→本章4）をはじめとする様々な名称に対する権利による制限があげられる。

　なお、(a)に述べる規制は、故意に信用のある他人の名称または商号を自己の商号であるかのように使用して一般公衆を欺くというような反社会的な事象に対処することなどを目的として設けられたものであると説明されている。また、(b)に述べる規制も、周知・著名商号等の使用者のみならず需要者の信頼をも合わせて保護するものと説明される。このように、他者の権利との調整の観点のみならず、公衆の保護の観点による制限の面もあわせ持つ場合がある。

　（a）　不正の目的による商号使用の制限　　不正の目的をもって、他の商人・会社であると誤認されるおそれのある商号を使用してはならない（商12条1項、会社8条1項）。かかる禁止規定に反して商号を使用すれば、差止請求（商12条2項、会社8条2項）や損害賠償請求（民709条）を受けるほか、過料に処せられることとなる（商13条、会社978条3号）。不正の目的をもって使用するとはどのような場合であるかについては、本章4の3(1)で述べる。

この規定はあくまで他の商人・会社と誤認される商号の使用を禁止する規定であり、商人ではない者の名称についてはこの規定では禁止されないものと解される。平成17年改正前商法においては「何人ト雖モ不正ノ目的ヲ以テ他人ノ営業ナリト誤認セシムベキ商号ヲ使用スルコトヲ得ズ」（改正前21条１項）と規定され、商人ではない者の名称の使用なども含みうる条文となっていたが、改正で商人・会社の商号その他の名称の使用の禁止であることが明確化されたものである。もちろんこれは商人ではない者の名称を自由に使用できるようになったということではなく、(c)で述べるように他の根拠によって禁止されるようになったと理解すべきである。

　(b)　不正競争に対する規制　　商号の使用が不正競争防止法上の「不正競争」に該当する場合も、禁止がなされる。商号に関する「不正競争」とは、①他人の商品等表示として需要者の間に広く認識されているもの（周知の商品等表示）と同一もしくは類似の商品等表示を使用し、またはその商品等表示を使用した商品を譲渡等して、他人の商品または営業と混同を生じさせる行為（不正競争２条１項１号）、および②自己の商品等表示として他人の著名な商品等表示と同一もしくは類似のものを使用し、またはその商品等表示を使用した商品を譲渡等する行為（不正競争２条１項２号）があげられる。こうした不正競争に該当する商号使用をすれば差止請求（不正競争３条）および損害賠償請求を受ける（不正競争４条）ほか、営業上の信用を回復するのに必要な措置を命じられる場合もある（不正競争14条）。さらに、不正の目的による①の不正競争や、著名商品等表示の信用・名声を利用して不正の利益を得る目的または信用・名声を害する目的での②の不正競争については刑事罰の対象となる（不正競争21条１項１号２号）。なお、商品等表示とは、人の業務に係る氏名、商号、商標、標章、商品の容器もしくは包装その他の商品または営業を表示するものをいう（不正競争２条１項１号）。具体的にどのような場合に不正競争になるかについては、**4**の**3**(2)で述べる。

　この規定に基づけば、他の商人の商号のみならず、商標など商号以外の名称を商号として使用することが不正競争として禁止される場合がありうる。また、不正競争防止法における「営業」とは、広く経済的対価を得ることを目的とする事業を指し、病院等の医療事業、予備校の経営や慈善事業などをも含む

ものとされており、裁判例においては例えば学校の名称につき不正競争防止法
による差止めを認めている（東京地判平13・7・19判時1815・148）。このように、
商人でない者の名称などを商号として使用する場合についても、不正競争とし
て禁止される可能性がある。

　(c)　その他の権利　　商人・会社以外の者に関しても、不正の目的で誤認
させる商号の使用が明文で禁止されている場合がある。例えば、不正の目的を
もって、他の一般社団法人または一般財団法人であると誤認されるおそれのあ
る商号を使用してはならない（一般法人7条）とされている。また、相互会社
についても同様の禁止規定が置かれる（保険業21条1項、会社8条）。

　明文の規定のない法人や自然人についても、その名称を商号として使用する
場合、人格権やそこから派生する権利の侵害とされることがありうる。すなわ
ち、人の氏名、肖像等は、個人の人格の象徴であるから、当該個人は、人格権
に由来するものとして、これをみだりに利用されない権利を有する（最判昭
63・2・16民集42・2・27参照）。そして、これらが商品の販売等を促進する顧客
吸引力を有する場合もあり、かかる顧客吸引力を排他的に利用する権利（パブ
リシティ権）もあるものと考えられる（最判平24・2・2民集66・2・89）。こうし
た氏名権やパブリシティ権を侵害して人の氏名などを商号に用いる場合、不法
行為に基づく損害賠償請求や、差止請求の対象となるであろう。

　なお、不正な目的での名称使用の禁止とは別の観点からの規制もある。持分
会社で商号中に社員の氏もしくは氏名または名称を用いているときは、当該社
員が退社した場合、持分会社に使用の差止めを請求できる（会社613条）。これ
は、退社した社員が自称社員の責任（会社589条）を負わされることを防ぐなど
の趣旨によるものと説明される。

4　商　号　権

1　商号権の意義

　商人は、商号を選定し使用することで、当該商号につき一定の権利を取得す
る。具体的には、他人により妨害を受けずに商号を使用できる権利である商号
使用権と、一定の要件の下で他人が同一または類似の商号を使用することを排

斥できる権利である商号専用権を有することとなる。商号使用権と商号専用権をあわせて商号権という。

この商号権の性質については争いがある。商号権は商号の経済的価値を守る財産権であるが、自然人の氏名権と同様に人格権的性格もあわせ持つと考えられる。こうした人格権的性格の現れとして、商号権侵害に対して信用回復措置が認められ（不正競争7条）、また慰謝料の請求が認められる（民723条）ことがあげられる。ただし、これらの権利は営業上の経済的価値の回復のためのものであり、商号権の人格権的性格を強調するべきではないという批判もある。

2 商号使用権

商人は、他人の商号専用権による排斥を受けない限り、他人により妨害を受けずに商号を使用できる権利を有する。商号使用者は、かかる商号使用権を侵害した者に対し、不法行為に基づく損害賠償を請求することができる（民709条）。

また、他人の商号専用権等に対抗できる場合もある。すなわち、他人の商品等表示が周知または著名となる前からその商品等表示と同一または類似の商号を使用する者については、その商号を不正の目的でなく使用する場合には、不正競争防止法上の差止請求や損害賠償請求を受けないこととされているが（不正競争19条1項3号4号）、こうした先使用権の規定は商号先使用者の商号使用権にも配慮したものといえよう。

3 商号専用権

(1) **商法・会社法による商号専用権**　何人も、不正の目的をもって、他の商人・会社であると誤認されるおそれのある名称または商号を使用してはならない（商12条1項、会社8条1項）。これに反する名称または商号の使用によって営業上の利益を侵害され、または侵害されるおそれがある商人・会社は、その営業上の利益を侵害する者または侵害するおそれがある者に対し、その侵害の停止または予防を請求することができる（商12条2項、会社8条2項）。また、このような侵害については、不法行為として損害賠償請求権を生じうる（民709条）。これにより、商号に関する商人・会社の信用を保護するものである。

　ここで、「不正の目的」とは、他の商人の商号または名称を自己の商号または名称として使用するなどにより、一般人をして自己の営業その他の活動をその商号等によって表示される他の商人の営業その他の活動であるかのごとく誤認させようとする意図をいう、と通説的には解される。「不正の目的」は不正競争の目的には限定されず、競争関係がない他の商人の営業と自己の営業とを誤認させようとする目的、さらには、商人以外の者が商人の商号や名称を使用し商人の活動と自己の活動とを誤認させようとする目的も含むこととなる。(2)で述べる不正競争防止法と重なる部分もあるが、周知性または著名性を要しないなど、独自の意義があるともいえる。

　平成17年改正前商法のもとでの判例には、類似商号規制（平成17年改前商19条。→コラム4-3）を悪用し他の会社の本店移転登記を妨害し不当に金銭を得る目的でそれと同一目的同一商号の登記をした会社に対し、商号使用を不正の目的をもって他社の営業と誤認させるものとして、平成17年改正前商法21条（現在の会社8条）に基づき商号の使用禁止と商号登記の抹消を認めたものがある（最判昭36・9・29民集15・8・2256）。また、改正後の裁判例にも、「『不正の目的』は、他の会社の営業と誤認させる目的、他の会社と不正に競争する目的、他の会社を害する目的など、特定の目的のみに限定されるものではないが、不正な活動を行う積極的な意思を有することを要する」ものと解するものがある（知財高判平19・6・13判時2036・117〔百選10〕）。学説にも、誤認をさせる目的に限らず広く不正の目的をとらえる見解も存在する。

　なお、使用とは、商号または名称として使用する場合に限られない。自己の営業や商品に関して使用し主体の誤認を生じさせる場合も含まれる。また、取引に際してその商号を使用することのほか、例えば看板や広告などに用いるような事実上の使用も含まれる。

　侵害の停止または予防として、商号の取引への使用や事実上の使用を禁止できる。商号登記がなされている場合、その抹消請求もできる。登記抹消請求に関しては、会社の場合商号以外の名称がないため（とりわけ設立時からの商号の場合）問題となったが、現在では認められている（商登24条15号参照）。抹消後の当該会社の表示は、抹消前の商号に「抹消前商号」の文字を冠記する取扱いとする（昭37・11・19民事甲3316号民事局長通達登研1817・70頁）。

(2) 不正競争防止法による商号専用権

（i） 周知商号使用による混同惹起　　他人の商品等表示として需要者の間に広く認識されているものと同一もしくは類似の商品等表示を使用し、またはその商品等表示を使用した商品を譲渡し、引き渡し、譲渡もしくは引渡しのために展示し、輸出し、輸入し、もしくは電気通信回線を通じて提供して、他人の商品または営業と混同を生じさせる行為は、不正競争とされる（不正競争 2 条 1 項 1 号）。不正競争によって営業上の利益を侵害され、または侵害されるおそれがある者は、その営業上の利益を侵害する者または侵害するおそれがある者に対し、その侵害の停止または予防を請求することができ、さらに侵害の行為を組成した物の廃棄、侵害の行為に供した設備の除却その他の侵害の停止または予防に必要な行為を請求することができる（不正競争 3 条）。故意または過失により不正競争を行って他人の営業上の利益を侵害した者に対しては、損害賠償請求をすることもできる（不正競争 4 条）。これにより出所の混同を防止し、他人の周知性ある商品等表示につき、その他人が獲得した業務上の信用を保護するものである。**3**の **2**(2)(ii)(b)で述べたように、商品等表示には商号が含まれており、不正競争防止法は商号保護の規定も置いているといえる。

　ここで「需要者の間に広く認識されている」、すなわち周知性があるとは、他人の商品等表示と同一もしくは類似の商品等表示を使用している者の商品・営業の需要者を基準に判断される。周知性は限定された地域などにおいてのみ認められることもあり、両者の使用の地域が異なる場合などには、周知性が及ばないこともある。裁判例では、神奈川県横浜市周辺で周知性を有する「勝烈庵」というとんかつ料理店の営業に関する表示につき、周知性が及ぶとして同県鎌倉市の「かつれつ庵」に対する差止めを認めつつ、一方で周知性の及ぶ範囲にないとして静岡県富士市の「かつれつあん」に対する差止めを認めなかったものがある（横浜地判昭58・12・9無体集15・3・802）。

　また、商品等表示の類似性は、判例は「取引の実情のもとにおいて、取引者、需要者が、両者の外観、呼称、または観念に基づく印象、記憶、連想等から両者を全体的に類似のものとして受け取るおそれがあるか否かを基準として判断する」ものとされている。この判例は、「マンパワー・ジャパン株式会社」と「日本ウーマン・パワー株式会社」につき、取引の実情として需要者の共通

性等も考慮し、両商号の類似性を認定した（最判昭58・10・7民集37・8・1082）。

　「混同を生じさせる行為」は、実際に混同を生じさせたことは要せず、混同の具体的なおそれがあればよい。そして、混同とは、商品の出所または営業の主体の同一性について需要者に誤認が生じること（狭義の混同）のみならず、親会社、子会社の関係や系列関係などの緊密な営業上の関係が存するものとの誤認が生じる場合（広義の混同）も含むとされる（前掲最判昭58・10・7）。例えば、「三菱建設株式会社」の商号と三菱マーク類似の商標の使用が、三菱グループの一員であるかの誤信をさせるとして、混同のおそれが認められた裁判例がある（大阪高判昭41・4・5高民19・3・215）。

　商法・会社法上の商号専用権と異なり、不正競争防止法においては「不正の目的」といった主観要件は（損害賠償における故意・過失は別として）不要である。また、不正競争防止法には損害額推定規定（不正競争5条）、書類提出命令（不正競争7条）、損害計算のための鑑定（不正競争8条）、相当な損害額の認定（不正競争9条）、信用回復の措置（不正競争14条）などの規定が置かれている。

　(ii)　著名商号の使用　　自己の商品等表示として他人の著名な商品等表示と同一または類似のものを使用等する行為も不正競争とされ（不正競争2条1項2号）、被侵害者は(i)で述べたような差止請求や損害賠償請求をなしうる。周知性のある商号の使用の場合と異なり、著名商号の使用の場合、混同を生じさせなくても不正競争に該当することとなる。

　事業活動の成果として著名と言えるほどの多大な識別力を獲得した結果、商品等表示はブランドイメージ等の独自の財産的価値を有することがある。このような著名商品等表示の冒用は、出所の混同を生じなくても、多用されることで顧客吸引力などが薄め（希釈化）られたり、好ましくない利用によりブランドイメージが毀損（汚染）されたりすることがある。このため、著名商品等表示については、混同惹起を要件とせず不正競争に該当することとしたものである。

　「著名」とは、周知性よりも高い知名度である。また、関係する需要者層において全国的に、その表示が知られていることが必要とされる。裁判例においては、例えば「三菱」の名称（知財高判平22・7・28平22(ネ)1002など）、「シャネル」の名称（東京地判平20・3・12平19(ワ)33797など）、「阪急」の名称（大阪地判平

　不正競争防止法は、競争秩序の維持、発展を図ることを目的として不正競争を禁止する法律であり、不正競争に対する私人の差止めおよび損害賠償請求の権利を認める民事規制などを置くものである。

　不正競争防止法は不正競争一般を規律するわけではなく、不正競争として禁止される行為類型が限定列挙されている。この類型には、商品等表示の不正使用行為、商品形態模倣行為、営業秘密・限定提供データの不正取得・使用行為、コンテンツの技術的制限手段の無効化行為、ドメイン名の不正使用行為、品質等誤認行為、競業者の信用毀損行為、代理人等商標無断使用行為といったものがある。また、外国国旗等の商業上使用、外国公務員等に対する不正利益供与といった、国際約束に基づく禁止行為も規定される。

　不正競争防止法は、独占禁止法などとともに、競争法の1つとして位置づけられる。独占禁止法などが行政規制を中心とする法律であるのに対し、不正競争防止法は主に民事規制を規定する法律であるところに特徴がある。また、不正競争防止法は商品等表示などの知的財産の保護も図っており、知的財産法の1つとしても位置づけられる。特許法や商標法、著作権法などが知的財産に関し排他的独占権を付与しこれを保護するとともにその取引を可能とする権利付与法の形式であるのに対し、不正競争防止法は行為規制法の形式をとるところに特徴がある。

24・9・13平23(ワ)15990）につき、著名性を認定したものがある。

5　商号の登記

　商人の取引相手方やこれから取引に入ろうとする一般公衆にとって、商号で表される商人が誰であるかは重大な関心事である。また、これから商号を選定しようとする商人にとっても、その商号が他者によって使用されていないかなどを知りたいという要請もある。こうしたことから商号登記の制度が設けられており、登記によって商号に関する情報は公示される。

　商号登記の要否などについては、会社と会社以外の商人とで違いがある。会社は設立登記により成立するが（会社49条・579条）、設立登記に際して商号が絶対的登記事項とされており（会社911条3項2号・912条2号・913条2号・914条2

号）、必ず商号を登記しなければならない。会社の商号の登記は会社の登記簿にする（商登34条1項）。これに対し、会社以外の商人については、商号の登記は任意である（11条2項。ただし、7条により小商人については商号の登記はできない）。登記する場合、商号登記簿に、商号、営業の種類、営業所、商号使用者の氏名・住所を登記する。この登記は営業所ごとにしなければならない（商登28条）。なお、類似商号規制などを置いていた平成17年改正前商法下と異なり、現行法の下では、商号を登記しても、同一場所同一商号の禁止を除いては法的に何らかの効果が発生するわけではない。ただし、例えば商号での銀行口座の開設に際して商号登記簿謄本が要求されるといったように、取引相手方から登記を求められる場合などは考えられ、こうした場合に登記をする実際上の意義がある。

　商号の登記に際しては、**3**の2(2)で述べたように法令の規定により使用を禁止された商号の登記が認められない（商登24条14号）ほか、使用文字の制約と、同一場所同一商号の禁止という制約がある。

　登記に際して商号に用いることができる文字は日本文字（漢字・ひらがな・カタカナ）・ローマ字（アルファベット大文字・小文字）・アラビヤ数字（算用数字）および一定の記号（「＆」など）に制限される（商業登記規則50条、平成14年法務省告示315号）。平成14年の商業登記規則等の改正以前は登記に際して用いることができるのは日本文字に限定されていたため、一般にアルファベットで認識されている商号でも、登記された商号はカタカナ表記となっていた。改正により、アルファベット等の使用が可能となった。

　また、その商号が他人のすでに登記した商号と同一であり、かつ、その営業所（会社の場合本店）の所在場所が当該他人の商号の登記にかかる営業所の所在場所と同一であるときは、登記をすることができない。（商登27条）。これは、不動産登記などの場面において法人はその住所と名称によって特定されるため、同一場所において同一商号が登記されると混乱を生じるためである。なお、同一市町村内での登記を規制していた平成17年改正前商法の類似商号規制と異なり、同一場所、すなわち地番まで同一の場合にのみ同一商号の登記が禁止される。

　平成17年改正前商法の下では、商号の登記に一定の効果が認められていた。すなわち、他人が登記した商号については同一市町村内において同一の営業のために、同一の商号または判然区別することのできない商号を登記することができないとされていた（平成17年改正前商19条、商登27条）。しかし、こうした類似商号規制は、定款所定の目的の異なる会社の商号登記は阻止できず、また未登記の個人商人が活動することも禁止できないなど、商号保護の効果は薄く、一方で会社の設立に際して既登記商号の調査が必要になり迅速な会社設立手続の阻害要因となるなど弊害が大きいとされたため、平成17年会社法制定に際して撤廃された。

　また、商号の登記をなした者は、不正の競争の目的をもって同一または類似の商号を使用する者に対し差止請求権、損害賠償請求権を有することとされており（平成17年改正前商20条1項）、同一市町村内において同一の営業のために他人の登記した商号を使用する者については不正の競争の目的が推定された（平成17年改正前商20条2項）。類似商号規制の撤廃により2項の規定がその根拠を失うこととなり、また1項の規定については、登記商号に限定せず商号を保護する不正競争防止法で十分な保護が図れるため、同時に撤廃されることとなった。

6　商号の譲渡その他の変動

1　商号の譲渡

　会社以外の商人の商号は、営業とともにする場合または営業を廃止する場合に限り、譲渡することができる（15条1項）。商号は商人の営業上の信用を化体し経済的価値を有するため、他の財産と同様に譲渡の対象とするニーズがある。しかし、商人の営業と切り離してその商号のみが譲渡されると、その商号が表す商人の同一性につき一般公衆に誤解を生じさせる危険がある。そこで、商人の同一性につき誤解が生じる危険性がない場合に限って譲渡を認めたものである。会社についてはこのような規定が置かれていない。しかし、商号続用責任の規定（会社22条）が置かれていることから商号の譲渡は想定されており、また譲渡のニーズと一般公衆の誤解防止の必要性は同様であることに鑑みれば、会社以外の商人と同様、事業とともにする場合または事業の廃止の場合

に限り商号を譲渡できるものと解される。

　商号の譲渡は当事者間の意思表示のみで行いうる。しかし、会社以外の商人の商号の譲渡を第三者に対抗するためには、譲渡の登記（商登30条1項・2項）を必要とする（15条2項）。対抗要件を備える必要があるのは、不動産の所有権などの場合と同様、二重譲渡などの場面である。商号権者と商号使用妨害者・不正目的での商号使用者の関係については対抗関係ではなく、商号権者は登記なく権利を行使できる。なお、会社については商号の譲渡の登記に関する規定は適用されない（商登34条2項）。

　営業譲渡に際して譲受人が商号を引き続き使用する場合、譲受人に一定の責任が発生する（→5章3の1(4)(ii)）。

2　商号の相続

　個人商人に関しては、商号は相続の対象となる。商号の相続は登記の対象となる（商登30条3項）。

3　商号の変更・廃止

　会社以外の商人が営業を廃止し、またはその商号の使用を廃止した場合、その商号権を失う。また、商人が商号を変更した場合、変更前の商号について商号権を失う。登記商号を廃止または変更した場合、商人は廃止または変更の登記をしなければならない（商10条、商登29条2項）。また、商号に変更がない場合も、営業の種類、営業所、商号使用者の氏名・住所に変更が生じたときは変更の登記を要する（商登29条2項）。

　会社については、商号は会社の唯一の名称であるため、会社が存続する限り商号の廃止は認められない。また、商号の変更は定款変更を要し、したがって株式会社であれば株主総会の特別決議、持分会社であれば総社員の同意を原則として要する（会社466条・309条2項11号・637条）。商号の変更により変更前の商号に関する商号権が失われることは会社においても同様である。会社は商号の変更を登記しなければならない（会社915条）。

　商号を変更や廃止したにもかかわらず登記しないとき、登記した商号を使用しないときは、同一場所で廃止・変更されたものと同一の商号を登記しようと

する者にとって不利益である。このため、変更された商号や廃止された商号、さらに正当な事由なく２年間使用されていない商号の登記などは、同一場所で同一商号を登記しようとする者が抹消を申請できることとしている（商登33条）。

7 名 板 貸

1 総 論

　名板貸とは、商人が他人に対し、自己の商号を使用して営業または事業を行うことを許諾することをいう。元々は、取引所の取引員がその営業名義を他人に貸し、この者をしてその営業を経営せしめる契約を指して名板貸と呼んでいたが（かかる狭義の名板貸は脱法行為であり無効な契約とされる）、それが転じて商号を他人に使用させることを名板貸と呼ぶようになったものである。以下ではこうした、広義の名板貸について説明する。

　商号使用の許諾を受ける者（名板借人）は、名板貸によって信用の蓄積された他者の商号を使用することで、様々な営業上その他のメリットを享受することを期待する。商号使用を許諾する者（名板貸人）も、許諾の対価として使用料を名板借人から受領することで商号の経済的価値を実現したり、もしくは名板借人の営業によって商号にさらなる信用が蓄積され経済的価値が増大したりすることを期待する。こうした期待から名板貸契約が利用される。名板貸の利用例としては、例えば、従業員が独立する際に商人が「のれん分け」として商号の使用を許諾する場合や、コンビニエンスストア等のフランチャイズ・ビジネスにおいて本部（フランチャイザー）が加盟店（フランチャイジー）に自己の商号の使用を許諾するような場合が考えられる。

　こうした名板貸契約は、業法上の規制（例えば、保険会社の名義貸しを禁じる保険業７条の２など）はともかく、商法・会社法上は禁止されてはいない。しかし、名板貸が行われると取引相手方が名板借人を名板貸人と誤認して取引に入るなどの危険性があるため、一般公衆の商号に対する信頼の保護を図る必要がある。そこで、商法・会社法は、名板貸関係のある場合において、名板貸人が営業主であるという外観を信頼して名板借人と取引した第三者に対し、その外

観を作り出した名板貸人に、その取引によって生じた債務について、名板借人との連帯責任を負担させる規定を置いている（商14条、会社9条）。この規定は従来判例で認められてきたものを昭和13年商法改正で明文化したものであり、表示による禁反言則ないし外観法理に基づいて名板貸人に責任を負担させる規定である。

2　要　件

一般に、外観法理に基づいて責任を負わせるには、①不実の外観の存在　②外観の作出への関与　③相手方の外観への信頼、の３つの要件が必要となる。商法14条・会社法9条は、こうした要件を名板貸の場面で具体化して規定を置いている。

(1) **商号使用の許諾**　名板貸責任が成立するためには、まず、名板貸人が、自己の商号の使用を名板借人に許諾する必要がある。

「商号の使用」にあたるかは、取引通念をも考慮して判断されることになる。このため、商号をそのまま使用する場合のほか、例えば商号に支店、出張所などの若干の語を付加したものの使用を許諾していた場合も、「商号の使用」にあたる。裁判例では、商号に「宮崎出張所」という語を付加したものを使用していた事例や（最判昭33・2・21民集12・2・282）、百貨店の商号に「書籍部」という語を付加したものを使用していた場合（東京地判昭27・3・10下民集3・3・335）などにおいて、名板貸責任を肯定している。

「許諾」は明示の許諾のみならず、黙示の許諾もあると考えられている。しかし、他人が自己の商号を使用して営業していることを知りながらこれを放置しているというだけでは、黙示の許諾とは認められない。商号自由主義の下では、自己の商号を他人が商号として使用していることを知ったとしても、当然にその使用を阻止すべき義務が生じるわけではないし、そもそも、前述のとおり、商号専用権（→本章**4**の3）が認められる場合でなければ、阻止する手段も限定されるからである。単に放置しているというだけでなく、他人による自己の商号の使用を放置することが、第三者による営業主の誤認可能性との関連において、社会通念上許されないと考えられるような特別の事情がある場合に、黙示の許諾があると評価されることとなる。裁判例においては、営業廃止

後、元使用人が同じ店舗で同じ商号を用い、そのままになっていた看板、ゴム印、印鑑、小切手帳を利用して別種の営業を行っていることを元商人が了知しながら放置していた場合（最判昭43・6・13民集22・6・1171〔百選13〕）、営業の廃止に伴い、使用人に建物や工具をそのまま貸与し同種の営業を行うことを許諾した者が、存置した看板を使用して営業を行っていることを知りながら、営業の廃止や営業主の交代を得意先などに知らせるなどの措置を取らなかった場合（最判昭42・2・9判時483・60）などに黙示の許諾を認めている。

　平成17年改正前商法においては「自己ノ氏、氏名又ハ商号ヲ使用シテ営業ヲ為スコトヲ他人ニ許諾シタル者ハ自己ヲ営業主ナリト誤認シテ取引ヲ為シタル者ニ対シ其ノ取引ニ因リテ生ジタル債務ニ付其ノ他人ト連帯シテ弁済ノ責ニ任ズ」（平成17年改正前商23条）と規定されており、非商人たる自然人が氏や氏名を営業上使用することを許諾するような場合も明文上含まれていた。しかし、現行法は商人・会社が商号の使用を許諾する場合に限定して規定を置いている。非商人の名称の許諾のような場合は、現在では、昭和13年の商法改正前のように民法109条などの趣旨から保護を図るか、または商法14条・会社9条の類推適用を検討することとなろう。なお、改正前の判例においては、廃業に際しての商号使用の許諾について適用を肯定しているが（前掲最判昭42・2・9、最判昭43・6・13）、現行法の下においてはこれも類推適用の事例となろう。

　商号の使用の許諾はなく商号も使用していないが、一般公衆が営業主体を他者と誤認するような外観が存在し、またその外観作出に当該他者が関与している場合というのは考えられる。例えば、スーパーマーケットの店内でペットショップを営んでいたテナント店の顧客に対し、一般の買物客がテナント店の経営するペットショップの営業主体はスーパーマーケットであると誤認するのもやむを得ないような外観が存在し、スーパーマーケットがその外観を作出し、または作出に関与していたとして、平成17年改正前商法23条の類推適用により名板貸人同様の責任を肯定した判例がある（最判平7・11・30民集49・9・2972〔百選14、商判Ⅰ-7〕）。また、平成17年改正後においても、ホテル内のマッサージ店が施術ミスにより顧客に与えた損害につき、マッサージ店の営業主体がホテルであると誤認混同させる外観があり、またホテルがその外観を作出しまたは作出に関与したとして、会社法9条を類推適用して責任を負うもの

とした裁判例がある（大阪高判平28・10・13金判1512・8）。これらの判例は、テナント固有の法理を認めたものと評価する見解もある。

　(2)　**営業・事業を行うことの許諾**　　また、名板貸人は、名板借人が営業・事業をすることを許諾する必要がある。このため、名板借人は商人ということになる。

　名板貸人の営業・事業と名板借人の営業・事業が同種のものである必要があるかについては、争いがある。判例は、営業・事業の同種性を要求する（最判昭36・12・5民集15・11・2652）。しかし、こうした同種性は、許諾の範囲および取引相手方の誤認の有無を判断する際に考慮されるべき事由の1つにすぎず、要件とされるべきでないという見解もある。なお、判例も、特段の事情があれば同種性がなくても責任を肯定することがある（前掲最判昭43・6・13。前述のとおり、この事例は黙示の許諾の事例であり、異なる営業についても許諾があったものと評価できる）。

　許諾に際して営業・事業に制限が付されている場合に、名板借人がこれに違反して営業・事業を行っていた時、名板貸責任が肯定されるかも問題となる。許諾に際しての営業・事業の種類の制限は内部的な問題であり、制限に違反しているとしても名板貸人が営業主であるかのような外観が存在することは変わらないのであるから、名板貸責任を肯定すべきとも考えられる。一方で、名板貸人の帰責の範囲は許諾の範囲によって画されるべきものであるという考え方もある。ただし、後者の考え方からも、名板貸人が名板借人の制限違反を知りながら放置しているときは、黙示の許諾ありとして名板貸責任が肯定されることとなろう。

　営業・事業の許諾はないが、商号を使用して手形行為をすることの許諾があった場合については、議論が分かれている。判例には、単に手形行為をすることは営業に含まれないとして、手形行為につき商号の使用を許諾したにすぎない者の名板貸責任を否定したものがある（最判昭42・6・6判時487・56）。もっとも、商法14条・会社法9条の直接適用はないとしても、類推適用の可能性はあると考えるべきであろう。なお、名板借人が許諾を受けた営業・事業を行わず、貸与を受けた名義で手形を振り出した事案においては、判例は類推適用を認める（最判昭55・7・15判時982・144〔百選11、商判Ⅰ-6〕）。

名板借人が商人でない場合については、前述のとおり商法14条・会社法 9 条の直接適用はない。しかし、類推適用により、または民法109条などの趣旨から取引相手方を保護することは考えられる。判例においては、東京地方裁判所の職員が、同裁判所の承諾の下に、職員の福利厚生を図るため、「東京地方裁判所厚生部」という名称で裁判所庁舎の一部を使用し、同裁判所の用紙および庁印を用いて取引を行っていたところ、取引相手方が国（東京地方裁判所）に対して責任を追及した事件において、商法23条（現在の14条）、民法109条等の法理に照らし善意無過失の取引相手方に対しては責任を認めうるとしたものがある（最判昭35・10・21民集14・12・2661）。

(3) **相手方の誤認**　名板貸人が当該営業・事業を行っているものと誤認した相手方に対して、名板貸人は責任を負う。すなわち、名板貸人ではなく名板借人が当該営業・事業を行っていることを相手方が知っている場合、名板貸責任は発生しない。

善意であっても、重過失により名板借人が当該営業・事業を行っていることを知らなかった相手方については、悪意ある者と同視され、保護されないものと解される。判例においても、「たとえ誤認が取引をなした者の過失による場合であっても、名義貸与者はその責任を免れ得ないものというべく、ただ重大な過失は悪意と同様に取り扱うべきものであるから、誤認して取引をなした者に重大な過失があるときは、名義貸与者はその責任を免れる」とされる（最判昭41・1・27民集20・1・111〔百選12〕）。このように考えると、民法109条は相手方が軽過失により善意の場合は保護されないのに対し、商法14条・会社法 9 条は軽過失により善意の場合でも保護されることとなる。これは、商法・会社法が外観への信頼保護、取引安全の保護をより強化していることと適合する。名義貸与者も名義借用者も商人でないような場合の取引相手方については、善意無過失の取引相手方に対してのみ責任を認めればよいと思われる（前掲最判昭35・10・21参照）。

3　効　果

名板貸人は、営業の範囲内にある取引によって名板借人に生じた債務につき連帯責任を負う。なお、この債務は不真正連帯債務と扱われる。

　対象となる債務は、取引から直接生じた債務（買掛債務など）のみならず、債務不履行による損害賠償責任や契約解除の際の原状回復義務なども含み（最判昭30・9・9民集9・10・1247）、また営業に関連してなされた手形行為による手形債務なども含む（前掲最判昭55・7・15参照）。これに対し、営業の範囲内の行為でも、事実的不法行為（交通事故など）による損害賠償責任については、名板貸人の責任に含まれない（最判昭52・12・23民集31・7・1570）。取引によって生じた債務ではないし、相手方の誤認とは関係なく発生しているからである。しかし、不法行為であっても、取引的不法行為（詐欺など）による損害賠償責任については含まれる（最判昭58・1・25判時1072・144）。相手方が誤認によって取引に入ったことで損害が生じ責任が発生したのであるから、このように解するべきである。

5章 営業と営業譲渡

1 営業の意義

1 総 説

　商法は各所で「営業」の語を用いる。その営業概念には、主観的意義と客観的意義の区別がある。主観的意義の営業は商人の営業活動を意味し、商法が「営業を行う」（5条・6条1項・14条）とか、「営業の部類に属する契約」（509条1項・510条）という場合の営業はこれに該当する。客観的意義の営業は、商人の営業上の財産を意味する。商法が「営業の譲渡」（16条以下）という場合の営業はこれに該当する。

　会社については、「事業」の語が用いられる（会社5条・21条以下など）。会社以外の商人の「営業」と会社の「事業」の概念は、一商人が複数の業種を行う場合に相違する（この相違と、会社以外の商人と会社とで異なる文言が用いられることとなった経緯については→**コラム4-1**）。

2 主観的意義の営業

　(1) **営業の自由とその制限**　　商人の営業活動は、憲法22条1項所定の職業選択の自由に含まれる営業の自由により保障されるが、次のような制約を受ける。

　(2) **営業自体に関する制限**

　(ⅰ) **客観的理由に基づく制限**　　その性質を理由に営業が制限される場合として、次のものがある。①あへん煙又はその吸食器具の輸入・製造・販売（刑136条・137条）のように法が禁じている行為や密輸や賭博開帳のような公序良

俗に反する（民90条）行為は、私法上無効であり、これを業としても、その者は商人とならない。②たばこの製造（たばこ事業8条）のように、国家財政上その他の理由から、国または国の指定した者の独占事業とされるものがあり、これに違反した行為は私法上無効であり、これを業とした者も商人とならない。③古物商営業（古物3条）、飲食店営業（食品衛生52条）、風俗営業（風営3条）など、一般公安、保健衛生、危険予防等の警察的理由から当該営業の開始に際して行政庁の許可が必要とされるもの、④銀行業（銀行4条）、信託業（信託業3条）、保険業（保険業3条1項）、電気事業（電気事業3条）、運送業（鉄道事業3条1項、道路運送4条1項、海上運送3条1項、航空100条1項）など、社会・経済政策目的から当該営業の開始につき内閣総理大臣の免許が必要とされるものがある。③または④を、許可・免許なく業とした場合、罰則の制裁があるが、私法上は有効で、違反者は商人となる。

　(ii)　主観的理由に基づく制限　　行為者の主観的理由による制限として、次のものがある。①官紀粛正等のため公職にある者の営業は制限される（裁判所法52条3号、国公103条1項、地公38条1項）。この違反には制裁があるが、違反した営業も私法上有効で、違反者は商人となる。②支配人（商23条、会社12条）、代理商（商28条、会社17条）、株式会社の取締役・執行役（会社356条・419条2項）、および、持分会社の業務執行社員（会社594条）等は、他の者に対して受任者的立場にあり（民644条）、当該他の者と競業しない義務を負う。また、営業譲渡人は、一定の範囲で、譲渡した営業と同一の営業をしない義務を負う（商16条、会社21条）。これらに違反する行為も有効で、違反者は商人となる。

(3) 営業の態様に関する制限

　(i)　不正競争の禁止　　営業の自由の下でも、他人の商号、商標等を使用し、または他人の特許権等を無断で使用し、当該他人と競争する等の不正な手段による競争は許されない。不正手段による営業活動を防止する一般法として不正競争防止法があり、商法・会社法には、不正目的による商号使用を禁ずる規定（商12条、会社8条）が置かれる。特許法・商標法等による規制もある。

　(ii)　独占・不公正な競争の禁止　　営業の自由が競争の回避の自由を含むと解すると、営業の自由が前提とする自由主義的競争秩序の崩壊につながりうる。そこで、独占禁止法は、公正かつ自由な競争の確保を目的として、私的独

占、不当な取引制限（独禁2条5項・6項・3条）、不公正な取引方法（独禁2条9項・19条）等を禁ずる。

3　客観的意義の営業

　客観的意義の営業は、積極財産と消極財産から成る。消極財産とは、売掛金や借入金といった営業上の債務である。積極財産には、土地、建物、機械、現金等の有形の資産、および、権利のほか、「暖簾」も含まれる。暖簾とは、伝統、仕入先関係、得意先関係、営業上の秘訣、社会的信用、経営の組織といった、商人の長年にわたる営業活動から生まれる財産的価値を有する事実関係をいう。客観的意義の営業は、暖簾を基礎に組織化されることで、個々の財産の数量的合計を超える独自の価値を有する。通説は、このような客観的意義の営業を、一定の営業目的のために組織化され、社会的・経済的に活力を有する有機的一体と観念される営業用財産の総体と定義する。

2　営　業　所

1　営業所の意義と効果

　商法は、「営業所」という概念を用いており（商20条・24条・516条1項、商登28条1項等）、ある場所が営業所と認められると、その場所には後述の法的効果が結び付けられる。

　営業所とは、商人の営業活動の中心である一定の場所をいう。営業活動の中心であるとは、そこから営業活動の指揮が発せられ、その成果がそこに統一されることをいう。商法総則は、主に商人の取引上の債権者保護のためにその営業活動を規律するから、ある場所が営業所と認められるためには、外部的にも営業活動の中心として現れることを要する。営業所に当たるかは、商人の主観や付せられた名称でなく、その場所が上記の要件を客観的・実質的に満たしているかによる。

　ある場所が営業所として認められると、次の効果が生じる。すなわち、商行為によって生じた債務の履行場所の決定（516条1項）、裁判管轄の決定（民訴4条4項・5条5号、破産5条1項、民再5条1項、会更5条1項）、民事訴訟法上の

書類の送達場所の決定（民訴103条1項）、商業登記の管轄登記所の決定（商8条、商登1条の3）である。また、営業所は、支配人概念および表見支配人概念の基礎となる（20条・24条）。

2　本店・支店

　商人が1個の営業につき複数の営業所を有する場合、全営業を統括する主たる営業所を本店、それ以外の従たる営業所を支店と呼ぶ。支店も営業所であるから、本店の指揮の下で、一定の範囲で独立の営業活動の中心を形成している必要がある。支店についてもその営業の範囲においては、営業所としての効果が生ずる（民訴5条5号・103条1項）。

　会社法は、営業所概念を用いず、「本店」「支店」概念を用いる。会社の住所はその本店所在地にあり（会社4条）、本店所在地は定款に記載され（会社27条3号・576条1項3号）、本店および支店の所在場所が登記されなければならない（会社911条3項3号・912条3号・913条3号・914条3号）。

3　取引対象としての営業

1　営業譲渡

　(1)　**総説**　客観的意義の営業は、譲渡の対象となる。一定の事業目的のために有機的に結合された組織的財産をそのまま移転することができれば、譲受人による営業活動の承継が容易になる。また、営業譲渡により商人の転廃業後も暖簾を基礎とする営業の付加価値を維持させることは、国民経済的観点から要請される企業維持に資する。そこで、商法は、営業譲渡の運用を促進し、関係人の利益を調整するため、営業譲渡を規律する規定を設けている（15条以下）。

　会社の事業譲渡については、会社法21条以下に、商号譲渡に係る規定を除き、商法総則と同趣旨の規定が置かれ、同法467条以下に株式会社につき必要とされる内部手続が定められる（以下の営業譲渡に関する記述は、原則として会社の事業譲渡にも妥当する）。

　(2)　**営業譲渡の機能**　営業譲渡は、転廃業を欲する商人の簡易の清算方法と

株式会社の事業譲渡と組織再編

　株式会社による事業譲渡・事業の譲受けは、会社法第5編の組織再編行為（合併、会社分割、株式交換・株式移転）および株式の取得による買収とならび、事業の拡大、撤退、企業合同・再編の手段となりうる。

　特に会社分割と合併については、事業譲渡によっても類似の効果をもたらしうる。会社分割とは、会社がその事業に関して有する権利義務の全部または一部を、既存の会社または新設の会社に承継させる行為である（会社2条29号・30号参照）。会社（分割会社）の権利義務を既存の他社（承継会社）に承継させるものを吸収分割、分割手続中で新たに設立する会社（設立会社）に承継させるものを新設分割という。会社が会社分割によりその事業に関する権利義務の全部または一部を他社に承継させることは、会社がその事業を他社に譲渡することと類似するが、両者には主に次の相違がある。①事業譲渡は通常の取引行為であり、譲渡会社の債務を譲受会社に承継させるためには、個別に債権者の承諾が必要となる（民470条3項・472条3項）。また、無効の一般原則が妥当し、どのような方法でも事業譲渡の無効を主張できる。これに対して、会社分割は、組織法上の行為であり、その利害関係者が多数に上ることに配慮し、会社法が民法の原則を修正する。分割会社の債務を免責的に承継会社ないし設立会社に承継させる場合でも、債権者の個別の承諾は不要で、債権者の保護は債権者異議手続（会社789条・799条・810条）による。また、法律関係の画一的確定のため、会社分割の無効の主張は、訴え（会社828条1項9号10号）によらなければならない。②事業譲渡の対象は、「事業」でなければならないが、会社分割による承継の対象は、「事業に関して有する権利義務」であれば、それ自体が「事業」といえるものでなくともよいとする見解が一般的である。③会社分割においては、吸収分割契約または新設分割計画で承継会社または設立会社に承継される旨を定めた権利義務は、会社分割の効力発生により、個別の移転行為を要することなく、承継会社・設立会社に承継される（会社759条1項・761条1項・764条1項・766条1項）。

　合併とは、契約により、当事会社に帰属していた権利義務を包括的に他社に承継させる行為をいう（会社2条27号・28号参照）。当事会社の一社が合併後存続し（存続会社）、合併により消滅する他の会社（消滅会社）から権利義務一切を承継するものを吸収合併、すべての当事会社が合併により消滅し、その権利義務一切は、合併により新設する会社（設立会社）が承継するものを新設合併という。A社の事業一切を事業譲渡によりB社に承継させ、Aを解散させれば、吸収合併と同様の効果が、C社を新設し、A1社の事業一切とA2社の事業一切を事業譲渡によりC

> に承継させ、A1とA2を解散させれば、新設合併と同様の効果が生じる。事業譲渡
> と合併には主に次の相違がある。①事業譲渡は通常の取引行為であるが、合併は組
> 織法上の行為であり、会社分割同様、会社法が特別な規律を定める。②事業譲渡と
> 異なり、合併においては、財産の移転は包括承継により（会社750条1項・752条1
> 項・754条1項・756条1項）、個別の移転行為を要しない。

なり、譲受人にとっては、企業規模拡大の手段となる。

　会社による事業譲渡は、合併や支配株式の取得とならび企業結合の一手段と
なり、会社分割制度と並んで、企業分割の方法ともなる（→コラム5-1）。こ
のほか、会社更生計画の一環として用いられる場合や（会更46条・167条2項）、
法的整理でない事業再生手法として用いられることもある（→(4)(ii)(e)）。

　(3)　**営業譲渡契約の締結**　　営業譲渡は、譲渡人・譲受人間の営業譲渡契約に
基づき行われる。営業譲渡契約の方式の法定はなく、当事者間の合意により契
約は成立するが、書面によることが多い。

　会社の事業譲渡契約は、その代表機関が締結するが、会社に重大な変更をも
たらすことから、会社法は、株式会社がその事業の全部または重要な一部を譲
渡する場合、原則として株主総会の特別決議による承認を要求し（会社467条1
項1号2号・309条2項11号）、反対株主に株式買取請求権を付与する（会社469
条）。法定の決議を欠く事業譲渡は無効であるが、譲渡会社は、決議を欠くこ
とにつき悪意・重過失の相手方にのみ無効を主張しうるとする見解（相対的無
効説）が有力である。判例（最判昭61・9・11判時1215・125〔商判I-17〕）は、相
手方の善意・悪意を問わず無効主張可能とする。

　(4)　**営業譲渡の効果**

　(i)　当事者間における効果

　(a)　**営業移転義務**　　譲渡人は、営業譲渡契約に基づき、譲受人に対し、
譲渡対象の営業を構成する財産を移転する義務を負う。財産の包括承継が生じ
る合併と異なり、営業譲渡人は、財産の種類に従い個別の移転手続をし、必要
とされる第三者対抗要件（民177条・178条・467条、商15条2項、会社130条）を備
える必要がある。債務が承継される場合は、債務引受け（民470条・472条）、弁

済の引受け（民474条）または債務者交替による更改（民514条）等が個別に必要となる。暖簾については、譲受人がこれを利用できるよう、営業上のノウハウの伝授や仕入先・得意先への紹介等、それぞれの性質に従った措置が必要となる。

譲渡人と従業員との労働契約関係も、営業譲渡の対象となりうるが、①譲渡当事者間で特定の労働契約関係を譲渡の対象外とすることが可能か、②譲渡当事者間で労働契約関係の移転を定めた場合に民法625条1項の適用はあるか、議論がある（支配人との雇用関係の承継に係る議論については、→7章）。営業譲渡は通常の債権契約である以上、前記①の合意が可能であり、②の場合に民法625条1項に基づき従業員の承諾を要するとする見解が一般的である。

(b) 競業避止義務　　営業譲渡は、譲受人に暖簾を利用して営業を承継させるところにその意義が存する。譲渡人が、営業譲渡後も、譲渡対象の営業と

論点5-1　会社法467条1項の「事業譲渡」の意義

　会社法467条1項に基づき株主総会特別決議を要する事業譲渡の意義は、会社法第一編総則における事業譲渡と同一であるか、議論がある。

　判例（最大判昭40・9・22民集19・6・1600〔百選15、商判Ⅰ-174〕）は、会社法467条1項の前身である平成17年改正前商法245条1項1号の「営業譲渡」は、商法総則における営業譲渡と同一意義であって、①一定の営業目的のために組織化され、有機的一体として機能する財産の譲渡であり、②譲受人による営業活動の承継があり、かつ、③譲渡会社が平成17年改正前商法25条（現行会社法21条）の競業避止義務を負うことの三要素を含むとする。かつては、これと同様の立場が多数説であった。その根拠は、同一法令中の同一文言を同じに解すべきこと、総会決議の要否を、営業活動の承継・競業避止義務の負担という明確な基準により判断でき、取引安全に資することにある。

　近時は、会社法467条1項の事業譲渡に該当するためには、前記①の要素があれば足り、②は要しないとする見解が有力である。その根拠は、会社法総則の事業譲渡に関する規定が、譲渡当事者間の利害調整や譲渡人の債権者等の保護を目的とするのに対し、会社法467条1項は譲渡会社の株主保護を目的とし、事業譲渡の文言を同一に解する必要はないこと、譲受会社が事業活動を承継するかは譲渡会社の株主の利益と関係しないこと、にある。

同種の営業を行うと、譲受人が営業譲渡の利益を十分に享受することができなくなる。そこで、商法は、営業譲渡を実効性あるものとするため、営業譲渡人は、同一市町村および隣接市町村内において20年間は同一の営業を行うことができないとする（商16条1項、会社21条1項）。これを譲渡人の競業避止義務と呼ぶ。ただし、当事者間の特約で、これを排除・軽減することは可能である。

　当事者間の特約による譲渡人の競業避止義務の範囲の拡大も可能であるが、商法は、このような特約の効力を、営業を譲渡した日から30年の期間内に限定する（商16条2項、会社21条2項）。これは、譲渡人の営業の自由に配慮するものである。

　以上の制限に違反しない場合でも、譲渡人が不正競争の目的をもって同一の営業をすることはできない（商16条3項、会社21条3項）。譲受人の顧客を奪取しようとする等、営業譲渡の趣旨に反する目的で同種の営業をすることは、その地域・期間を問わず、禁じられるのである。

　以上につき違反があれば、譲受人は、譲渡人に対し、債務不履行または不法行為に基づく損害賠償を請求できる。

（ii）　第三者に対する関係

　（a）　総　説　　営業譲渡がなされると、譲渡対象の営業から生じた譲渡人の債務も、特約がない限り、譲渡当事者間においては譲受人に移転する。ただ

コラム5-2　他の競業禁止規定との趣旨の相違

　営業譲渡人の競業避止義務のほかに、商法・会社法は、支配人の営業主に対する競業避止義務（12条）、代理商の本人たる商人に対する競業避止義務（17条）、取締役（会社356条1項1号）・執行役（会社419条2項）・清算人（会社482条2項・651条2項）・持分会社の業務執行社員（会社594条）の会社に対する競業避止義務を定める。譲渡人の競業避止義務が、営業譲渡を実効性あるものとすることを目的とするのに対し、他の競業禁止規定は、会社の業務執行に関与する機関またはこれに準ずる商人の人的施設たる者が、会社・商人の営業上の秘密その他の情報を知り得る立場にあることに鑑み、競業により会社・商人の取引先を奪う等、会社・商人の利益を犠牲にして自己または第三者の利益を図るおそれに対処するものである（いわゆる忠実義務の一環）。

し、その債権者との関係では、債務引受け等の必要な手続を経なければ、譲受人は債務者にならず、債務者は依然として譲渡人である。また、特定の債務が特約により譲渡対象から除外された場合も、債務者は譲渡人のままである。

しかし、商法は、この場合でも、譲渡人の債権者保護の観点から、①譲渡人が従前用いていた商号を譲受人が続用している場合（商17条、会社22条）、②譲受人が譲渡人の営業上の債務を引き受ける広告をした場合（商18条、会社23条）、または、③詐害的な営業譲渡がなされた場合（商18条の２、会社23条の２）には、譲渡人の債務につき、譲受人も連帯して弁済責任を負うこととしている。

(b) 譲受人による商号の続用がある場合

(b-1) 商号続用責任の概要と根拠　　譲渡人の営業により生じた債務のうち、特約により譲受人に移転しない旨が定められた債務については、譲受人が譲渡人の商号を続用する場合、譲受人もまた弁済責任を負う（商17条１項、会社22条１項。以下、商号続用責任という）。譲渡人の営業によって生じた債務には、取引債務のほか、譲渡人が営業上負担することとなった不法行為による損害賠償債務（最判昭29・10・7民集8・10・1795参照）や不当利得を理由とする債務も含まれる。譲渡人も債務を免れず、譲渡人と譲受人は不真正連帯債務者の関係に立つ。

商号続用責任が発生するためには、事実上の商号の続用で足り、商号譲受けの登記（15条２項）は必要ない。営業譲渡前の譲渡人の商号と全く同一の商号でなくとも、取引通念上同一の商号を続用したと見られる場合も、商号の続用に該当する。

商号続用責任の根拠につき、見解は分かれる。伝統的な通説は、譲受人が譲渡人の商号を続用しているときは、譲渡人の債権者は、営業主体の交替を知らないか（営業主体の混同）、知っていても譲受人が債務を引き受けたものと考えること（債務引受けの誤信）が通常であるため、譲受人も弁済責任を負うと解する。譲受人による商号続用がある場合、営業主体が譲渡人であるかのような外観、または債務が譲受人に移転したかのような外観が生じ、商号続用責任は、その外観を信頼した債権者を保護する法定責任であると解するのである（外観保護説。判例として、最判昭47・3・2民集26・2・183）。この見解には、外観保

護規定であるのに、悪意者への適用が文言上排除されていない等の問題がある。

　これに対して、商法17条1項・会社法22条1項は、営業上の債務は企業財産がその担保となっていると認められることから、債権者保護のため、企業財産の現在の所有者である譲受人に債務引受けを義務付けたとする見解も主張されている（企業財産担保説）。この見解にも、同項が、譲受人の責任の範囲を譲り受けた営業の積極財産に限定していないこと、商号続用を要件としていること、および同条2項の登記・通知による譲受人の免責の理由を説明できないという問題がある。

　さらに、外観保護と企業財産の担保機能の両方が、商号続用責任の根拠であるとする見解もある（東京地判平12・12・21金法1621・54）。

　（b-2）　商号続用責任が生じない場合　　譲受人は、営業譲渡後遅滞なく、譲渡人の債務につき責任を負わない旨を登記したときは、債権者一般に対して商号続用責任を負わない（商17条2項前段、会社22条2項前段）。この登記をしない場合でも、譲受人および譲渡人が、営業譲渡後遅滞なく、譲受人が譲渡人の債務を弁済する責任を負わない旨を第三者に通知した場合、当該第三者に対する譲渡人の債務につき、譲受人は責任を負わない（商17条2項後段、会社22条2項後段）。前記外観保護説によれば、このような登記・通知により、債権者の誤信が解消されるからである。

　（b-3）　商号続用責任の類推適用　　以下は、「営業譲渡」における譲受人の「商号」の続用に該当しないものの、これに商法17条・会社法22条の類推適用が可能か、議論がある。

　（b-3-1）　営業の現物出資　　判例（前掲最判昭47・3・2）は、Aの営業全部を現物出資してB株式会社を設立し、Bが、従前Aが用いていたのと同様の商号を用いて当該営業を継続した事案につき、商号続用責任の類推適用を認めた。その根拠として、営業の現物出資は営業譲渡と法的性質を異にするが、その目的たる営業の意義は同一で、いずれも法律行為による営業の移転であり、現物出資により設立された会社が当該現物の出資者の商号を続用するときは、当該営業に含まれる出資者の債務につき、その債権者は、当該会社がこれを引き受けたものと信ずるのが通常であることを挙げる。

（b-3-2）　商号以外の名称の続用　　判例（最判平16・2・20民集58・2・367〔百選18、商判Ⅰ-9〕）は、預託金会員制ゴルフクラブ事業を行っていたA社が、預託金返還債務を除外して当該事業をY社に譲渡し、Yが、Aの商号は続用せず、Aが用いていた、その商号とは異なるゴルフクラブの名称を続用してゴルフ場事業を行ったところ、ゴルフクラブの会員がYに預託金返還請求をした事案につき、次のように、商号続用責任の類推適用を認めた。すなわち、ゴルフクラブの名称がゴルフ場の営業主体を表示するものとして用いられている場合、ゴルフ場事業が譲渡され、譲渡人が用いていたゴルフクラブの名称を譲受人が続用しているときは、譲受人が譲受後遅滞なく当該ゴルフクラブの会員によるゴルフ場施設の優先的利用を拒否したなどの特段の事情がない限り、会員が、同一営業主体による営業が継続しているとか、営業主体の変更があったが譲受人により譲渡人の債務が引き受けられたと信ずることは、無理からぬものであるから、譲受人は、上記特段の事情がない限り、平成17年改正前商法26条1項（会社22条1項）の類推適用により、会員が譲渡人に交付した預託金の返還義務を負う。このように、判例は、ゴルフクラブの名称が営業主体を表示するものとして用いられている場合、つまり、続用されている名称が商号に近い機能を有している場合に類推適用を肯定している。

（b-3-3）　会社分割　　判例（最判平20・6・10判時2014・150〔百選19、商判Ⅰ-10〕）は、会社法22条1項の会社分割への類推適用も肯定している。問題となった事案は、A社が、新設分割（会社2条30号・762条以下）により、その預託金会員制ゴルフクラブに係る権利義務を、新設のY社に承継させたが、当該ゴルフクラブの会員に対する預託金返還債務は承継の対象外とし、YはAが用いていたゴルフクラブの名称を続用して、ゴルフ場運営を行っていたところ、当該ゴルフクラブの会員がYに対し預託金返還請求を行ったというものである。この事案では、①YがAの商号ではなく、ゴルフクラブの名称を続用している点、および、②Aのゴルフ場事業に係る権利義務が、会社分割によりYに承継された点との関係で、会社法22条1項の適用ではなく、類推適用が問題となった。最高裁は、①につき前掲最判平16・2・20を引用し、②との関係でも、次の理由から、類推適用が可能であるとした。すなわち、会社分割に伴いゴルフ場事業が他社に承継される場合、法律行為により事業の全部又は一部が

他社に承継されるという点で、事業譲渡と異ならず、事業自体を表示するものとして用いられていたゴルフクラブの名称が譲受会社により続用されているときは、(b-3-2) で記した特段の事情のない限り、ゴルフクラブの会員が、同一事業主体による事業が継続しているとか、事業主体の変更があったが、当該事業上の債務は譲受会社に承継されたと信じることは無理からぬものである。

(b-4)　譲受人に対する弁済による免責　　特約により譲渡人の営業上の債権の一部を譲渡対象から除外した場合、当該債権の債権者は譲渡人であり、譲受人に対する弁済は、効力を生じない。しかし、譲受人が譲渡人の商号を続用する場合、譲渡人の債務者は営業譲渡の事実を知らず、譲受人を譲渡人と誤認するおそれがある。そこで、商法は、譲受人による商号続用がある場合、譲渡人の営業上の債権につき譲受人にした弁済は、弁済者が善意・無重過失である限り、その効力を生じるとする（商17条4項、会社22条4項）。外観保護を目的とするものである。

(c)　債務引受けの広告をした場合　　商号を続用しない譲受人は、事業譲渡契約で譲受人に移転しない旨が定められた譲渡人の営業上の債務につき弁済責任を負わないのが原則である。しかし、譲受人が譲渡人の営業上の債務を引き受ける旨の広告をしたときは、債権者は譲受人に対し弁済の請求をすることができる（商18条1項、会社23条1項）。これは、債務引受けの広告をした譲受人が、弁済請求に対し債務を引き受けていないと抗弁することを認めないというもので、禁反言の法理に基づく。

判例は、「債務を引き受ける」という文言が表示された場合に限らず、広告の趣旨が、取引通念上、債務を引き受けたものと債権者が一般に信ずるようなものであれば、債務引受けの広告に該当するとする（最判昭29・10・7民集8・10・1795）。

(d)　譲渡人の責任の特別消滅原因　　譲受人が17条1項の責任または18条1項の責任を負う場合でも、譲渡人は本来の債務者として債務を負う。ただし、この場合の譲渡人の責任は、営業を譲渡した日後2年以内に請求または請求の予告をしない債権者に対しては、その期間が経過したときに消滅し（商17条3項・18条2項、会社22条3項・23条2項）、それ以後は譲受人のみが責任を負う。この2年の期間は除斥期間である。

17条1項の責任・18条1項の責任は、特定の債務を移転しない旨の合意がある場合を対象とし、この場合の本来の債務者は譲渡人である。それにもかかわらず、商法が、譲渡人の責任を消滅させ、譲受人の責任のみを存続させる理由につき、議論がある。前記企業財産担保説は、営業上の債務については企業財産の所有者たる譲受人が主たる債務者の地位を占めるためであるとする。前記外観保護説からは譲渡人免責の根拠づけは難しい。外観保護と企業財産担保が根拠であるとする見解は、営業上の債務は実質的には営業そのものの債務とみられ、営業譲渡後は譲受人が主たる債務者となるのが本則で、譲渡人を速やかに譲渡した営業関係から離脱させる趣旨であると説明する。

  (e) 詐害的営業譲渡がなされた場合　　譲渡人が、譲受人に承継されない債務の債権者（残存債権者）を害することを知って営業を譲渡した場合、残存債権者は、譲受人に対し、承継した財産の価額を限度として、当該債務の履行の請求をすることができる（商18条の2第1項、会社23条の2第1項。以下、残存債権者の履行請求権という）。

  営業譲渡は、不採算部門を抱える企業により、法的整理でない事業再生手法として用いられることがある。その際、例えば、債務超過に陥ったA社が、その優良事業とその事業のために必要な債務のみを、事業譲渡によりB社に移転し、Aの他の債務と不採算事業を譲渡の対象外として優良事業から切り離し、Bにおいて実質的に同一の事業を継続することによって優良事業の存続・再生を図るというスキームがみられる。この場合、残存債権者は、不採算事業だけが残ったAから、十分に債務の弁済を受けることができないこととなる。このように、企業が、事業譲渡後、譲受人に履行を請求することができる債権者と、譲渡人にしか請求できない債権者を恣意的に選別し、譲受人に優良事業や資産を承継させるなどして、残存債権者を不当に害する態様で行われる営業譲渡を、一般に、詐害的営業譲渡ないし濫用的営業譲渡と呼ぶ（商法は、詐害営業譲渡という）。商法18条の2は、このような場合に残存債権者を救済する手段として、残存債権者に譲受人に対する履行請求を認める。

  平成18年の会社法施行後、上記のような一部の債務の切り離しを伴う事業再生を、会社分割を用いて行う（詐害的会社分割・濫用的会社分割）事例が頻発し、その債権が会社分割により承継会社ないし設立会社に承継されない分割会

社の債権者（残存債権者）をどのように救済するかが問題となった。当初は、詐害行為取消権（民424条）の行使により、会社分割の取消しを裁判所に請求することが定着していた（最判平24・10・12民集66・10・3311〔商判Ⅰ-186〕）。ただ、残存債権者救済のためには、会社分割自体を取り消す必要はなく、譲受人に債務の履行を直接請求することを認めれば十分であり、また、直截かつ簡明である。そこで、平成26年会社法改正により、会社分割につき、残存債権者の承継会社ないし設立会社に対する履行請求権（会社759条4項・764条4項・761条4項・766条4項）が創設されることとなり、その際、同様の問題が生じうる営業譲渡についても、同趣旨の規定が設けられた。

　残存債権者が商法18条の2第1項に基づき譲受人に対し請求できる範囲は、「承継した財産の価額」に限られる（商18条の2第1項）。営業譲渡が行われなかった場合、残存債権者は、譲渡人の財産の範囲で弁済を受けるので、詐害的営業譲渡が行われた場合でも、譲受人が承継した財産の価額を超える請求を認める必要はないからである。

　残存債権者の履行請求権は、詐害行為取消権の行使に基づき逸出財産の価格賠償が認められた場合と類似の効果をもつが、詐害行為取消権が債務者の責任財産の保全を目的とし、取消しは総債権者の利益のために効力を生じる（民425条）のに対し、残存債権者の履行請求権は、債権者の個別の利益の保護を目的とする。このような制度趣旨の相違があることから、両者は競合可能であり、残存債権者はいずれをも行使することができると解されている。

　(5)　**会社と会社以外の商人との間の営業（事業）譲渡と規定の適用**　　営業譲渡・事業譲渡の当事者が会社以外の者と会社である場合、商法と会社法のいずれが適用されるかが問題となる。会社法24条がこれを整理し、会社が会社以外の商人にその事業を譲渡する場合は、商法17条ないし18条の2が、会社以外の商人が会社にその営業を譲渡する場合は、会社法22条ないし23条の2が適用される。

　譲渡人の競業避止義務（商16条、会社21条）については、譲渡人が会社以外の商人であれば、商法16条が、譲渡人が会社であれば、会社法21条が適用される（会社22条・23条・23条の2対照）。

　営業を１個の担保物権の目的とすることは、その公示方法を欠くこと、暖簾等の財産的価値ある事実関係の把握を欠くことから、認められておらず、各個の営業財産につき担保物権を設定するほかない。しかし、営業を一体として担保権の目的とするのでなければ、営業の担保価値を十分に発揮できず、また個別の財産の担保物権を設定すると、その実行により企業が解体する。そこで、営業の担保化を認めることが要請される。

　企業に属する財産を一括して担保化する制度として、各種の特別法に基づく財団抵当制度、企業担保法に基づく企業担保制度があるが、利用しうる場面が限定されており、営業の担保化は、なお立法上の課題である。

2　営業の賃貸借・経営委任

　営業譲渡と同様、企業結合の手段とされるものとして、営業の賃貸借と経営委任がある。これらは、会社の基礎に重大な影響を与えるため、会社法は、株式会社につき、事業譲渡と同様の規制に服させている（会社467条１項４号・309条２項11号・469条）。

　(1)　**営業の賃貸借**　　営業の賃貸借とは、商人がその営業の全部または一部を一括して他人に賃貸する契約をいう。その目的物は組織的・有機的一体としての財産である必要がある。営業を構成する財産は賃貸人の所有に属するが、営業は賃借人の名で行われる。賃借人は賃貸人に賃料を支払い、営業上の損益は賃借人に帰属する。

　(2)　**経営の委任**　　経営の委任とは、商人がその営業の指揮を他人に委任する契約をいう。営業は委任者の名で行われる。経営の委任には、営業から生じる損益が受任者に帰属する場合と委任者に帰属する場合とがあり、狭義では前者のみを経営委任といい、後者を経営管理契約という。狭義の経営委任においては、受任者は自己の計算で経営をなすことを引き受け、委任者に報酬を支払う。経営管理契約では、受任者に報酬が支払われる。

6_章 商 業 帳 簿

1 商業帳簿制度の目的

　商人でない者にとっても、自己の財産および損益の状況を記録にとどめることは、経済生活を送るうえで有益であることが多い。とりわけ商人にとって、営業財産の状況や営業活動の成果（損益）を記録して正確に把握することは、企業の合理的な運営のために重要な意味を持つ。簿記の技術や会計理論を基礎に帳簿を整備して自己の営業財産および損益の状況を明らかにするとき、商人はその経営全般を自ら点検することが可能となり（企業の自己監査）、合理的な計画を立てて企業の維持・発展を図ることができるようになる。

　しかし、商人が合理的な企業活動を行うのに有用であるという理由だけであれば、そのような帳簿の作成は商人の自由に委ねればよく、商法や会社法により特に規制する必要がない。商法（特に会社法）が商業帳簿（その意義については本章3の1）について規制する理由は、主として以下の要請があるからである。

　まず、商業帳簿により商人の財産状況、損益の状況および支払能力を明らかにすることにより、商人と取引する者は、商人が取引債務を履行するだけの財産を有しているのか等を確認することができる。次に、商人（会社や匿名組合の営業者）に対して出資をした者（株主・社員・匿名組合員）は、自己の出資した財産が営業目的どおりに利用されているのか、それによりどれだけの利益（または損失）が生じたのかについての情報を得ることができる。このことは、剰余金・利益の配当や持分会社退社時の出資の払戻し等に意味を持つ。

　そして、企業会計のルールに従って適正に作成された商業帳簿は、紛争が生じた場合、裁判において重要な証拠となる。

商業帳簿には以上のような存在意義が認められるから、法的制度として統一的なルールのもとに置かれるのである。もっとも、商業帳簿規制を含む企業会計規制の態様は、企業の形態によって異なる。

　個人商人は、営業財産がなくなった場合であっても、個人の財産をもって営業上の債権者に対して責任を負わねばならない。そのために、営業財産の確保の要請はあまり強くなく、営業財産の状況を示す商業帳簿も最低限のものを作成すれば足りる。また、商業帳簿の作成・保存に関する商法の規定に違反しても特に罰則は定められていない。なお、小商人には商業帳簿に関する規定は適用されないから（7条）、商業帳簿の作成義務はない。

　これに対して、取引先や出資者の多い会社では帳簿制度は複雑になる。とりわけ株式会社では、会社の債務について株主はなんら責任を負わない（有限責任）ため、会社財産の確保の要請が強くなり、企業会計規制も厳格なものになる。また、会社法の定める会計帳簿等への虚偽記載、不記載、不開示や計算書類等の備置きの懈怠には、過料の制裁が定められている（会社976条3号4号7号8号）。

2　商業帳簿の法規制

1　規制の展開

　商業帳簿に関する規定は商法制定時から存在していたが、当初の規定は、債権者の保護を強調し、企業の解体時の財産価値を示すことを目的としていた。これは、企業の期間収益力を表示することに重点を置く企業会計の理論と相いれないものであった。

　戦後の商法の改正により、商法の商業帳簿に関する規定は、会計学への歩み寄りを見せた。特に昭和49（1974）年の改正により、商業帳簿の作成に関する規定の解釈には公正な会計慣行を斟酌すべきとされ、開業時および決算期の財産目録の作成が不要となり、貸借対照表を財産目録ではなく会計帳簿に基づき作成することとされ（誘導法の採用）、資産の評価について原則として原価主義が採用されるなど、企業会計に関する規制が整備された。

　平成17（2005）年に会社法が制定されたことに伴い、商法総則の商業帳簿に関する規定が改正された。従前は会社に対しても商法総則の規定が適用された

が、同改正により会社の会計に関する書類には会社法が適用され、会社以外の商人に対してのみ、商法の商業帳簿に関する規定が適用されることになった（11条1項参照）。また、改正前の商法は資産評価につき規定を有していたが、現行法ではこれを規定せず法務省令（商規4条ないし8条）にゆだねている。

　その結果、商法総則における商業帳簿制度についての条文は1カ条（19条）のみとなった。

2　商法の解釈と会計慣行

　商人の会計は、「一般に公正妥当と認められる会計の慣行に従うもの」とする（19条1項）。会社についても同様である（会社431条・614条）。

　会計技術は社会の変化にあわせて進展するものであることから、会計法規を硬直的な制定法にのみゆだねるのは妥当ではない。そこで、商法および会社法は、一般的に企業会計の帳簿に関する規定をおくにとどめ、あとは会計慣行にゆだねたのである。

　「一般に公正妥当と認められる会計の慣行」とは、商人の営業上の財産および損益の状況を明らかにするという商業帳簿の作成等の目的に照らして、一般に公正と認められている会計慣行をいう。昭和24（1949）年に経済安定本部企業会計制度対策調査会中間報告として示された「企業会計原則」は、「企業会計の実務の中に慣習として発達してきたもののなかから一般に公正妥当と認められたところを要約したもの」であるから、公正な会計慣行の1つである。企業会計原則とその注解は、企業会計審議会（現在は金融庁の下にある）によって幾たびか改訂され、今日に至っている。もっとも、企業会計審議会等が提示する会計基準に従うことが、企業の財産・損益の状況を適正に表示しない場合等には、それ以外の慣行に従うことも妨げられない（会計基準からの逸脱が違法ではないとされたものとして、最判平20・7・18刑集62・7・2101〔百選21、商判Ⅰ-159〕参照）。

3　商業帳簿の意義と種類

1　商業帳簿の意義

　商業帳簿とは、商人がその営業のために使用する財産について、法務省令で

定めるところにより、適時に作成することを商法上義務づけられている帳簿である（19条1項）。商人ではない者、例えば相互会社や協同組合が作成する帳簿は、商業帳簿ではない。商人が商法上作成を義務づけられている帳簿であっても、仲立人日記帳（547条）、株主名簿（会社121条）、事業報告（会社435条2項）等は、商人がその営業のために使用する財産の状況を明らかにする目的を有しないので、商業帳簿ではない。また、商人が営業上の財産を明らかにするために作成する帳簿であっても、商人が任意に作成するものは商業帳簿ではない。そのため、商法上商業帳簿作成義務のない小商人（7条）が作成する会計に関する帳簿等は、商業帳簿ではない。商業帳簿であるか否かは、保存義務・提出義務といった法律上の効果が及ぶか否かに関係するので、その定義は厳格に解する必要がある。

　商法総則は、会社以外の商人に対して、商業帳簿として会計帳簿および貸借対照表の作成を義務づけている（19条2項）。一方、会社が作成する帳簿には会社法が適用される。例えば、株式会社には、会計帳簿および貸借対照表のほか、損益計算書、株主資本等変動計算書、個別注記表（これらを計算書類という。会社435条2項）およびこれらの附属明細書の作成が義務づけられている（会社432条・435条）。

2　会計帳簿

　会計帳簿は、商人が、営業上の財産およびその価額、取引その他営業上の財産に影響を及ぼす事項を記載する帳簿である。取引その他営業上の財産に影響を及ぼす事項には、営業上の取引のみならず、商品の盗難や事故、災害等の法律行為以外による財産の滅失・毀損も含まれる。

　会計帳簿を基礎として貸借対照表が作成される。会計帳簿および貸借対照表は、法務省令に従い（商規4条3項は書面のほか電磁的記録による作成も認める）、公正な会計慣行を斟酌して（商規4条2項）、適時に正確に作成されなければならない（19条2項）。

　会計帳簿には、主要簿として、日々の取引を発生順に記載した「日記帳」、取引を貸方と借方に仕訳する「仕訳帳」、仕訳帳に基づいて細分化された勘定口座に転記する「総勘定元帳」があり、補助簿として、仕入帳、売上帳、手形

コラム6-1　資産の評価方法
会計帳簿に計上する資産は、原則として、取得価格（または製作価格）で評価する（商規5条1項、会社計算5条1項）。これを原価主義という。償却すべき資産（土地以外の固定資産は通常これに含まれる）については、営業年度の末日において相当の償却をしなければならない（商規5条2項、会社計算5条2項）。 　原価主義には、実際に支出された額を基礎にするために客観的な評価が可能であり（恣意的な評価の排除）、支出額を超える額で評価されないので未実現利益を排除することができる、といった長所があるが、当該資産の時価が低下すると過大評価になる場合があり、また金融商品等の含み益を表示できないため、企業の現在の経営状態を示せないという短所もある。 　そこで、一定の場合には、時価または適正な価格を付すことが法令上認められ、または時価等によって評価しなければならないものとされている（商規5条1項但書・3項・4項、会社計算5条3項ないし6項）。

記入帳等がある。以上は基本的な帳簿組織であるが、実際には、会計帳簿の構成は商人の性質・規模によって大きく異なる。商人が、営業上の財産に影響を及ぼす事項を記載した帳簿として会計帳簿組織に組み入れたものは、商法上の会計帳簿となる。

3　貸借対照表

　貸借対照表とは、一定の期日（開業時または決算期）における、企業の資産の運用形態と、資産を得るための資金調達の形態を、一覧表として示すものである。

　商人は、開業の時および各営業年度について、会計帳簿に基づき貸借対照表を作成しなければならない（商規7条1項2項。会社の場合、会社435条1項2項・617条1項2項、会社計算58条・59条3項・70条・71条3項）。商人が各営業年度（決算期）に作成する貸借対照表を決算貸借対照表という。貸借対照表は、資産の部、負債の部、純資産の部に区分して表示される（商規8条）。会社については、貸借対照表の表示について、より詳細な定めがある（会社計算72条以下）。資金調達の源泉が負債および純資産の部に示され、その調達された資金の具体

図表 6 - 1　貸借対照表

（資　産　の　部）		（負　債　の　部）	
	（百万円）		（百万円）
流　動　資　産	181,963	**流　動　負　債**	90,254
現　金　預　金	45,596	支　払　手　形	2,292
受　取　手　形	12,692	買　掛　金	37,923
売　掛　金	56,456	短　期　借　入　金	5,000
有　価　証　券	3,583	コマーシャルペーパー	7,375
製　造	23,029	未　払　金	3,470
材　料	18,265	未　払　法　人　税　等	11,197
仕　掛　品	19,910	未　払　費　用	21,407
その他の流動資産	3,073	前　受　金	615
貸　倒　引　当　金	△646	預　り　金	972
固　定　資　産	90,107	**固　定　負　債**	13,849
有形固定資産	32,468	社　債	1,915
建　物	10,053	退　職　金　引　当　金	11,934
構　築　物	503	**負　債　合　計**	104,104
機　械　装　置	11,134		
車　両　運　搬　具	80	（純　資　産　の　部）	
工　具　器　具　備　品	6,280	**株　主　資　本**	157,966
土　地	3,992	資　本　金	21,900
建　設　仮　勘　定	424	資　本　剰　余　金	34,957
無形固定資産	87	資　本　準　備　金	30,957
施　設　利　用　権	87	その他資本剰余金	4,000
投　資　等	57,551	利　益　剰　余　金	102,109
投資有価証券	53,156	利　益　準　備　金	2,409
関　係　会　社　株　式	2,800	その他利益剰余金	99,700
関　係　会　社　出　資　金	124	任　意　積　立　金	17,150
長　期　貸　付　金	171	別　途　積　立　金	72,150
その他の投資	1,297	繰越利益剰余金	10,400
資　産　合　計	272,070	自　己　株　式	△1,000
		評価換算差額等	10,000
		純　資　産　合　計	167,966
		負債および純資産合計	272,070

的な運用形態が資産の部に示される。また、貸借対照表は、一定の期日（期間ではない）における商人の財産を種類別に記載するので、財産全体の一覧表という特徴を有する。通常は〈**図表 6 - 1**〉にあるように、左側（借方）に資産を、右側（貸方）に負債および純資産を対照して記載する方式がとられる（これを勘定式という）。

4　商業帳簿の保存・提出義務

1　商業帳簿の保存義務

　商人は、その商業帳簿および営業に関する重要書類を、10年間保存しなければならない（19条3項）。10年の期間は帳簿閉鎖の時から起算される。帳簿閉鎖の時とは、決算締切の時をいい、最後に記載・記録された時をいうのではない。

　営業に関する重要書類には、営業に関して受け取った契約書、受領証、発信証書の控え等が含まれる。これらは後日紛争が起きたときの証拠として意味をもつ。よって、保存の対象となる「重要」な書類かどうかは、後日紛争の証拠書類として重要かどうかを基準として判断される。

　商人は、営業を廃止して商人資格を喪失した場合であっても、保存期間内は商業帳簿の保存義務を負い、個人商人が死亡した場合にはその相続人が保存義務を負う。商人が営業とともに商業帳簿を譲渡したときは、営業の譲受人が保存義務を負う。

2　商業帳簿の提出義務

　裁判所は、当事者の申立てまたは職権により、訴訟の当事者に対し、商業帳簿の全部またはその一部の提出を命じることができる（19条4項）。商法は、文書の提出義務に関する民事訴訟法（220条など）の特則として、訴訟当事者に商業帳簿の提出義務を課し、裁判所は、当事者の申立てがなくても職権で提出を命じることができるものとしている。

　もっとも、商業帳簿には法定の特別な証拠力があるわけではなく、その証拠力は民事訴訟法の一般原則に従い、自由心証主義に従って確定される（大判昭17・9・8法律新聞4799・10）。ただし、公正な会計慣行に基づいて整然かつ明瞭に作成された商業帳簿は、実際上は強い証拠力を有することになると考えられる。

7章 商業使用人

1 商人の補助者

商人が営業活動の規模を一定以上に拡大するためには、他人の補助が必要になる。商人の補助者は、商人に従属し企業内で商人を補助する者（**企業内補助者**）と、商人を企業外から補助することを営業とする者（**企業外補助者**）に分けられる。企業外補助者は自身も商人であるから、**補助商**ともいう。商人の補助者は多様だが、商法・会社法は、企業内補助者として商業使用人、企業外補助者として代理商・仲立人・問屋・運送取扱人などについて規定している。このうち、商業使用人と代理商は、特定の商人を補助する者である点で共通するから、商法総則および会社法総則に規定がある。代理商以外の企業外補助者は不特定多数の商人を補助する者であり、商行為編で規定されている。

2 商業使用人

商人に従属して営業活動を補助する者を使用人という。日常用語でいう従業員のことを通常はさす。商法第1編第6章および会社法第1編第3章第1節は、支配人（商20条ないし24条、会社10条ないし13条）、ある種類または特定の事項の委任を受けた使用人（商25条、会社14条）、物品の販売等を目的とする店舗の使用人（商26条、会社15条）という3種類の使用人について、「商業使用人」（会社法では「会社の使用人」）という標題のもとで規定している。ここでいう**商業使用人**とは、商人に従属して営業活動を補助する者のうち、商人の営業上の代理権を有する者である。商法・会社法の規定は主として商業使用人の代理権

コラム7-1　**株式会社の取締役・執行役・執行役員**

　株式会社と取締役は雇用ではなく委任の関係にある（会社330条）。商業使用人の規定と取締役の関係は、取締役会設置会社では次のようになる。

　代表取締役は会社を代表するが、会社の機関であって会社に従属しないから、商業使用人ではない。ただし、代表取締役の代表権には支配人の代理権と類似の規定がある（会社349条4項5項・354条）。代表取締役以外の取締役も、取締役会のメンバーであって商業使用人ではない。もっとも、多くの取締役は、代表取締役の指揮命令下で一定の業務執行を担当しており、担当業務について対外的な代理権を与えられることも多い（業務執行取締役・業務担当取締役）。このような場合には、商業使用人の規定（特に会社14条）を（類推）適用する余地がある。また、取締役大阪支店長や取締役営業部長といった肩書で、会社と雇用関係に立つ使用人を兼ねる取締役も多く（使用人兼務取締役）、この場合は商業使用人にあたりうる。

　指名委員会等設置会社の執行役も取締役と同様に考えられる。これに対して、実務で利用される執行役員は会社法上の機関ではなく、重要な使用人であって、商業使用人にあたりうる。

に関するものであるから、代理権のない者を商業使用人と認める必要はない。したがって、技術者や簿記係のように、対外的な代理権がなく内部的な業務にのみ従事する使用人は、商業使用人ではない。

　商業使用人は商人に従属し（すなわち商人の指揮命令下にあり）、通常は商人と雇用関係にある。商人に従属しない代理商とはこの点で異なる。法定代理人（親権者・後見人）が商人たる本人を代理して営業活動を行う場合があるが、法定代理人は本人に従属していないから、商業使用人ではない。商人との間に雇用関係がない者（商人を補助する家族や友人など）を商業使用人といえるかは争われている。ただ、これを否定する説も、第三者保護のために商業使用人の規定の類推適用を認めるから、結論にあまり差はない。

　商法・会社法は、商業使用人の法律関係全般ではなく、主として上述の3種類の商業使用人の代理権に関して規定する。つまり、商業使用人が商人を代理して第三者と取引を行う場面が商法の主たる関心事項である。商法は、商業使用人による企業取引について、その円滑と第三者の取引安全を確保するために、代理に関する民法の規定の特則を置いたのである。これに対して、商人と

商業使用人の内部関係（雇用関係）については、主として労働法が独自の理念で規整している。

3　支　配　人

1　支配人の意義

　商人は、各営業所（本店・支店）において、その営業に関する包括的代理権を商業使用人に与え、自己に代わって営業を行わせることができる。このように、商人に代わって、その営業所の営業に関する一切の裁判上または裁判外の行為をする権限を有する商業使用人を**支配人**という。商法は支配人の代理権の範囲を法定して（商21条1項3項、会社11条1項3項）、支配人と取引をする第三者の取引安全を確保し、商人が支配人を利用した取引を円滑に行えるようにしている。

　支配人か否かは包括的代理権（**支配権**）を商人から与えられたか否かで決まり、その者の名称（支配人・支店長などの肩書）や登記の有無は関係がない（→**論点7-1**）。もっとも、支配人でない者に支配人らしい名称があれば表見支配人の規定（商24条、会社13条）により、支配人でない者が支配人として登記されれば不実登記の規定（商9条2項、会社908条2項）により、その者と取引をした第三者の保護がはかられている。

2　支配人の選任・終任

　(1)　**選　任**　支配人の選任は、通常は雇用契約と代理権授与行為（委任契約）からなる。選任は商人（会社なら代表機関）またはその代理人が行うが、特別の授権がない限り、支配人は他の支配人を選任できない（21条2項の反対解釈）。さらに、会社の場合には、支配人選任の重要性から、取締役会決議等の慎重な内部手続が要求されている（会社348条3項1号・362条4項3号・591条2項。ただし会社399条の13第5項6項・416条4項）。適法な内部手続を欠いた支配人選任は無効であるが（那覇地決平19・4・5金判1268・61。ただし有効説もある）、その者が支配人として行った取引は、善意の取引相手方との関係では、表見支配人（会社13条）や不実登記（会社908条2項）の規定によって有効となりうる。

　株式会社の経営を監査・監督すべき一定の立場の者は、監査・監督の独立や

論点 7-1　支配人の意義についての学説

　本文の立場（伝統的な通説）と異なり、商人により営業所の営業の主任者として選任された使用人を支配人とする見解が近時は有力である。有力説は、商人が与えた代理権が包括的でなくても、営業所の主任者であれば支配人となり、支配人の代理権は商人の意思にかかわらず法律上当然に包括的・不可制限的なものになると考える（商21条1項3項、会社11条1項3項）。これにより、包括的代理権を商人が与えたかを取引相手は調査せずにすみ、支配人制度の趣旨が実現するという。また、商人が与えた代理権に多少でも制限があれば、通説の立場では支配人ではないはずで、通説の立場では支配人の代理権の不可制限性を定めた規定（商21条3項、会社11条3項）が無意味になるともいう。

　もっとも、通説では、包括的代理権の付与がなく支配人と認められない者も、営業所の主任者の名称があれば表見支配人になりうる。したがって、取引相手方の保護について、通説と有力説の結論にあまり差はないといえよう。判例（最判昭54・5・1判時931・112〔百選25、商判Ⅰ-12〕）は、包括的代理権のない支店長を表見支配人と位置づけているので、通説の立場に立つと解される。

公正の確保のために、当該会社や子会社等の支配人（その他の使用人も含む）に就任できない。監査役（会社335条2項）、監査（等）委員（会社331条3項・400条4項）、会計参与（会社333条3項1号）、会計監査人（会社337条3項1号、会計士24条1項2号2項）、および指名委員会等設置会社の取締役（会社331条4項）である。

　(2)　**終　任**　支配人は、代理権の消滅または雇用関係の終了によって支配人でなくなる。支配人の代理権は、商人による解任や支配人の辞任などの民法所定の事由によって消滅する（民111条・651条・653条）。ただし、商人が死亡しても支配人の代理権は消滅せず、当然に相続人の支配人になる（506条。民法111条1項1号の特則）。会社の支配人の解任には、選任の場合と同様の内部手続を要する。雇用関係の終了については、民法（民626条ないし628条）および労働法が規整している。代理権の消滅により支配人でなくなっても、使用人としての雇用関係まで当然に終了するわけではない。

　支配人の地位は商人の営業を前提にするので、営業の廃止や会社の解散も終任事由になると解されている。営業譲渡が終任事由になるかは説が分かれる。営業譲渡契約において支配人関係が譲渡の対象になっているかにもよるが、原

則として譲受人の支配人になるとする説と、支配人の同意（民625条1項）がない限り譲受人の支配人にはならず終任になるとする説がある。

(3) **登記**　　支配人の選任および終任を商人は登記しなければならない（商22条、会社918条。登記事項について商登43条・44条）。登記（特に終任の登記）をしない限り、商人はそれを善意の第三者に対抗できない（商9条1項、会社908条1項）。また、支配人として登記された者が実際には支配人でなくても、商人はそのことを善意の第三者に対抗できない（商9条2項、会社908条2項）。支配人制度においては、登記により支配人を容易に知りうることと、支配人の代理権の包括性・定型性（→本章3(1)(3)）が相まって、相手方の取引の安全が確保されている。このように支配人制度は登記を前提にするから、登記に関する規定の適用のない小商人（7条・22条）は支配人制度を利用しえないと解されている（多数説）。

3　支配人の代理権

(1) **代理権の範囲**　　支配人は、商人に代わってその営業に関する一切の裁判上または裁判外の行為をする権限を有する（商21条1項、会社11条1項）。このように支配人の代理権（支配権）は包括的であるが、それは営業所（本店・支店）および商号（会社以外の商人が数個の商号を用いて数種の営業を営む場合）によって個別化された特定の営業に関する包括的代理権である。そのため支配人が代理権を有する営業所と商号は登記される（商登43条1項3号4号・44条2項2号）。これに対して、代表取締役の代表権は会社の全営業に及ぶ（会社349条4項・5項）。もっとも、複数の営業所または商号（営業）の支配人を1人の者が兼ねることはできる。

支配人の代理権は、裁判上の行為と裁判外の行為の双方に及ぶ。裁判上の行為とは訴訟行為のことであり、支配人は商人の訴訟代理人として、営業に関する訴訟の提起等を行える（民訴54条1項）。弁護士を商人の訴訟代理人として選任することもできる。裁判外の行為には、商人の営業に関する行為であれば、営業目的たる行為だけでなく、営業のために必要な行為も広く含まれる。他の使用人（他の支配人は除く）の選任・解任も支配人は行える（商21条2項、会社11条2項）。ただし、支配人の代理権は特定の営業を前提にするから、営業の廃

止・譲渡・支店の廃止などには及ばない。

　支配人の行為が商人の営業に関する行為かどうか、すなわち代理権の範囲内の行為かどうかは、第三者の取引安全をはかるため、その行為の性質・種類等を勘案し客観的・抽象的に観察して決められる。支配人の主観的事情では決まらないから、支配人が自己の利益のためにした行為も代理権の範囲内の行為となりうる（ただし代理権の濫用の問題になる）。例えば、銀行支店長による靴下5000ダースの売買契約のような異常なものは、銀行の営業に関する行為でないが（最判昭32・3・5民集11・3・395）、信用金庫支店長が、自己の負債返済資金の捻出のため、資金の預入れがないのに自己宛先日付小切手を振り出す行為は、客観的・抽象的に観察すれば信用金庫の営業に関する行為にあたるとされた（最判昭54・5・1判時931・112〔百選25、商判Ⅰ-12〕）。

　(2)　**代理権の濫用**　　支配人が、商人でなく自己または第三者の利益をはかる目的で、代理権の範囲内の行為をするのは、代理権の濫用である。支配人の目的を知らない相手方を保護するため、この場合でもその行為は原則として有効である。ただし、相手方が支配人の目的を知り、または知ることができたときは、無権代理行為とみなされる（民107条）。平成29年改正前の民法には代理権の濫用に関する規定がなく、判例は改正前民法93条但書を類推適用して、相手方が悪意または有過失の場合に代理行為の効果を否定してきた（最判昭51・10・1金判512・33）。現行民法107条は判例法理を明文化したものだが、相手方が悪意・有過失の場合の効果を無権代理としたので、商人による追認（民113条）や相手方から支配人への責任追及（民117条。ただし相手方が悪意でない場合に限る）が可能となった。学説では、相手方に悪意または重過失がない限り、軽過失があっても支配人の代理行為を有効とする見解が従来有力であったが、現行民法107条は軽過失のある相手方の保護を否定した。今後は、過失の認定のあり方が問題となろう。

　(3)　**代理権の制限**　　商人が支配人の代理権を取引の種類・金額・相手方などの点で制限することは可能である。しかし、このような支配人の代理権に加えた制限を、商人は善意の第三者には対抗できず（商21条3項、会社11条3項）、登記もできない。これにより、善意の第三者との関係では支配人は法定の包括的・定型的代理権を有することになり、第三者は安心して支配人と取引を行える。

もっとも、代理権の制限は商人と支配人の内部的な関係では有効であり、支配人が制限に違反すれば損害賠償責任や解任の理由になる。また、代理権の制限について第三者が悪意のときには、商人は制限に違反した支配人の行為の効果を否定しうる。悪意の立証責任は商人にあり、重過失は悪意と同視される（25条2項に関する最判平2・2・22裁判集民159・169〔百選26、商判Ⅰ-13〕参照）。

　包括的代理権を商人から与えられた者が支配人であるところ、支配人であるが代理権を内部的に制限された者と、代理権の制限の程度が大きくもはや支配人といえない者（この者は後述の表見支配人になりうる）との区別は曖昧である。支配人の意義についての有力説はこの点を問題視する（→**論点7-1**）。

4　支配人の義務

　(1)　**営業避止義務・競業避止義務**　　支配人は委任契約ないし雇用契約に基づく義務のほか、商法の規定する次の義務を負う。

　まず、商人の許可を受けなければ、支配人は、自ら営業を行うこと、他の商人または会社・外国会社の使用人となること、他の会社の取締役・執行役または業務執行社員になることができない（商23条1項1号3号4号、会社12条1項1号3号4号）。これを**営業避止義務**（精力分散防止義務）といい、営業の種類を問わず、支配人としての業務以外の継続的な営業活動に支配人は従事しえない。支配人に精力を分散させず、支配人としての職務に専念させることを目的としたものである。

　次に、商人の許可を受けなければ、支配人は自己または第三者のために商人の営業の部類に属する取引をすることができない（商23条1項2号、会社12条1項2号）。これを**競業避止義務**といい、営業の機密にも通じる支配人が商人と競争関係に立ち、得意先を奪うなど商人の利益を犠牲にした取引をすることを防止する目的がある。商人の営業の部類に属する取引（競業取引）とは、商人の営業目的である取引で、商人が実際に行う営業または行う準備をしている営業と市場において競合する取引をいう。

　(2)　**取締役等の義務との比較**　　代理商や取締役・執行役・業務執行社員も競業避止義務を負う（商28条1項、会社17条1項・356条1項1号・419条2項・594条1項）。支配人と同様に、これらの者もその地位を利用した競業取引で商人・

会社の利益を害するおそれがあるためである。しかし、支配人はこれに加えて職務に専念すべき者として位置づけられ、支配人の義務は、競業取引にあたるか否かを問わない営業一般の禁止をも含む点に特徴がある。他方で、取締役等と異なり支配人の利益相反取引についての規定は商法・会社法にはないが（会社356条1項1号2号等参照）、支配人の代理行為が、自己契約・双方代理のほか、支配人と商人の利益が相反する行為にあたれば、商人の許諾がない限り無権代理となる（民108条）。

(3)　**義務違反の効果**　営業避止義務および競業避止義務は支配人の商人に対する義務であり、第三者の利益は守る必要があるから、これらの義務に違反してなされた営業行為・地位就任行為や競業取引自体は有効である。ただし、これらの義務の違反は支配人の解任理由になるほか、義務違反により損害が生じれば商人は支配人に損害賠償を請求しうる。特に競業取引については商人が損害を被る危険性が大きいが、損害額の立証が困難であるので、競業取引によって支配人または第三者が得た利益の額は商人に生じた損害の額と推定される（商23条2項、会社12条2項）。

5　表見支配人

(1)　**制度の趣旨**　支配人とは包括的代理権（支配権）を授与された使用人をいうから、支店長のような支配人らしい名称（肩書）があっても包括的代理権がなければ支配人ではない。しかし、その名称から相手方がこの者を支配人と信じて取引を行うのはやむを得ず、かかる相手方の信頼は保護されるべきである。この場合の相手方保護として、民法の表見代理の規定（民109条・110条・112条）では企業取引には不十分とみて、商法は**表見支配人**の制度を設けている。すなわち、営業所の営業の主任者であることを示す名称を付した使用人は、当該営業所の営業に関し、一切の裁判外の行為をする権限を有するものとみなされる（商24条、会社13条）。これにより、商人は表見支配人の代理行為の効力を否定できなくなり、名称への相手方の信頼が画一的・類型的に保護される。いわゆる権利外観理論または禁反言法理に基づくもので、同種の制度として表見代表取締役（会社354条）や表見代表執行役（会社421条）がある。もっとも、取引相手方は、表見支配人とは別に、表見代理や使用者責任（民715条）の

規定により商人の責任を追及することも可能である。

(2) 適用要件

（i）営業所の実質　　判例および通説によると、表見支配人の規定にいう営業所（本店・支店）は、営業所としての実質（→**5章2**）を備えていなければならない（最判昭37・5・1民集16・5・1031〔百選23〕）。これによると、営業所としての実質がなく、営業所らしい外観（名称・設備など）があるにすぎない場所の使用人に、支配人類似の名称を付しても、表見支配人の規定は適用されない。逆に営業所としての実質があれば、名称は出張所でもよい（最判昭39・3・10民集18・3・458）。営業所の実質があるというためには、支店であっても一定の範囲で本店から離れて独自に営業活動の決定をし、対外的な取引を行えるような組織がなければならない。実務上は、生命保険会社の支社について、営業所の実質がなく、支社長は表見支配人とはいえないとする判例が多い（前掲最判昭37・5・1等）。

これに対して、営業所の実質がなくても、支店・支社などの営業所の外観ないし表示があれば、表見支配人の規定を適用する見解もある。この見解は、営業所の実質があるかを取引相手方が知るのは容易でなく、外観信頼保護という表見支配人制度の趣旨を貫徹するには、営業所の外観に対する信頼も保護するべきであるとする。しかし、表見支配人制度の趣旨は、支配人を置くことが可能な営業所における、営業の主任者たる名称に対する信頼の保護にあるといえる。軽過失のある相手方も保護する制度であることをふまえると、営業所の外観に対する信頼までこの制度で保護するのは行き過ぎであろう。その場合は民法の表見代理の規定による保護を考えるべきである。

なお、営業所の実質がなくても、営業所としての登記があるときには、不実登記の効力（商9条2項、会社908条2項）を介して表見支配人の規定が適用されることがある（最判昭43・10・17民集22・10・2204）。

（ii）営業所の営業の主任者たる名称（外観の存在）　　表見支配人の規定は、このような名称に対する相手方の信頼を保護するものである。どのような名称がこれにあたるかは、一般の取引通念によって個別に判断するほかない。支店長、本店営業部長、店長、支社長などはこれにあたる。当該営業所における他の上席者の存在をうかがわせる支店長代理や支店庶務係長のような名称は、営

業所の営業の主任者たる名称とはいえない（最判昭29・6・22民集8・6・1170、最判昭30・7・15民集9・9・1069）。

(iii)　**商人による名称の付与**（商人の帰責性）　営業の主任者たる名称を商人が付与したことが、商人に対する帰責の根拠となる。したがって、使用人が勝手に名称を使用した場合に、表見支配人の規定は適用されない。ただし、使用人が名称を使用している事実を知りながら商人が放置していれば、黙示的な名称付与があったことになる。商人には使用人の行為を放置してはならないという社会的な作為義務があるからである（名板貸人の責任の場合と対比）。

(iv)　**相手方の善意**（外観への信頼）　表見支配人の規定は名称に対する相手方の信頼を保護するものだから、取引の時点で相手方が悪意であれば適用されない（商24条但書、会社13条但書）。平成17年改正前商法（42条）の下では、表見支配人は「本店又ハ支店ノ支配人ト同一ノ権限ヲ有スルモノト見做ス」とされたから、悪意とはその者が支配人でないことを知ることと解するのが通説であった。しかし、平成17年改正後の商法（商24条、会社13条）が、表見支配人は「営業所（本店又は支店）の営業（事業）に関し、一切の裁判外の行為をする権限を有するものとみなす」と文言を変更したことにより、悪意とは取引につき代理権がないことを知ることをいうと解する立場が有力になっている。民法の表見代理と異なり、表見支配人の規定は相手方に過失があっても適用されるが、商人の利益とのバランスから重過失は悪意と同視される（表見代表取締役について最判昭52・10・14民集31・6・825〔商判Ⅰ-104〕）。悪意・重過失の立証責任は商人にある。支配人終任の登記があっても表見支配人の規定は適用されうると解されており（→**論点3-1**）、その場合に登記の確認を怠ったことが直ちに相手方の重過失になるわけではない。表見支配人の規定によって保護される相手方は、取引の直接の相手方に限られるとするのが判例である（最判昭59・3・29判時1135・125〔百選24〕。手形行為について特に問題となる）。

(3)　**表見支配人の権限**　表見支配人とされた者には、当該営業所の営業に関する一切の裁判外の行為をする権限があるとみなされる（商24条本文、会社13条本文）。したがって、表見支配人は、裁判上の行為を除いて、その営業所の真実の支配人と同一の権限を有することになる。営業に関する行為の範囲や代理権濫用の効果については、支配人の場合と同じ議論が妥当する（→3(1)(2)）。

4 その他の商業使用人

1 ある種類または特定の事項の委任を受けた使用人

(1) **制度の概要** 商人は、営業全般ではなく、販売・仕入れ・貸付けなどの、ある種類または特定の事項に関する包括的代理権を使用人に与えることがある。実際の企業組織では、対外的取引を行う部門の部長・課長・係長などがこれにあたり、特に大規模化や階層化の進んだ会社組織では、このような使用人の必要性が高い。

商人の営業に関するある種類または特定の事項の委任を受けた使用人は、委任を受けた事項に関する一切の裁判外の行為をする権限を有し（25条1項、会社14条1項）、この使用人の代理権に商人が制限を加えても、善意の第三者には対抗できない（25条2項、会社14条2項）。支配人のような営業全般の代理権ではないが、委任を受けた事項については、支配人と同様の包括的・不可制限的な代理権を認めることにより、第三者の取引安全をはかったものである。代理権の制限を知らなかったことについて過失がある第三者も保護されるが、重過失は悪意と同視される（最判平2・2・22裁判集民159・169〔百選26、商判Ⅰ-13〕）。

代理権の範囲は商人の委任事項との関係で客観的に判断され、例えば商品の販売の委任を受けた販売係長であれば、売買契約の締結のほか、商品や代金の授受・代金の減額・支払いの猶予などの代理権も有する。もっとも、委任事項は多様でありうるから、支配人の場合と比べると代理権の範囲が第三者には分かりにくい（最判昭51・6・30判時836・105参照）。支配人と異なり、このような使用人の選任・終任は登記事項ではない。

(2) **取引相手方の保護** 伝統的な通説によると、25条（会社14条）の使用人かどうかは、ある種類または特定の事項について法律行為をなすことの委任（包括的代理権の授与）があるかどうかで判断される。これに対して、代理権授与の有無は取引相手方が容易には知り得ないことだから、契約の勧誘や条件の交渉などの事実行為の委任で足りるとする見解も有力である。有力説では、事実行為の委任があれば、委任事項に関する代理権が25条によって擬制され、取引相手方が保護されることになる。もっとも、事実行為の委任も含むとすると

下級の使用人まで対象になるという批判がある。

　判例（前掲最判平2・2・22）は、「右条項（商法25条1項）による代理権限を主張する者は、当該使用人が営業主からその営業に関するある種類又は特定の事項の処理を委任された者であること及び当該行為が客観的にみて右事項の範囲内に属することを主張・立証しなければならないが、右事項につき代理権を授与されたことまでを主張・立証することを要しない」とし、有力説の立場のようにみえる。ただし、代理権授与は必要で、その立証責任を転換したにすぎないとみる見解もある。

　取引相手方の保護をさらに進め、表見支配人の規定を類推適用する見解もある。これによると、一定事項の委任がなくても、部長・課長などの名称（肩書）付与があれば、それを信頼した取引相手方は保護されうる。しかし、委任事項と無関係に代理権の範囲を決められるのかという問題がある。

　代理権授与は外部から認識しにくく、25条の使用人の登記もないので、通説の立場では、25条の使用人にあたるか取引相手方に分かりにくい面はある。もっとも、通説の立場であっても、取引相手方は、表見代理（民109条・110条。事実行為の委任や名称の付与はその適用を基礎付けうる）や使用者責任（民715条）による商人の責任追及を別途なしうる。

2　物品販売等を目的とする店舗の使用人

　物品の販売等（販売、賃貸その他これに類する行為）を目的とする店舗の使用人には、その店舗にある物品の販売等をする権限があるとみなされる（商26条本文、会社15条本文）。例えば、店舗にある物品を顧客が購入するとき、当該店舗の使用人に販売の権限が当然あると信じるのが通常であろう。そこで、たとえ実際には商人から販売等の代理権を与えられていなかったとしても、このような顧客の信頼を保護するため、使用人の代理権が擬制されているのである。このような信頼保護のための制度だから、当該使用人に代理権がないことについて悪意の相手方は保護されない（商26条但書、会社15条但書）。例えば、店舗の清掃作業のみを行う使用人であることを顧客が知っている場合などである。

　26条の使用人の代理権は、店舗内にある物品の現実の販売等に関するものである。店舗にない物品の販売等や店舗外で行われる販売等にまでは及ばない。

8章 代理商

I 代理商の意義

　代理商とは、商人（会社）のためにその平常の営業（事業）の部類に属する取引の代理または媒介をする者で、その商人（会社）の使用人ではないものをいう（商27条括弧書、会社16条括弧書）。

　代理商は、特定の商人（会社）を補助する者として使用人と共通する。しかし、使用人は企業の内部において商人（会社）に従属して業務を行う者であるが、代理商は企業の外部において商人（会社）とは独立して業務を行う点で異なる。

　代理商は、商行為の代理（502条12号）または媒介（502条11号）を業とする者として独立した商人である（4条1項）。使用人は自然人である必要があるが、代理商は自然人だけでなく法人でもよい。

　代理商に補助される商人（会社）を本人という。本人は特定されておればよく、複数でもよい。

　商人または会社以外の特定の者の事業の部類に属する取引を継続的に代理または媒介する者は商法または会社法上の代理商ではなく、民事代理商とよばれる。会社法上の会社（会社10条括弧書・2条1号2号参照）ではなく保険業法で認められている会社形態である保険相互会社の代理店がそれに該当する。保険相互会社の代理商も会社法上の代理商の規定が準用される（保険業21条1項）。

　代理商か否かはその名称によるのではなく、実際に取引の代理または媒介が行われ、その対価として本人に対して手数料の支払いを請求できるかが重要であると解されている（大判昭15・3・12法律新聞4556・7参照）。また平常の営業

コラム 8-1　商人（会社）を補助する制度との対比

　独立の商人として商人（会社）を補助する制度として、代理商以外に、仲立業として仲立人（543条）、取次業としての問屋（551条）・準問屋（558条）・運送取扱人（559条）という制度がある。それぞれの相違を表で示すと以下の通りである。

		補助の対象	補助の態様
代理商	締約代理商（商27条・会社16条）	特定（複数可）	代理（商502条12号）
	媒介代理商（商27条・会社16条）	特定（複数可）	媒介（商502条11号）
仲立業	仲立人（商543条）	不特定多数	媒介（商502条11号）
取次業	問屋（商551条） 準問屋（商558条） 運送取扱人（商559条） 取次商（商4条1項、502条11号）	不特定多数	取次（商502条11号）

【問屋】

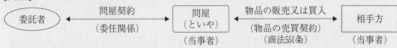

※物品(動産、有価証券を含むが、不動産は含まれないと解されている)

【準問屋】

※販売又は買入以外の取次

【運送取扱人】

【単なる取次商】

（事業）を補助するとは、代理商と本人との間で継続的な法律関係があることを意味する。単に個別的、偶発的な取引行為は含まれず、代理人や受任者とも異なる。

　代理商は、保険業・海上運送業・物品販売業などの分野で利用されている。具体的な例として、自動車販売会社が、損害保険株式会社の自動車保険契約締結の代理を行うように、締約代理商は独立の商人となる。また不動産会社が、顧客に借家人賠償責任保険締結の代理を行う場合も同様である。

　損害保険会社の委託を受け、または当該委託を受けた者の再委託を受けて、その損害保険会社のために保険契約の締結の代理または媒介を行う者（法人でない社団または財団で代表者または管理人の定めのあるものを含む。）で、その損害保険会社の役員または使用人でないものを、「損害保険代理店」という（保険業2条21項）。

　会社が支店を各地におき支配人等の使用人を利用して地域的に事業規模を拡大する場合には、使用人の教育のための費用や給与等の固定費の支払いが発生する。これに対して地域の事情をよく知り経験豊富な代理店に取引の代理または媒介を委託し、手数料の支払いで対応すれば効率的な営業活動が行われ、また営業費用を節約することが可能である。また一旦支店をおいた場合、その地域での事業活動を縮小または撤退する場合には、使用人を別の支社に配置するなどの必要が出てくる。これに対して代理店の場合には代理商契約の解消により簡易に対応することができる。

　代理商は使用人と同様に特定の商人（会社）を補助することから総則に規定がおかれている。

2　代理商の権利・義務

1　代理商と本人との関係

　代理商と本人との関係は、代理商契約によって定まる。

　締約代理商は、本人の代理人として、相手方との間で契約の締結を行う。締約代理商は本人から取引の代理の委任、すなわち法律行為の委任を受けることから、締約代理商と本人との関係は委任関係となる（民643条）。

コラム8-2 代理商に類似する制度——特約店（代理店）・フランチャイズ契約

　代理商に類似する制度として、特約店、フランチャイズ（→**9章1**の**1**⑶）がある。

　特約店（代理店）とは、特定のメーカーや販売会社から、継続的に商品の供給を受ける契約を締結している商人（4条1項・501条1号）である。メーカー等から特定地域における商品の独占販売権を得て、メーカー等と継続的に当該商品の供給を受け、購入した商品を顧客に店舗等を用いて販売するような例が典型的な例である。特約店（代理店）が行っている行為は、他者から商品を有償取得し、それを第三者に売却して利益を得ているものであり、投機購買に該当する（502条1号）。特約店（代理店）が第三者である顧客を相手に当事者として取引を行う点で、本人の代理人として第三者と取引の代理または媒介を行う代理商とは異なる。

　フランチャイズ契約とは、一般的に、本部（フランチャイザー）が加盟者（フランチャイジー）に対して、特定の商標、商号等を使用する権利を与えるとともに、加盟者の物品販売、サービス提供その他の事業・経営について、統一的な方法で統制、指導、援助を行い、これらの対価として加盟者が本部に金銭を支払う事業形態であると説明されている。コンビニエンスストア、ファーストフーズ業、居酒屋、学習塾等の多分野で利用されている。加盟店も独立の商人となる（4条1項・501条・502条・4条2項参照）。

　加盟店は代理商とは異なるものであるが、フランチャイズ契約の内容として、競業避止義務等が課されている。

【特約店（代理店）】

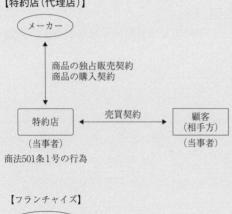

【フランチャイズ】

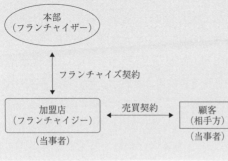

媒介代理商は、本人の代理人として、本人と相手方との間で契約成立に至るよう各種の仲介・斡旋・勧誘的事務を行なう。媒介代理商が行うこれらの行為は法律行為ではなく単なる事実行為に過ぎない。そのため、媒介代理商は本人から法律行為ではない事務の委託を受けることから、媒介代理商と本人との関係は準委任関係となる（民656条）。

　代理商と本人との関係は「平常の」と規定されている通り、継続的な委任関係があることを前提としており、単に個別的、偶発的な取引行為の委任を受け補助する場合は含まれない。

　本人と代理商との間は委任に関する民法の規定が適用され、受任者である代理商は委任者である本人に対して善管注意義務を負う（民644条）。また代理商契約に特約を設けない限り、代理商は本人に対して費用前払請求権（民649条）、費用償還請求権（民650条）を有する。

　商法・会社法は本人と代理商との継続的な取引関係を考慮して特別な規定を設けている。

2　代理商の義務

　(1)　**通知義務（商27条、会社16条）**　　代理商は本人と継続的関係にあることから、民法の一般規定における委任の終了または本人の請求（民645条・656条参照）を待たずに、個々の代理または媒介について遅滞なくその通知を発せしめる義務を負わせ、本人の便宜をはかっている。この場合は発信主義をとっている。

　通知義務を怠ったことを原因として本人が損害を被った場合には、代理商は本人に対して損害賠償責任を負う（大判昭10・5・27民集14・949）。

　(2)　**競業避止義務（商28条1項1号2号、会社17条1項1号2号）**　　代理商が継続反復して本人を代理して取引の代理または媒介を行うためには、本人の営業（事業）上の重要な機密をある程度把握しておくことが求められる場合がある。代理商が代理商の地位を利用して、本人の営業（事業）上の機密を利用して自己または第三者の利益を得ることより本人が損害を被ることも考えられる。それを防止するために代理商には支配人と同様に競業避止義務が課されている（商28条1項、会社17条1項）。

図表 8 - 1　代理商との関係図

【締約代理商】

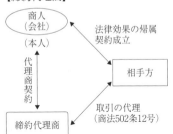

【媒介代理商】

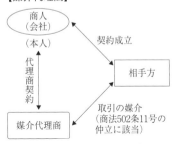

商人と相手方との間で取引が上手くまとまるように
媒介を行う。

～複数の保険会社の代理店を行っている乗合代理店など～

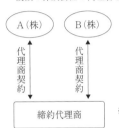

※複数の商人(会社)と代理商契約を締結することは認め
　られるが、誰と締結しているかの特定が必要である。

コラム8-3　乗合代理店と競業避止義務

　複数の保険会社の間で代理店契約を締結する代理店のことを乗合代理店という。

　保険代理店が複数の保険会社との間で代理店契約を締結する場合には、それぞれ
に保険会社の同意を得なければならない。同意を得ずに乗合代理店が取引を行った
場合でも第三者との関係では取引は有効となる。

　保険者は保険契約の当事者として保険契約者との間で保険契約を締結し、保険給
付を行う義務を負う（保険2条1号ないし3号参照）。保険代理店は保険者である
保険会社が事業として行う保険契約の引受を業務（保険業2条1項2項・3条1項
ないし5項参照）として行うものではない。保険代理店が複数の保険会社との間で
代理商契約を締結した場合でも保険会社の業務を保険代理店が行うものではないの
で、厳格に考えれば、競業避止義務違反の要件には当てはまらないとも考えられ
る。しかし、保険業の特殊性等の理由から、一般的に競業避止義務の対象となるも
のと考えられている。

すなわち、代理商は、本人の許可なしには、①自己又は第三者のために本人の営業（事業）の部類に属する取引をなし（商28条１項１号、会社17条１項１号）、②本人の営業（事業）と同種の事業を目的とする会社の取締役、執行役又は業務を執行する社員となること（商28条１項２号、会社17条１項２号）、ができない。

競業避止義務違反の場合には、代理商に対して損害賠償を請求することができる。①の違反の場合には、民法の一般原則によれば、本人が代理商の①の行為によって本人が被った損害の額、その損害と①との間の相当因果関係等を主張・立証しなければならない。しかし、この立証の困難性を回避するために、代理商又は第三者が得た利益の額は本人に生じた損害の額と推定し（商28条２項、会社17条２項）、本人の立証の困難性に対応している。

本人は、やむを得ない事由にあたるとして代理商契約を解除することができる（商30条２項、会社19条２項）。

なお代理商は独立の商人であることから、支配人とは異なり（商23条１項、会社12条１項）、禁止の範囲が競業行為に限定されている。

3　代理商の権利

(1)　**報酬請求権**　　委任契約においては、受任者は特約がなければ、委任者に対して報酬を請求できない（民648条１項２項・648条の２第１項）。これに対して、代理商は独立の商人であることから本人のための取引の代理又は媒介を行えば、その手数料として本人に対して報酬を請求することができる（512条）。

(2)　**代理商の留置権（商31条、会社20条）**　　代理商は、当事者が別段の意思表示をしない限り、取引の代理または媒介をなしたことによって生じた債権（手数料、前払費用等の債権）の弁済期が到来しているときは、その弁済を受けるまでは、本人のために占有する物または有価証券を留置することができる（商31条、会社20条）。代理商の留置権という。

代理商は民事留置権（民295条）や商人間の留置権（521条）も認められる。

代理商の留置権は、留置権により担保される債権が留置の目的物に関して生じたこと（牽連性）を必要としない点で民事留置権と異なる。代理商と本人との継続的関係から、牽連性を要求することが適当ではないとされたためであ

る。

　次に商人間の留置権とは異なり、留置の目的物が債務者の所有の物または有価証券である必要はなく、またそれらが債務者との商行為によって自己の占有に帰したことも必要ではない。代理商が本人のために取引の代理または媒介を行うという業務の特色から、本人の所有に属しない物品を本人のために占有することや、その占有を第三者が取得することが少なくないことが理由として挙げられる。

　代理権の留置権の効力に関して、商法または会社法に規定がないので、民法の留置権に関する規定に従うことになる。だし、代理商の留置権は、本人が破産した場合に破産財団に対して特別の先取特権とみなされ別除権が認められ（破産66条）、また会社更生手続においても、留置権により担保された債権は更正担保権として特別の保護を受ける（会更2条10項・29条・104条ないし112条）。

4　代理商と第三者との関係

　代理商が本人の代理人として、第三者に対し、どの範囲まで権限を行使することが認められるかは、代理商契約の内容による。締約代理商は委託を受けた取引につき代理権を有するが、これに対して、媒介代理商は当然には代理権を有しない。ただし、物品の販売またはその媒介の委託を受けた代理商は、特に代理権の授与がなくとも、売買の目的物に種類、品質または数量に関して契約の内容に適合しない場合の通知（526条2項）、その他売買に関する通知を受領する権限（受領権限）を有する（商29条、会社18条）。

　これに対して、売買に関する通知以外については、媒介代理商には権限は認められない。そのため、本人から授権がない限り、本人のために代金を受領することはできない。同様に代金支払いの猶予や、代金の減額などもなし得ない。そのことから、当該条文だけでは、代理商と取引をする第三者の保護に十分でないと言われている。立法論として、明文の規定で代理商の代理権を明確にすべきことが主張されている。

3 代理商関係の終了

1 委任関係の終了

　本人と代理商との関係は委任または準委任関係にあることから民法の委任の一般的終了原因により代理商契約は終了することになる（民653条・656条）。ただし、本人と代理商との代理商契約は商行為の委任による代理であることから、商法506条の適用を受け、本人である個人商人の死亡は代理商契約の終了原因とはならない。

　代理商契約は本人の営業（事業）を前提とすることから、本人の営業（事業）が廃業などで終了するときは代理商契約も終了すると解されている。

2 代理商契約の解除

　民法においては、当事者はいつでも委任契約を解除することができる（民651条1項）。しかし、代理商契約の継続性および営利性という特色から、特則がおかれている。

　契約期間の定めがないときは、本人および代理商が2ヵ月前までに解約の予告をしなければならない（商30条1項、会社19条1項）。ただしこの規定は任意規定と解されており契約に基づき別段の取り決めを定めることは許されている（横浜地判昭50・5・28判タ327・313）。

　やむを得ない事由があるときは、契約期間の定めの有無に関係なく、本人および代理商はいつでも契約を即時に解除できる（商30条2項、会社19条2項）。この場合のやむを得ない事由とは、代理商の競業避止義務（商28条、会社17条参照）、本人の報酬支払義務の不履行（512条参照）、代理商の重大な義務違反（東京地判平10・10・30判時1690・153、東京地判平28・8・8平成27(ワ)8152参照）、代理商が反社会的勢力に該当する等、代理商契約を継続することが社会通念上著しく不当と認められる場合であると解されている。

コラム8-4 代理商の破産と保険料保管専用口座における預金債権の帰属

　損害保険代理店が保険者を代理して保険加入者と契約を締結し、顧客から保険料を受領した場合には、代理商固有の金融機関の預金口座とは別の保険料保管専用の預金口座を設け、そこで保管管理することが代理商契約等において損害保険代理店に義務付けられている。代理商の報酬は取引の代理または媒介がなされる毎に支払われるわけではない（民648条の2参照）。損害保険代理店と保険者との間では交互計算契約が締結されており（529条参照）、一定期間の代理店手数料を控除したのち、保険料保管専用の預金口座から保険者の預金口座に保険料が支払われることになる。

　損害保険代理商が保険者に対して保険料保管専用の預金口座から保険料の送金等をする前に破産開始決定を受けた場合、保険料保管専用口座の預金債権の帰属が問題となる。最判平15・2・21（民集57・2・95）は当該専用口座に係る預金債権は、保険者ではなく、損害保険代理店に帰属するものとの判断を下している。この判例の立場によれば、保険者は保険加入者が損害保険代理店に支払った保険料を受領することができなくなる。そこで近時は、損害保険代理店が顧客から保険料を受領しないクレジット払いや、顧客の口座から保険者の口座に振替払い等をする方法が一般的に行われるようになっている。

コラム8-5 乗合代理店の比較推奨義務と体制整備義務

　乗合代理店も複数の特定の保険者との間で代理商契約を締結して、当該保険者のために保険契約の締結または媒介を行う。法的な性質上は特定の保険者のための補助者として委託を受けている。近時、大規模な乗合代理店において、顧客のために公平中立的な立場で保険契約の募集を行う旨の宣伝等で顧客を勧誘し、顧客の誤解を招くおそれが指摘されていた。そこで乗合代理店が2以上の比較可能な同種の保険契約の中からある契約を提案する場合には、その提案理由等を保険契約者等に説明する義務、いわゆる比較推奨義務を課している（保険業294条1項、保険業法施行規則227条の2第3項4号ロハ）。

9章 商行為法総論

I 商行為法の意義

1 商行為法の構成と特徴

(1) **商行為法の構成** 商法は企業に関する法であり、企業の経済活動を円滑に促進するために適切な法的規律を用意するものである。商法典第二編商行為は主として企業の取引に焦点を当て、「商人」「商行為」概念を中心に、その特色に応じた規律を用意しているのであり、第一章に総則、第二章以下では具体的な商行為類型を定めて、それぞれに各則的な規定を置いている。商法が規定する商行為類型は、第二章売買、第三章交互計算、第四章匿名組合、第五章仲立営業、第六章問屋営業、第七章運送取扱営業、第八章運送営業、第九章寄託である。

(2) **商行為法の任意法規性** 企業取引は、原則として契約自由が支配する世界である。それゆえ、商法典中の商行為各則規定は任意規定であると解されており、これと異なる契約合意は原則として有効である。さらに現代の多岐にわたる企業取引のスキーム選択については、商法典（商行為法）の枠に収まることなく、経済社会の急速な進展に応じて自由なアレンジメントが設計され、そこに関係当事者間の利害調整が詳細に書き込まれることが多い。このような非典型的な契約アレンジメント（無名契約と解される）は、もちろん有効である。

(3) **継続的取引** 現代の企業取引は、継続的取引関係となることが通常である。それは、単発的契約を繰り返すことに要する取引交渉・維持コストを節減することができ、長期的な信頼関係が醸成されるため、将来の事業計画が立てやすくなるといったメリットがあるからである。

継続的取引関係の例としては、資源・原材料供給契約、製作物供給契約、メーカーと販売業者等との間で結ばれる特約店（代理店）契約など種々のものがあるが、現代の小売業態において重要な位置を占めるコンビニエンス・ストアやファースト・フード店などにおいて利用されるフランチャイズ契約は、もっとも代表的なビジネス・モデルであろう。フランチャイズ契約とは、フランチャイザーが加盟店に対して自己の商号・商標・サービスマーク等の使用ライセンスと、事業方式（ビジネス・フォーマット）に関する全般的なノウハウの提供・指導を核とする総合的なパッケージ契約として理解される。加盟店は、これに対して売上の一定割合をライセンス使用料（ロイヤルティー）としてフランチャイザーに支払うのが一般的である（→**コラム8-2**）。なお、フランチャイズ契約をめぐる典型的な紛争類型としては、フランチャイザーの経営方針の変更に伴う一方的な解約もしくは加盟店に不利な契約条件変更に対して加盟店側がこれを争うケース（特約店契約の解約について最判平10・12・18民集52・9・1866〔百選50、商判Ⅱ-7〕、札幌高決昭62・9・30判時1258・76〔百選51〕参照）のほか、フランチャイザーが当該フランチャイズの勧誘過程において不実表示となるような情報を提示したり、不確実な情報を断定的に提供することで契約を締結した加盟店が、結果的に生じた経営の失敗に起因する損害の賠償を求めるケース（東京高判平11・10・28判時1704・65〔百選52、商判Ⅱ-8〕参照）などがある。

(4) **約款を利用した取引（約款取引）**　企業取引は、民法が予定する個人間の一回的な取引とは異なり、一定の顧客との間で、同一の内容・目的を継続・反復する取引形態を取ることが多く、それゆえその契約内容や仕組みなどが定型的であることが多い。そこで、同一の内容や仕組み等を有する契約の標準を作成し、これを取引の相手方として予想される不特定多数者との間で画一的に適用することが合理的である。このような標準化された契約を「普通取引約款」もしくは「約款」という。もっとも、約款取引については、約款が適用される不特定多数の相手方の意思表示（申込みや承諾）をどうしても擬制的に構成することになり、実際に約款の内容等に対して相手方によるコントロールも及ばないため、相手方保護の観点からどのように約款取引を規律すべきであるかについて長い間議論がなされてきた。そして、その成果として一定の法理論も形成されてきている。なお、今般、民法改正に伴い、平成29年改正民法548条の

2ないし548条の4において「定型約款」の規定が置かれたことは注目に値する。

2 企業取引を規制する特別法

(1) **手形法・小切手法その他**　企業取引を円滑に促進するためには、代金や商品等の引渡請求権などにつき決済の安全性を高め、これを確実かつ迅速に処理することが重要である。そこで、歴史的には、企業取引決済の方法として、そのような取引上の請求権を表章した有価証券が利用されてきた。例えば、船荷証券（商757条以下）、倉荷証券（商600条以下）などがそうである。また、特に代金決済のために利用される有価証券としては手形（約束手形と為替手形）や小切手がある。手形や小切手は、抽象的な金銭債権を高度に単純化・形式化したものであり、これを規律する手形法や小切手法も、広い意味で企業取引法としての商行為法を構成するものと言えるだろう。手形法・小切手法は、その厳格な要式性ゆえに強行法規とされる。なお、今般、民法改正に伴い新設された平成29年改正民法520条の2以下が、今日まで蓄積されてきた有価証券法理を通則的に規定するが、手形法、小切手法などの特別法がこれに優先すると解される。

　その他、企業取引代金等の決済に関する特別法として、有価証券という紙を媒介としない電子記録債権法を挙げることもできよう。

(2) **消費者法**　一口に企業取引と言っても、いわゆる商人（もしくは事業者）間（いわゆる B to B）の取引と、商人（もしくは事業者）と個人（もしくは消費者）間（いわゆる B to C）の取引では妥当すべき規範に相違があってしかるべきである。なぜなら、事業者・消費者間の取引においては、取引の対象や仕組みなどについての知識が圧倒的に事業者に偏在しており（情報の非対称性）、交渉力が対等な当事者間の取引であることを前提とする契約自由の原則を貫徹するべきではないからである。そこで、事業者・消費者間の取引においては、特別な立法によって、両当事者間の取引交渉力の均衡を強行法的に実現するとともに、消費者の選択の自由や自己決定権を保護する、ということが図られており、このような法政策が妥当すべき領域を一般に消費者法と称している。消費者法の領域に属する立法としては、主として特定商取引法、割賦販売法、消費

者契約法などが挙げられる（特に金融商品の販売については、金融サービス提供法
〈令和2年の金融商品販売法の改正に伴い法律名が改称された〉が適用される）。ま
た、インターネットを利用した契約の申込みまたは承諾につき錯誤による取消
しを主張できる場合に係る民法95条3項（表意者の重過失）の特例を規定する
「電子消費者契約法」、電子メールを不特定多数に対して大量に送り付けること
による商業広告（いわゆる迷惑メール）を規制するための「特定電子メール法」
などがある。

　その他、主として消費者を対象とする取引の利便性を高めるために資金決済
の簡便化、迅速化を企図した取引形態が近時急速に発展してきており、これに
対応するために、資金決済法が、これらのサービスを媒介・提供する事業者を
対象とする規律を定めている。特に、商品券やギフトカード、磁気式・IC式あ
るいはウェブ上で利用できるプリペイドカードを発行する事業者〔前払式支払
手段発行者〕がこれを消費者に利用させるキャッシュレス決済が典型的である。

　(3)　**その他**　　国際的な物品の売買取引については、国際物品売買契約に関

コラム9-1　**貿易取引における代金決済**

　海上貿易における代金決済を確実にするために、船荷証券、荷為替手形、信用状
がセットで利用される場合が多い。以下は、典型的な説明事例である。まず、輸入
地の銀行（I銀行）が輸入者（買主）の依頼により信用状（Letter of Credit：L/
C）の発行を行う。信用状とは、輸入者（買主）の支払いをI銀行が保証するもの
である。輸出者（売主）は、自己の営業所所在地の通知銀行から信用状発行の通知
を受けて、商品を船積みする。その際、船長または海上運送人から船荷証券を発行
してもらう。そして、信用状及び船荷証券その他船積書類を輸出地の銀行（E銀
行）に交付する。E銀行は、これらが信用状の条件に合致していることを確認して
後、輸出者（売主）が発行する為替手形（これを荷為替手形という）を買い取る。
この時点で、輸出者（売主）は代金の支払いを受けたことになる。その後、E銀行
は、I銀行に信用状及び船荷証券その他船積書類を送付するとともに、荷為替手形
の支払呈示を行い、I銀行から代金相当額の支払いを受ける。今度は、I銀行が輸入
者（買主）から荷為替手形の償還を受けると、船荷証券その他船積書類を輸入者
（買主）に引き渡す。輸入者（買主）は、これらの書類をもって、船荷貨物（商品）
の引渡しを受けることができるようになる。

する国際連合条約（ウィーン売買条約）が適用される。運送法の領域において
は、国際海上運送については国際海上物品運送法が適用されるほか、国際航空
運送については「国際航空運送についてのある規則の統一に関する条約」（モン
トリオール条約）が適用される（なお、商法は、運送人の定義として、「陸上運送、海
上運送又は航空運送の引受けをすることを業とする者」（商569条1項1号）と規定し、
運送営業に関する通則的な規律を置いている）。

　国際的な貿易取引（売買）は、特に商品の通関手続、国際海上・航空運送、
運送過程において生じ得る損害に対する保険の付保、国際的な銀行ネットワー
クによる代金決済など、非常に専門的・技術的な要素を伴うゆえに、これまで
世界共通の商慣習が実務的に形成されてきた。特に国際商業会議所によって作
成されたインコ・タームズは、運賃、保険料、危険負担等の貿易条件の組合せ
に係る標準約款として、世界的に最も広く利用されている。2020年に改訂され
た2020インコ・タームズによれば、2つのグループ11種類の規則から成る定型
的なパターンが用意されており、売買当事者は、どの規則（条件の組合せパター
ン）による取引であるかをあらかじめ合意しておくことによって、用語解釈の
相違や誤解等による事後の無用な紛争を回避することができる（例えば、代表
的な貿易条件の1つである CIF〔Cost, Insurance and Freight〕によれば、売主は、積
み地の港（輸出港）で本船に荷物を積み込むまでの費用、海上運賃および貨物海上保険
料を負担し、それ以降のリスクは買主が負担することになる）。

2　商行為通則

1　営利性から説明される規定

　(1)　**報酬請求権**　　民法では他人のための事務処理契約の類型においては無
償性が原則であるとされる（委任：民648条1項、準委任：民656条。なお寄託につ
き民665条による648条の準用）。しかし、企業取引は、本来、収支相償うことを前
提に利潤をうみだすことを目的とするものであることから、商法においては、
商人が他人のために自己の営業の範囲に属する行為をした場合には、特に有償
である旨の定めがなくても、相当の報酬を請求することができると規定する
（512条）。例えば、宅地建物取引業者（502条11号・4条1項によって商人である）

が依頼者である売主のために当該不動産の買主を探し出してきたことによって
両者の間に売買契約が成立した場合には、特に報酬について事前に定めていな
かった場合でも、512条により、取引通念上合理的な報酬額を依頼者に請求で
きることになる。

　なお、最高裁判例によれば、商人が報酬請求権を行使する相手方との間に契
約の成立が認められる場合、それは黙示であっても良いとされ（最判昭43・
4・2民集22・4・803）、さらには委託等による契約の成立を前提としなくて
も、当該商人に「他人（当該相手方）のためにする意思」があれば、事務管理
の成立をもって本条の適用が認められる（最判昭44・6・26民集23・7・1264〔百
選34、商判Ⅱ-17〕）。もっとも、当該相手方にとって不意打ちにならないため
に、「他人のためにする意思」は相手方において認識され得るものであった
り、相手方において承認されるなど「客観的」でなければならないと解されて
いる（最判昭50・12・26民集29・11・1890）（この論点は、典型的には、宅地建物取引
業者が仲介依頼を受けなかった他方の売買契約当事者に対して報酬を請求する場合に問
題となる）。

　(2)　**利息請求権**　　民法においては、消費貸借契約は原則として無償契約で
あるとされる（民589条）が、企業取引の営利性のゆえに、商人間において金銭
の消費貸借をしたときは、特に利息について事前の定めがなかった場合にも、
貸主は借主に対して法定利息を請求することができると規定する（商513条1
項）。

　商法513条2項は、商人がその営業の範囲内において他人のために金銭の立
て替えをしたときは、支弁した費用の償還ができることを前提に、その利息に
ついても法定利息を請求することができる旨規定する。当該他人が、当該商人
と委任契約関係にある委任者である場合には、民法650条1項によって利息の
償還が請求できると定められているから、同項は確認的な意味を持つにすぎな
い。しかし、それ以外の場合において、例えば事務管理が成立するような場合
には、民法は本人に対する有益費用の償還請求を定めるのみで利息については
特に規定していない（民702条1項）ことから、商法513条2項はそのような場
合にも管理者たる商人は本人に法定利息を請求できることの根拠となる点で意
味がある。

2　簡易迅速性から説明される規定

　(1)　**商行為の代理**　　民法99条は、代理人がその権限内において相手方に対して「本人のためにすることを示してした」意思表示の効力は、直接、本人との間に生じると規定し、顕名主義を定める。もし、代理人が本人の顕名をしないで意思表示をした場合には、相手方との関係においては、代理人が自己のために（自らに法律効果を帰属させる意思〔本人意思〕で）したものとみなされる（民100条本文）が、相手方が代理人における真意（本人に効果を帰属させる意思〔代理意思〕）を知り、または知り得た場合には、本人との間で法律効果が帰属するとされる（民100条但書）。したがって、本人非顕名代理の場合であっても、本人が、代理人の代理意思につき相手方の悪意、有過失を立証できれば、相手方に対して法律上の効果帰属を正当に主張できることになる。

　これに対して、商法504条本文は、商行為の代理人が「本人のためにすることを示さないで」相手方と法律行為を行った場合であっても、原則として本人との間に法律効果が帰属すると規定し、民法100条の例外を定める（非顕名主義）。その趣旨は、多くの企業取引は継続的取引関係を形成することが多いので、本人たる商人から一定の代理権を授権された商業使用人が本人を顕名しなくても、顧客たる取引相手方においては、当該商業使用人の行為は本人たる商人の営業の一環として行われていることを容易に知り得ることができるし、いちいち本人を顕名しなければ当該取引の効果が本人たる商人に及ばないということになると煩雑かつ不合理であるという理由による（もっとも、「商行為の代理人」という文言には絶対的商行為を代理する場合も含まれるため厳密には「商人の代理人」と重なるものではなく、また商人の営業に属する行為を商業使用人以外の者が代理する場合も排除されていない（代理商〔27条〕や単発的な受任者も含まれる）ため、このような趣旨で本条を完全に説明したことにはならない点は留意されたい）。しかし、商法504条但書は、本人が顕名されないゆえに相手方において代理人が当事者であると誤信し、代理人の財産的基礎を目当てに取引したというような事情がある場合に、相手方に代理人に対する一定の権利を認めている。その意味で、504条は、民法100条との関係で、非顕名代理に関する原則と例外を逆転させたものとみることができる。

　問題は、504条但書が適用される結果として生じる効果が「履行の請求を妨

げず」と規定されていることである。この文言を素直に読めば、非顕名代理の
ケースにおいて相手方が代理人の代理意思につき善意であるときも法律関係は
原則通り本人との間に成立し、同時に相手方は代理人に対しても履行の請求を
することができる、と解されそうである。しかし、判例は、そのようには解さ
ない。すなわち、その場合には、法律関係は本人と相手方との間のみならず代
理人と相手方との間にも成立（並存）するが、善意（無過失を要する）の相手方
が代理人との法律関係を選択した場合には、法律関係は代理人との間において
成立し、本人はもはや相手方に対する関係で法律関係を主張することができな
くなると解するのである（選択説・最大判昭43・4・24民集22・4・1043〔百選30、
商判Ⅱ-1〕）。そして、例えば、本人が相手方に対して提起した訴えが係属して
いる間に消滅時効期間が徒過し、その後相手方が代理人との法律関係を選択し
た場合、判例によれば本人による訴訟が係属している間は代理人の債権につい
ても「催告に準じた時効中断効」（訴訟終了後6ヵ月後まで時効完成が猶予される。
改前民153条。改民150条1項）が認められるため、選択説による不都合な帰結が
回避される（最判昭48・10・30民集27・9・1258〔百選31事件〕）。

(2)　**商行為の委任**　　505条は、商行為について委任を受けた受任者は、委任
の本旨に反しない範囲において、委任を受けていない行為をすることができる
と定める。本条は、たとえ本人と受任者の内部関係において委任事項が定めら
れていたとしても、民法644条の「委任の本旨」に基づく善管注意義務の及ぶ
範囲がそれによって制限されるものではないことを注意的に規定するものであ
ると解されており、この点で特に商法が民法と異なる規律をもたらすものでは
ない。

　506条は、商行為の委任による代理権は本人の死亡によって消滅しないと定
めており、民法111条1項1号（代理権の消滅事由）の例外規定である。その趣
旨は、本人たる商人の営業活動を当該商人の死亡によって中断させず、むしろ
これを継続させることが商業的合理性に適うと考えられたからである（商人企
業の継続性）。したがって、506条に規定する「商行為の委任」には非商人によ
る絶対的商行為に係る委任は含まれず、当該委任自体が商行為となるような場
合（すなわち商人による委任）に限られると解される（大判昭13・8・1民集17・
1597）。もっとも、死亡した商人の相続人が当該営業を承継する意思がなく、

実際に承継していない場合であっても、506条の適用は排除されない（東京高判平10・8・27判時1683・150）。

(3) **申込みに対する諾否の通知義務**　民法525条1項は、隔地者間において承諾の期間を定めないでした申込みにつき、相当の期間を経ても承諾の通知がなされない場合には、申込者は当該申込みを撤回できると規定する。しかし、これが商人間である場合には、当該申込みは撤回するまでもなく、当然に失効する（508条1項）。もっとも、取引が継続的関係にある場合には、ある時点における申込みに対して承諾の通知がなされなかったとしても、申込者において当該申込みは承諾されたものと考えることが商業的合理性に適っている。そこで、商法は、商人が「平常取引をする者からその営業の部類に属する契約の申し込みを受けたとき」には遅滞なく諾否の通知をしなければならないと定め（諾否通知義務）（509条1項）、これを怠った場合には申込みの承諾が擬制される（509条2項）こととした。

(4) **物品保管義務**　510条は、商人がその営業の部類に属する契約の申込みを拒絶したときでも、申込みとともに物品を受け取った場合には、申込者の費用をもってその物品を保管しなければならないと規定する。民法の事務管理規定（民697条）によるのではなく、あえて物品保管義務を法定する趣旨は、「商取引では相手方の承諾を予期して、契約の申込と同時に物品を送付することが少なくないところから、……商取引を迅速かつ円滑に進めるとともに、当該商人に対する相手方の信頼を保護するため」であると解される（大阪地判昭63・3・24判時1320・146）。ただし、保管費用が物品の価額を上回るようなときや、当該商人に損害を与えるときには、保管義務を課すべき合理性を逸脱するため、保管義務は否定される（510条但書）。

(5) **債務の履行場所**　債務の履行（弁済すべき）場所に係るデフォルト・ルールとして、民法484条1項は、特定物の引渡しについては「債権発生時」にその物が存在した場所とし、それ以外については持参債務の原則を定める。これに対して、516条は、商行為によって生じた債務につき、特定物の引渡しについて「その行為の時に」その物が存在した場所と規定する点で、異なっている（それ以外の場合には民法と同様に持参債務の原則を規定するが、債権者が商人の場合は営業所が履行場所となる）。しかし、この相違は、法律行為時と債権発生時

がずれる場合、すなわち停止条件付債務もしくは始期付の債務である場合に問題となるに過ぎない。

3　取引の安全保護（もしくは責任加重主義）から説明される規定

(1)　**連帯債務の原則**　511条1項は、数人の者が債務を負担するケースにおいて、それがそのうちの1人または全員にとって商行為となる行為を原因とする場合には、当該債務は全員にとって連帯債務になると規定する（法令の規定による連帯債務・民436条）。例えば、民法上の組合形態で商行為を業とする場合に、組合代表者の取引行為によって負うべき組合債務はすべての組合員について連帯債務となると解される。この点、建築工事共同企業体（ジョイント・ベンチャー）の債務について、本条に基づき連帯債務となると解した判例がある（最判平10・4・14民集52・3・813〔百選33、商判II-2〕）。

また511条2項は、保証債務が、主たる債務者の商行為によって生じた債務を保証するものであるとき、または保証が商行為に該当するとき、当該保証債務は連帯保証債務となることを規定する。これは、保証人が明示的に合意しなければ連帯保証とはならないという民法上の原則（民454条）に対する特則となる。保証が商行為となることの意味として、判例は、商人が非商人に保証人になってもらう場合のように保証が債権者に取って商行為たる性質を有する場合をも含むと解しているが（大判昭14・12・27民集18・1681）、学説では、商事保証の信用を高めるためには商人が保証をする場合（保証する行為が商行為）だけに限定しても差し支えないと解する見解が有力である。

(2)　**契約による質物処分**　515条は、商行為によって生じた債権を担保するために質権を設定した場合、民法349条の規定を適用せず、当該質物の契約による処分（流質契約）を認める。その趣旨は、商人が自らの商行為債務の担保として質権を設定する場合には債権者の暴利行為を防止するという民法の趣旨は必ずしも妥当せず、むしろ商人に金融を得させる道を広く認めておくことの必要性があるというものである。したがって、515条は、債務者にとって商行為となる場合にのみ適用されると解する見解が有力である（質権設定行為も債務者にとって商行為であることを要すると解すべきである）。

(3)　**商人間留置権**　民法上の留置権がローマ法の悪意の抗弁に起源を有す

① 破産手続における商事留置権　最高裁は、手形割引に応じる過程で銀行が占有するに至った手形に対する商人間留置権は、割引依頼人破産の場合でも、留置的効力を失わず、かつ銀行は銀行取引約定により、当該手形を任意に取立処分することができると判断した（最判平10・7・14民集52・5・1261〔百選37、商判Ⅱ－4〕）。本判決は、破産法93条1項前段（当時。現行66条1項）によれば、商法または会社法上の留置権（商事留置権）は「特別の先取特権」とみなされるが、その趣旨は留置権能を消滅させる意味であるとは解されず、同項後段（当時。現行66条2項）に定める他の特別の先取特権者に対する関係はともかく、破産管財人に対する関係においては、破産会社に対する破産宣告後においても手形の返還請求を拒絶することができるとした。さらに銀行による取立ても、民事執行法が定める支払期日未到来の手形の強制執行に係る換価方法と同様、手形交換によってなされることが予定されており、「いずれも手形交換制度という取立てをする者の裁量等の介在する余地のない適正妥当な方法によるものである点で変わりがない」から、商人間留置権が及ぶ手形を銀行が自ら取り立てて弁済に充当し得るとの趣旨の約定をすることには合理性があり、当該銀行取引約定はこの趣旨のものと解しても「必ずしも約定当事者の意思に反するものとは言えない」とした。

② 民事再生手続における商事留置権　最高裁は、約束手形の取立委任がなされたケースで、委任者に民事再生手続が開始された場合において、取立委任を受けた銀行は、民事再生手続によらず、商人間留置権に基づき手形を取立てることができ、さらに銀行取引約定を根拠として、当該取立金を自己の債権に充当することができると判断した（最判平23・12・15民集65・9・3511〔百選38、商判Ⅱ－5〕）。民事再生手続における商事留置権は、民事再生法53条1項により別除権として扱われるが、それは留置権の本来の効力に変更を加えるものではない（優先弁済権は付与されない）と解される。その上で、本判決は、「会社から取立委任を受けた約束手形につき商事留置権を有する銀行は、同会社の再生手続開始後に、これを取り立てた場合であっても、民事再生法53条2項の定める別除権の行使として、その取立金を留置することができることになる」とし、さらに「取立金を法定の手続によらず債務の弁済に充当できる旨定める銀行取引約定は、別除権の行使に付随する合意として、民事再生法上も有効であると解するのが相当である。」と判示した。

るのに対して、521条の商人間留置権は中世イタリアの商慣習に由来し、商人間の継続的な取引関係において流動する相互の商品を法定担保とすることで取引の安全を図り、ひいては商人の営業活動を促進しようとしたものである。それゆえ、それぞれの要件を比較すると顕著な相違が見られる。まず民法上の留置権（民295条）では、被担保債権は留置権の対象となる「物に関して生じた債権」であることを要する（牽連関係）が、当該「物」については留置権者以外の他人の所有物であれば足り、被担保債権に係る債務者の所有である必要はない。これに対して、商人間留置権においては、①被担保債権が「商人間において双方のために商行為となる行為によって生じた債権」であること、②留置権の対象となる「物（または有価証券）」が「債務者の所有」であること、③当該「物」の占有取得原因が「債務者との間における商行為」によること、を要する。しかし、被担保債権と物との間の牽連関係は求められない。

　商人間留置権が成立すべき「物」について、動産、有価証券が含まれることは文言上も沿革上も当然であるが、不動産が含まれるかどうかについては議論があり得る。下級審判例の中には、沿革上の理由もしくは制度趣旨、そして抵当権等担保制度全体における整合性という観点から、不動産は含まれないと判断するものもあったが（例えば東京高決平22・7・26金法1906・75）、最高裁は、文言上、「物」から不動産を排除する根拠がなく、「不動産を対象とする商人間の取引が広く行われている実情からすると、不動産が同条の留置権の目的物となり得ると解することは」商人間留置権の趣旨に適うとして、不動産も含まれることを明らかにしている（最判平29・12・14民集71・10・2184〔百選35、商判Ⅱ-3〕）。

　商人間留置権が実務上重要な意味を帯びる局面の1つは、債務者・商人が破産もしくは倒産した場合であり、債権者・商人が他に有力な担保手段を持たない場合には絶大な効果を発揮する。なかでも、銀行による手形実務における割引・取立依頼人倒産のケース（→コラム9-2）と、建物建築請負契約における注文主倒産のケース（→コラム9-3）において、実務的に重要な判例法理が形成されている。

　(4)　**寄託を受けた商人の責任**　　民法659条は、寄託契約における無報酬の受寄者は、寄託物の保管について、「自己の財産に対するのと同一の注意」を払

コラム9-3　請負契約と商人間留置権

　建物の建築請負業者が建物を完成させ、これを注文主に引き渡す前に注文主が倒産した場合、請負業者は請負代金請求権を被担保債権として当該建物敷地上に商人間留置権を主張し、請負代金の支払いを受けるまで当該敷地の引渡しを拒絶することができるだろうか。問題の焦点は、これを認めると、「抵当権等担保権の対象となっている土地の上に建物を建築し、意図的にその請負代金を弁済せずに……工事請負人に土地に対する商人間留置権を実行させて抵当権者に対する配当を減額ないし無しにするようなこと、すなわち抵当権の実効性を害するような操作も可能にすることになり、また無剰余のため土地に対する抵当権等の実行手続を事実上不可能にしてしまう事態を招く可能性もある」ということにある（東京高決平11・7・23判時1689・82〔百選36〕）。

　そこで、商人間留置権の成立を否定する判例として、請負人に敷地に対する「独立の占有」が必要であると解して、建築請負業者は当該敷地については「注文主の占有補助者」に過ぎないと判断するもの（東京高決平10・12・11判時1666・141）、請負人は「独立した占有訴権や目的物からの果実の収受権等を認めるに値する状態」が必要であると解して、「工事施行という一時的な事実行為目的による土地使用」はこれには当たらないと判断するもの（前掲東京高決平11・7・23）、商法521条において被担保債権者に求められる占有とは「自己のためにする意思をもって目的物がその事実的支配に属すると認められる客観的状態にあることを要する」と解して、建物建築請負業者は「地上建物の注文者である債務者兼所有者の占有補助者の地位を有するにすぎず、債務者兼所有者の占有と独立した占有者とみることはできない」と判断するもの（東京高決平22・9・9判タ1338・266）などがある。もっとも、文言上、521条の「占有」の意義をこのように「独立の占有」に限定して理解することはやや不自然であるかもしれない。

　以上に対して、次に示すように、商人間留置権の成立は認めつつ、抵当権者らとの関係を対抗関係と理解して、抵当権設定登記時と請負人の占有開始時点もしくは商人間留置権の成立時点とを比較してその先後で優劣を決すると解する見解もある。現時点では、この見解が妥当であろう。例えば、「抵当権設定登記後に成立した不動産に対する商事留置権については、民事執行法59条4項の『使用及び収益をしない旨の定めのない質権』と同様に扱い、同条2項の『対抗することができない不動産に係る権利の取得』にあたるものとして、抵当権者に対抗できないと解するのが相当である。」（大阪高決平23・6・7金法1931・93）というものがある。

うべき義務を負うと規定するが、商法595条は、商人がその営業の範囲内において寄託を受けた場合には、たとえ無報酬であっても、寄託物の保管につき善管注意義務を負うと規定し、商人の責任を加重している。これは、商人の信用を高める趣旨の規定であると解される。

4　約款規制

　従来、普通取引約款の問題として議論されてきたのは、企業ないし企業団体が優位な交渉力を梃子にして自らに有利な規定をあらかじめ盛り込んでおく、あるいは自己に有利になるように一方的に約款条項を変更するということに対して、約款取引の相手方（以下、利用者と記す）としてはどのような対抗手段を採り得るか、ということであった。とりわけ、利用者側に過大な違約金を課すことを定める違約罰条項、利用者の側に発生した損害に対する企業の責任を減免することを定める免責約款、想定外の商品の購入を義務付ける抱き合わせ販売条項、紛争が生じた場合の裁判管轄を企業の本店所在地と定めておく裁判管轄条項、企業側に偏向していると思われる仲裁人による仲裁手続を義務付ける仲裁条項、企業側に有利な条件での任意解約条項、などが問題として取り上げられてきた。

　そして、約款規制の方法としては、行政的規制、司法的規制、立法的規制の3つがあると理解されてきた。

　(1)　**行政的規制**　　行政的規制とは、当該約款を利用する企業を監督する行政官庁において、約款の内容の妥当性を事前にチェックしようというものである。例えば、保険会社が保険事業の免許を申請する場合には、普通保険約款を添付書類として内閣総理大臣に提出して審査を受けなければならず（保険業4条2項3号）、約款を変更する場合にも内閣総理大臣の認可が必要とされる（保険業123条1項）。その他、多くの運送約款は国土交通大臣の認可を要するとされ（貨物自動車運送事業10条、道路運送11条、海上運送9条・23条、港湾運送事業11条、航空106条、貨物利用運送事業8条・26条など）、倉庫寄託約款については倉庫業法8条がこれを届出制とする等、行政的規制は広範に用いられている。

　(2)　**司法的規制**　　司法的規制とは、具体的に約款の特定の条項に関して争いが生じた場合に、裁判所が解釈を通じて不当と思われる約款条項の効力を否

定したり、制限したりすること（無効や一部無効と解すること）をいう。とりわけ、約款作成者が圧倒的に優越した交渉力を有することから、「疑わしきは約款作成者に不利に」という基本的解釈原則が認められている。具体的には、公序良俗（民90条）、信義則（民1条2項）、権利濫用（民1条3項）などの一般条項が広く用いられてきた。しかし、司法的規制はあくまで個別的・事後的である点で、約款の規制手法としては限界があると言わざるを得ず、より包括的かつ実効的な約款規制法の立法化が望まれてきた。

(3) **立法的規制**　平成29年民法改正により、民法548条の2から548条の4まで、一般的な約款に対する法的規律が整備された。

（i）　合意擬制　民法は、ある特定の者が不特定多数の者を相手方として行う取引であって、その内容の全部または一部が画一的であることが双方にとって合理的なものを「定型取引」と規定し、「定型取引」において契約の内容とすることを目的として当該特定の者（定型約款準備者）によって準備された条項の総体を「定型約款」と規定する（民548条の2第1項）。そして、定型取引合意をした者が、定型約款を契約の内容とする旨の合意（現実の合意）をしたとき（民548条の2第1項1号）、または定型約款準備者があらかじめこれを契約の内容とすることを相手方に表示していたとき（民548条の2第1項2号）には当該定型約款の個別の条項についても合意が擬制される。

（ii）　不当条項の不同意擬制　当該定型約款の個別の条項について合意が擬制される場合であっても、いわゆる不当条項（相手方の権利を制限し、または相手方の義務を加重する条項であって、その定型取引の態様およびその実情ならびに取引上の社会通念に照らして信義則に反し相手方の利益を一方的に害すると認められるもの）については、不同意（合意しなかったこと）が擬制される（民548条の2第2項）。

（iii）　表示請求　定型取引合意の前またはその後相当期間内に相手方から請求があった場合には、既に定型約款を記載した書面もしくは電磁的記録を相手方に提供していた場合を除き、定型約款準備者は、遅滞なく、相当な方法で定型約款の内容を相手方に示さなければならない（民548条の3第1項）。相手方から定型取引合意の前に表示請求がなされていたにもかかわらず、これを「拒んだ」（適切に対応しなかったことも含む）ときには、そのことにつき「正当な事

コラム9-4　民法における定型約款ルールと消費者法との関係

　定型約款に係る民法上の規律については、例えば「少しでも契約内容を顧客が正しく認識でき、契約を締結するか否かについての選択に資する情報提供の充実を図ろうとしてきた消費者法の展開に明らかに逆行している」（河上正二「民法改正法案の『定型約款』規定と消費者保護」法教441号31頁）というように、学説には、批判的な意見が強い。もっとも、立法担当者らは、消費者保護などの政策課題は、依然として消費者契約法などに委ねられていると理解していたようであり（「債権法改正に関する中間試案の補足説明」377頁参照）、民法における定型約款の立法趣旨については、必ずしも消費者法と同じであると解すべきものでもない。

　例えば、定型取引が消費者契約法における消費者契約に該当する場合であって、当該定型約款中に「不当条項」が含まれていると考えられるときには、民法548条の2第2項に基づく不同意擬制の主張と、消費者契約法10条に基づく無効主張を選択的に行使できると解される。消費者契約法10条は、「法令中の公の秩序に関しない規定の適用による場合に比して消費者の権利を制限または消費者の義務を加重する消費者契約の条項」であって、信義則に違反して「消費者の利益を一方的に害するもの」を無効と規定する。この点、民法548条の2第2項の「相手方の権利を制限し、または相手方の義務を加重する条項であって、その定型取引の態様及びその実情並びに取引上の社会通念に照らして信義則に反し相手方の利益を一方的に害すると認められるもの」という規定ぶりと比べると、確かに「信義則に反して消費者もしくは相手方の利益を一方的に害する」という要素が共通しているため、適用範囲に違いが生ずるかどうかの整理が必要であるように思える。この点、「民法（債権関係）の改正に関する要綱案の原案（その2）補充説明」〈民法（債権関係）部会資料86-2〉によれば、民法548条の2第2項においては、当該定型取引の「態様」、「実情」、「取引上の社会通念」を考慮することとされている点において、「消費者と事業者との間の格差に鑑みて不当な条項を規制しようとする消費者契約法第10条とは、趣旨を異にすることが明らかになっている」と説明される。

由」（一時的な通信障害の発生等）が認められる場合を除いて、民法548条の2第1項の合意擬制は適用されないことになる（民548条の3第2項）。

　(iv)　定型約款の変更　　定型約款を事後的に変更する際に、定型約款準備者たる事業者の簡易迅速の便を図りつつ、相手方に当該変更の効力を争う際の枠組みを明瞭にすることでその保護を図るべく、民法548条の4第1項は、変更

後の定型約款条項の合意擬制を認めるための要件を規定する。

　実体要件として挙げられているのは、当該定型約款の変更が、①相手方の一般の利益に適合すること（民548条の4第1項1号）、または、②契約の目的に反せず、変更に係る事情に照らして合理的なものであること（民548条の4第1項2号）の2つである。

　手続要件として、定型約款準備者は、①定型約款変更に係る効力発生日を定めるとともに、②定型約款を変更する旨、変更後の定型約款の内容、および効力発生日を、インターネットその他適切な方法で周知を図らなければならない（民548条の4第2項）。②の周知行為は、効力発生日までに行われなければ、当該定型約款の変更の効力が生じないこととされる（民548条の4第3項）。

　なお、不当条項規制（民548条の2第2項）は、民法548条の4第1項に定める要件を満たした定型約款の変更には適用されない（民548条の4第4項）。というのは、定型約款の一方的変更は積極的な合理性が認められなければその効力が認められないところ、不当条項であると認定されるためには著しく不合理であって「信義則に反して相手方の利益を一方的に害する」ものであることが必要とされるため、前者の認定には、後者の認定がなされない（つまり不当条項ではない）ことが当然に含まれると考えられるからである。

10章 商 事 売 買

I 商人間売買の規律

524条から528条までは、商人間の売買であることを前提として、商取引の簡易迅速の要請にこたえるべく、売主の権利を強化する形で民法の規律を修正するものである。この点、商人間取引においては売主・買主のいずれの立場に立つかは本来相対的・互換的であるから、常に買主であることが予想される消費者法のように、社会的不公正がこれにより生じるおそれはないというべきである。

1 目的物の供託・競売

524条1項は、商人間の売買において、買主がその目的物の受領を拒み、またはこれを受領することができないとき、売主は、その物を供託することができるほか、相当の期間の催告をもって競売に付することができること（自助売却権）、損傷その他の事由により価格の低落のおそれがある場合には即時に競売に付すことができること（524条2項）を定める。そして、競売代金は供託しなければならないが、その全部または一部を代金に充当することができる（524条3項）。なお、売買目的物を供託しもしくは競売に付した場合には、売主は買主に遅滞なくその旨を通知しなければならない（524条1項）。

民法においては、買主による目的物の受領拒絶に対する売主の対抗策は供託が原則であり（民494条）、当該目的物が供託に適しない等一定の事由が認められる場合に限り、裁判所の許可を得て、当該目的物を競売に付すことができるにすぎず（民497条）、また競売代金は供託され、自己の代金債権に充当するこ

とは認められていない。このように、商法は、売主の選択による自助売却権を認める点で民法の特則を構成するものであり、これにより売主は、債務不履行に陥ることなく、迅速な商品の換価を期待することができるのである。もっとも売主が524条の規定によることなく、買主の受領遅滞に基づき契約を解除して、目的物の価値下落分につき買主に損害賠償請求することも可能であると解される。

なお、平成29年民法改正によって、民法494条1項1号に「弁済の提供をした場合において」という文言が挿入され、供託に先立って弁済の提供をなすことが必要である旨が明らかにされた。これに対して、商法524条1項にはそのような制約はないため、商人たる売主による供託または自助売却について弁済の提供（履行の提供）は必要ないと解することが自然であろう（この点、民法改正により、商法524条の解釈においても履行の提供を要すると解すべきであると考える見解として、青竹正一『商法総則・商行為法』（信山社、2019年）207頁）。もっとも、民法494条1項1号における弁済の提供についても、「口頭の提供をしても債権者が受け取らないことが明らかな場合には、弁済の提供をしなくとも供託することができるとする現在の判例（大判大11・10・25民集1・616）および供託実務は、維持される」と説明されている（筒井健夫・村松秀樹『一問一答 民法（債権関係）改正』（商事法務、2018年）193頁）。

2　確定期売買の解除

525条によれば、商人間売買において、売買の性質上もしくは当事者の意思表示により、特定の日時または一定の期間内に履行しなければ契約の目的を達成することができない場合（定期売買。確定期売買とも言う）に、一方当事者が履行しないまま当該時期を経過したときは、相手方当事者が直ちに履行の請求をするのでない限り、当該契約は当然解除されたものとみなされる。

確定期売買については、民法542条1項4号が、商法525条と同様の事態を想定し、債権者は催告をすることなく直ちに契約を解除できる旨を定めている。双方を比べると、民法の規律によればなお解除の意思表示を要するのに対して、商法ではそれさえ不要とされる。すなわち、民法の規律による限り、確定期売買における売主が目的物の履行を徒過した場合、債権者たる買主・商人が

当該契約を即時解除するかどうかの選択権を保持することになる。そして、も
はや当初の意義を失った物ではあっても、当該目的物の市場価格いかんによっ
ては、なおこれを転売して利益を得る機会もあるため、商人たる買主は当該契
約を解除するかどうかの判断を投機的に決定し得ることになり、反面、売主は
解除の意思表示がなされるまで、当該目的物を履行できるように準備しなけれ
ばならないというコスト負担を余儀なくされる。そこで、525条は、このよう
な事態を回避し、売主を速やかに契約的拘束から解放させようとしたのだと解
されている。

3　目的物の検査・通知義務

(1)　**売主の契約不適合に係る責任に関する民法の規律**　　売買の目的物が「種類、
品質、数量」に関して契約の内容に適合しない場合には、買主は、自らに帰責
事由がない限り（民562条2項・563条3項）、売主に対して履行の追完（目的物の修
補、代替物の引渡し、不足分数量の引渡し）を請求することができ（民562条1項）、
相当期間の催告をもってしても当該履行の追完がなされないとき、あるいは一
定の事由の場合は直ちに（民563条2項）、代金の減額を請求することができる
（民563条1項）。いずれの場合にも、買主が売主に対して債務不履行による損害
賠償請求（民415条）または契約の解除（民541条・542条）をなすことについて、
それぞれの要件を満たす限り、権利行使を妨げられることはない（民564条）。

　このような一般的ルールに対して、特に目的物の契約不適合が「種類または
品質」について認められる場合には、それについて売主に悪意・重過失がない
限り、買主は、当該不適合を「知った時から」1年以内に売主に通知しなけれ
ば、履行の追完請求、代金減額請求、債務不履行による損害賠償請求または契
約の解除をすることができないとされる（民566条）。改正前民法566条3項にお
ける1年以内の契約の解除又は損害賠償の請求については除斥期間と解するの
が判例の立場であった（最判平4・10・20民集46・7・1129〔百選42、商判Ⅱ－6〕）
が、民566条は1年以内に契約不適合を通知することを権利保全のための要件
としている。これは、売買目的物の物理的な欠陥について長期にわたる責任の
追及に耐えなければならない売主の負担を軽減しようとするものである。それ
ゆえ、売買目的物の「数量」について契約不適合がある場合には、売主におい

て比較的容易にこれを発見し、対応することができるため、買主の権利行使に
このような期間制限は課されていない。なお、買主は当該目的物の検査義務は
負わないので、場合によっては、目的物の引渡しを受けてから相当期間を経
てようやく当該事実を知り、そこから1年以内に売主に通知することで権利
を保全することもできるわけである。もっとも、判例によれば、民法上の瑕
疵担保責任に基づく損害賠償請求権（改前民570条・566条）は、買主が目的物の
引渡しを受けたときから10年の消滅時効（改前民167条1項）にかかると解され
ており（最判平13・11・27民集55・6・1311）、この判断は改正民法166条1項2
号によって改正民法566条の下でもなお維持されていると解するのが妥当であ
る。

(2) **商法の規律**　このように民法566条の規律では、売主は、最長10年間も
買主による責任追及の可能性に甘んじなければならないことになるが、このよ
うなルールは迅速性を旨とする商人間の取引においてはいかにも都合が悪い。
そこで、商法526条は、同条で保全されるべき買主の権利は上記民法562条、
563条、564条によって認められる売主の責任であることを前提に、商人間の売
買において、買主が目的物を「受領した」ときは当該目的物を遅滞なく検査す
るべき義務を課し（526条1項）、その結果、当該目的物の種類、品質、数量に
関して契約に適合しないことを発見したときは、直ちに売主に通知しなければ
ならないこととした（526条2項第1文）。当該契約不適合（種類又は品質に関す
る）が直ちに発見できない場合であっても、買主が6ヵ月以内に当該契約不適
合を発見したときには遅滞なくその旨を売主に通知しなければならない（526
条2項第2文）。そして、買主がこの検査・通知義務を怠った場合には、当該不
適合を理由とする売主の責任に係る権利（履行の追完請求、代金減額請求、損害賠
償請求、契約の解除）を保全することができないこととしたのである（526条2項
第1文）。もっとも、目的物の契約不適合につき売主が悪意である場合には、
その要保護性に欠けるため、以上の規律は適用されない（526条3項）。この
点、民法566条1項但書が売主の「悪意・重過失」を買主の通知義務を解除す
る要件としていることから、526条3項の「悪意」も売主の重過失を含めて解
すべきか問題となり得るが、商法526条も平成29年民法改正と同時に民法の責
任規定と平仄を合わせるものとして改正された経緯からすると、526条3項の

場合は文字通り「悪意」に限られる（その分、売主保護が厚い）と解するのが自然であろう。

　526条1項における「受領」の意義については、現実に目的物を受け取って検査しうる状態におくことを必要とし、また経済的な意味での検査可能性という観点から判断される。よって、たとえ買主が商品の引渡しを受けても、例えばそれが小売販売等のためにビニール包装等の施された商品である場合、引渡しを受けてすぐ当該包装を破って商品を検査することは経済実質上不可能であるから、この時点ではいまだ「受領した」とは言えないと解すべきである（大阪地判昭61・12・24民集46・7・1135参照）。

　526条2項第2文が定める6ヵ月間を徒過してから当該目的物の種類または品質につき契約不適合が発見された場合には、もはや買主は権利を行使することはできないと解すべきである（最判昭47・1・25判時662・85〔百選41〕参照。同判決は、「その瑕疵が直ちに発見しえないものであるときでも、受領後6ヵ月内にその瑕疵を発見して直ちにその旨の通知を発しなければ」その瑕疵によって契約の解除または損害の賠償を請求することはできないと判示した）。商人間売買において、契約不適合が、目的物の種類、品質に関するものであっても、6ヵ月あれば通常それを発見することはできるだろうし、商人間取引の迅速性を確保しようとする同条の趣旨からはそのように解しても買主に特に不都合を強いることにもならないと解すべきだからである。

4　買主による目的物の保管・供託

　商人間売買において、526条1項に基づき買主が行った目的物の検査によって発見された契約不適合を売主に通知した後、当該契約を解除（民564条）した場合、買主は当該目的物を売主の費用によって保管し、または供託すべき義務を負う（527条1項本文）。当該目的物が滅失・損傷のおそれがあるときは、買主は裁判所（当該目的物の所在地を管轄する地方裁判所・同条2項）の許可を得てこれを競売に付し、その代価について保管または供託の義務を負う（同条1項但書）。そして、競売に付した場合には、遅滞なく、売主にその旨を通知しなければならない（527条3項）。

　同条の趣旨は、商人間売買における売主からすれば、売買契約を解除され

たからといって当該目的物を返還してもらうよりは、買主に保管・供託してもらい、直ちにそれを転売その他処分することができたり、あるいは競売により当該目的物の減価を防止してもらったほうが合理的であるという判断による。それゆえ、買主の営業所もしくは住所が売主のそれと同一市町村内にある場合には、買主は同条による保管・供託義務を負わない（527条4項）。この場合には、当該目的物を買主から売主に引き渡してもらっても、取引の迅速を阻害し、売主に不利益が及ぶ蓋然性が大きくないと思われるからである。

　なお、527条は、526条の規律を前提とする規定であることから、売主が目的物の契約不適合につき悪意である場合には適用されない。そのような売主の利益を考慮する必要がないからである。

　以上は、526条により契約が解除された場合の規律であるが、それ以外の場合にも、買主が占有する目的物を売主に返還すべき状況が生じることがあり、その場合にも527条と同様の趣旨は妥当する。そのような場合として、528条は、品違い商品が引き渡された場合の当該商品や、数量オーバーの商品が引き渡された場合の超過分についても527条を準用し、買主に保管・供託義務を課している。

2　消費者法

1　特定商取引法

　(1)　**立法趣旨**　　同法は、「訪問販売法」として昭和51（1976）年に制定され、平成12（2000）年の大改正を経て、今日の名称である「特定商取引法（特定商取引に関する法律）」（以下、特商法）に変更された。その趣旨は、訪問販売、通信販売、電話勧誘販売、連鎖販売取引、特定継続的役務提供、業務提供誘因販売取引、訪問購入、ネガティブオプションという特定の販売形態が採られる場合、事業者により強引もしくは詐欺的な販売・購入の勧誘が行われることが多く、それにより困惑もしくは誤導された消費者が契約内容について十分に理解しないまま当該契約を締結してしまうというトラブルをしばしば抱え込んでしまうことから、事業者に対しては、それぞれの取引類型の特徴に応じて、氏

名・名称・勧誘目的等の明示義務や書面交付義務、勧誘受諾意見確認義務、拒否者への勧誘禁止、不実表示や不当勧誘行為の禁止、誇大広告禁止、不招請勧誘禁止、迷惑メール規制など行政的規制を課し、消費者には民事的救済方法としてクーリングオフや法定返品権、中途解約権、過量販売解除権、不実表示による意思表示の取消権などを与え、加えて事業者の請求できる損害賠償額を制限することによって、消費者取引の公正を図ろうとする点にある。

以下の記述は、令和3年改正を前提とする。

(2)　規制類型と規制の概要

（i）訪問販売　　訪問販売とは、商品、役務、または特定権利について、販売者または役務提供事業者が、営業所、代理店等以外の場所において、売買・役務提供契約の申込みを受けもしくは契約を締結する場合（特商2条1項1号）、または営業所等以外の場所で特定顧客を誘引してから営業所等で売買・役務提供契約の申込みを受け、もしくは契約を締結する場合（同項2号）のいずれかである取引類型を指す。

特定権利については、特商法2条4項がこれを定めている。すなわち、施設利用権もしくはサービス（役務）の提供を受ける権利（特商法施行令3条・別表一）（特商2条4項1号）、社債その他の金銭債権（特商2条4項2号）、株式その他会社や社団法人の社員権・持分権など（特商2条4項3号）である。なお同2・3号については、金融商品取引法上の有価証券とされるものがあり、その場合、同法と規制対象が重なる部分が出てくる（金商2条1項・2項参照）。

規制の概要としては、氏名・名称・勧誘目的等の明示義務（特商3条）、拒否者への勧誘の禁止（特商3条の2第2項）、書面の交付義務（特商4条・5条）、不当勧誘行為の禁止（特商6条）、クーリングオフ（特商9条）、過量販売解除権（特商9条の2。なお、同条3項によりクーリングオフの規定が準用される）、事業者による不実表示に基づく申込みまたは承諾の取消し（特商9条の3。なお、同条4項が規定する同取消権の短期消滅時効は追認できる時点から1年間、契約締結時から5年となる）、損害賠償額の制限（特商10条）などが挙げられる。

なお、令和3年改正によって、特商法上、事業者が書面の交付義務を負う場合、当該書面を受領すべき者の承諾があれば、当該書面に代えて、電磁的方法

（電子メールの送信等）でこれを行うことが可能とされた（特商4条2項・3項・5条3項・13条2項・18条2項・3項・19条3項・20条2項・37条3項・4項・42条4項・5項・55条3項・4項・58条の7第2項・3項・58条の8第3項。ただし「承諾」があったものとされるには厳格な要件を満たすことが必要とされる）。また、これに応じて、消費者保護を徹底する趣旨から、クーリングオフについても、書面の発送に代えて、電磁的記録（電子メールやUSBメモリなど）の送付によって行うことが可能となり、当該電磁的記録による通知を発したときに効力が生じるものとされる（特商9条1項・2項・24条1項・2項・40条1項・2項・48条1項・2項・3項・58条1項・2項・58条の14第1項・2項）。

　(ⅱ)　通信販売　　通信販売とは、商品、役務、特定権利について、販売者または役務提供事業者が、郵便等による申込みを受けて行う売買・役務の提供であって、電話勧誘販売に該当しない取引類型を指す（特商2項2項）。いわゆるカタログ・ショッピングやインターネット通販が代表的な取引例である。

　規制の概要としては、広告に記載すべき事項に関する規制（特商11条）、誇大広告の禁止（特商12条）、迷惑メール・FAX広告規制（特商12条の3・12条の4・12条の5）、前払式通信販売の諾否に係る書面の通知義務（特商13条）、法定返品権（特商15条の3。ただし、広告において別段の特約を表示していた場合は適用が排除される）などが挙げられる。また、令和3年改正によって、特商法12条の6が新設され、販売業者または役務提供事業者が、顧客が行う通信販売に係る売買契約または役務提供契約の申込み（特定申込み）を受ける場合には、当該申込みに係る書面や、手続きが表示される映像面等に、販売または提供する商品、特定権利または役務の分量（同条1項1号）、および特商法11条1号から5号に規定する事項（特商法12条の6第1項2号）について表示しなければならないこととされた。その際、当該書面の送付または当該情報の送信が申込みとなること、および特商法12条の6第1項各号に掲げる事項につき、人を誤認させるような表示が禁止される（同条2項）。これはインターネット通販等による詐欺的な表示を用いた定期購入契約につき、近年消費者トラブルが急増していることを受けて制定されたものである。

　特商法13条の2（新設）は、売買契約または役務提供契約の申し込みの撤回又は解除を妨げるために、特商15条の3（法定返品権）を含む当該撤回又は解

除に関する事項又は顧客が当該契約の締結を必要とする事情に関する事項につき、不実のことを告げることを禁止する。

通信販売による取引においては、訪問販売や電話勧誘販売と比べると、契約条件の吟味や契約締結の当否に係る判断において熟慮の機会が保証されていると言えるから、クーリングオフなどの救済は認められていない。もっとも、特商法15条の4（新設）により、販売業者または役務提供事業者が同法12条の6第1項に違反する不実表示等を行い、また同条2項に規定する人を誤認させる表示を行った場合、それによって申込みをした者が、これらのことについて誤認したことにより当該特定申込みの意思表示をしたときは、当該意思表示を取り消すことができる（これには特商法9条の3第2項から5項が準用される）。

(iii)　電話勧誘販売　　電話勧誘販売とは、商品、役務、特定権利について、販売者または役務提供事業者が電話をかけ、または相手方（電話勧誘顧客）に電話をかけさせて、売買・役務提供契約の締結を勧誘し、その後顧客から郵便等によって申込みを受け、もしくは契約を締結する取引類型を指す（特商2条3項）。

規制の概要としては、氏名・名称・勧誘目的等の明示義務（特商16条）、拒否者への勧誘の禁止（特商17条）、書面の交付義務（特商18条・19条）、前払式電話勧誘販売の諾否に係る書面の通知義務（特商20条）、不当勧誘行為の禁止（特商21条）、クーリングオフ（特商24条）、過量販売解除権（特商24条の2）、事業者による不実表示に基づく申込みまたは承諾の取消し（特商24条の3。なお、同条2項は、同9条の3第2項から5項までを準用している）、損害賠償額の制限（特商25条）などが挙げられる。

なお、以上(i)から(iii)の3つの取引類型については、包括的な適用除外規定（特商26条）が置かれていることに留意されたい。

(iv)　連鎖販売取引　　連鎖販売取引とは、いわゆるマルチ商法に代表される取引形態で、販売員組織を拡大することで利益が得られることを謳い文句にして商品を販売しようとするシステムであり、特商法33条1項の定義によれば、物品（施設を利用し、または役務の提供を受ける権利を含む）の販売もしくは有償の役務提供契約またはそのあっせんを行う事業者が、当該物品の再販売（買取形態）・受託販売（委託形態）を行う者または同種役務を提供する者（もしくはこ

れらのあっせんを行う者）を、特定利益が得られることをもって誘引し、これら
の者と特定負担を伴う当該取引を行うことである。特定利益とは、自分より下
位の者が提供する取引料等から受けるべき自己の取り分を指し、特定負担と
は、当該商品の購入や役務の対価の支払いまたは取引料の提供をいう（特商33
条1項）。この点、形式いかんにかかわらず、当該取引が実質的に物品販売や
役務提供契約を伴わず、単なる金銭配当の組織とみなされれば、無限連鎖講
（ねずみ講）に該当し、無限連鎖講防止法により刑事責任が課せられる。取引条
件を変更する行為も取引に当てはまる。

　規制の概要としては、氏名・名称・勧誘目的等の明示義務（特商33条の2）、
不当勧誘行為の禁止（特商34条）、広告に記載すべき事項に関する規制（特商35
条）、誇大広告の禁止（特商36条）、迷惑メール規制（特商36条の3・36条の4）、
書面の交付義務（特商37条）、クーリングオフ（特商40条）、将来に向けた中途解
約権（特商40条の2第1項）と加入1年以内の場合の商品購入契約の解除権（特
商40条の2第2項）、損害賠償額の制限（特商40条の2第3・4項）、事業者による
不実表示に基づく申込みまたは承諾の取消し（特商40条の3。なお、特商40条の
3第2項は、特商9条の3第2項から5項までを準用している）などが挙げられる。

　(ⅴ)　特定継続的役務提供　　この類型は、いわゆるエステサロンや、英会話
他語学学校、家庭教師等、学習塾、パソコン教室、結婚相手紹介サービスのよ
うな、サービス（役務）の提供に1ヵ月以上の期間を要するような契約関係に
ついて、当初に高額の入会金等を支払いながら、当該サービスが不適合である
ことが途中で分かったり、事業者が倒産したような場合に、中途解約ができな
かったり、返金が制限されたりすることで多発したトラブルに対処しようとす
るものである。特定継続的役務提供の定義は、上記のようなサービス（特商法
施行令12条・別表四）を提供するものであって、一定以上の契約期間（契約の種
類に応じて1ヵ月もしくは2ヵ月）と一定額以上の金銭の支払い（一律5万円を超
える）（特商法施行令11条1項・2項・別表四）を内容とする役務提供契約（特定継
続的役務提供契約）および当該役務を受けることのできる権利の販売（特定権利
販売契約）とされる（特商41条1項）。

　規制の概要としては、書面の交付義務（特商42条）、誇大広告の禁止（特商43
条）、不当勧誘行為の禁止（特商44条）、前払取引を行う際の業務財産状況に係

る開示書類の備付け・閲覧等（特商45条）、クーリングオフ（特商48条。なお、特商48条2項は関連商品購入契約のクーリングオフを規定する）、将来に向けた中途解約権（特商49条1項〔継続的役務提供契約〕・3項〔特定権利販売契約〕）と関連商品購入契約の解除権（特商49条5項）、損害賠償額の制限（特商49条2項〔継続的役務提供契約〕・4項〔特定権利販売契約〕・6項〔関連商品購入契約〕）、事業者による不実表示に基づく申込みまたは承諾の取消し（特商49条の2。なお、同条2項は特商9条の3第2項から5項までを、特商49条の2第3項は特商49条5項から7項までを準用している）などが挙げられる。なお、特商法50条は、特定継続的役務提供について適用除外を規定する。

　(vi)　業務提供誘因販売取引　　業務提供誘因販売取引とは、いわゆる内職商法、モニター商法などのように、消費者が一定の仕事に従事することに対して対価を支払う（業務提供利益）ことを謳い文句に、事業者が、仕事に必要な物品や役務を当該者に販売・提供もしくはあっせんする取引をいう。特商法51条1項によれば、物品（施設を利用し、または役務の提供を受ける権利を含む。特商法33条1項参照）の販売もしくは有償での役務の提供またはそのあっせんを行う事業者が、業務提供利益が得られることをもって相手方を誘引してなされる、当該物品・役務の販売・提供またはそのあっせんに係る取引（対価の支払いまたは取引料の提供〔特定負担〕を伴う）をいう。取引条件を変更する行為も取引に当てはまる。

　規制の概要としては、氏名・名称・勧誘目的等の明示義務（特商51条の2）、不当勧誘行為の禁止（特商52条）、広告に記載すべき事項に関する規制（特商53条）、誇大広告の禁止（特商54条）、迷惑メール規制（特商54条の3・54条の4）、書面の交付義務（特商55条）、クーリングオフ（特商58条）、事業者による不実表示に基づく申込みまたは承諾の取消し（特商58条の2。なお、同条2項は、特商9条の3第2項から5項までを準用している）、損害賠償額の制限（特商58条の3）などが挙げられる。

　(vii)　訪問購入　　訪問購入とは、いわゆる「押し買い」といわれる取引類型で、特商法58条の4によると、物品購入業者が、営業所等以外の場所で、売買契約の申込みを受け、または売買契約を締結して行う「物品」の購入をいう。ただし、相手方の利益を損うおそれがないと認められるものまたは流通が著し

く害されるおそれがあると認められるもので政令（特商法施行令16条の2）が指定する物が除外される（四輪自動車、家電製品、家具、書籍、有価証券、レコードやCDなど）。

　規制の概要としては、氏名・名称・勧誘目的等の明示義務（特商58条の5）、不招請勧誘の禁止・勧誘受諾意思確認義務・拒否者への勧誘禁止（特商58条の6第1項・2項・3項）、書面の交付義務（特商58条の7、8）、物品の引渡しを拒絶できる旨の告知義務（特商58条の9）、不当勧誘行為の禁止（特商58条の10）、当該物品を第三者に引き渡す際の相手方への通知義務（特商58条の11）、当該物品を第三者に引き渡す際に解除［クーリングオフ］（もしくはその可能性）を第三者に通知する義務（特商58条の11の2）、クーリングオフ（特商同58条の14第1項。ただし善意・無過失の第三者には対抗できない（同条第3項））、クーリングオフ期間内の物品の引渡しの拒絶（特商58条の15）、損害賠償額の制限（特商58条の16）などが挙げられる。なお、特商法58条の17は訪問購入について適用除外を規定する。

　(ⅷ)　ネガティブオプション　　販売業者が契約の申込みを受けた者および売買契約の購入者（以上、申込者等という）以外の者に突然商品を送り付けてその売買の申込みを行い、または申込者等に対して当該売買契約に係る商品とは別の商品を送り付けてその売買の申込みを行う場合、販売業者はもはや当該商品の返還を請求することができなくなる（特商59条1項。令和3年改正）。その反射的効果として、商品の送付を受けた者は、当該商品を使用、収益、処分することができ、販売業者はこれに対して損害賠償や不当利得の返還を請求できないと解される。ただし、当該商品の送付によって申込みがされる売買契約が、商品の送付を受けた者（自営業者など）にとって営業として又は営業のために締結することとなる場合は、同項は適用されない（特商59条2項・令和3年改正。商法510条が問題となる）。さらに販売業者が売買契約の成立を偽って商品を送り付けた場合にも、当該商品の返還を請求できない（特商59条の2・令和3年新設）。

　(3)　**主務大臣による監督規制**　　すべての特定商取引の類型において、主務大臣による強力な行政上の監督権限が規定されている。まず、主務大臣は、当該対象事業者について特商法が定める特定の規制違反（不実表示や誇大広告など）

の疑いがある時は、そのための合理的根拠を示す資料の徴求を行うことができ、当該事業者が当該資料を提出しないときは、当該規制違反があったものとみなすことができる（特商6条の2・12条の2・21条の2・34条の2・36条の2・43条の2・44条の2・52条の2・54条の2）。また、主務大臣は、取引の公正および消費者の利益を害するおそれがある場合には当該事業者に対して必要な措置をとるべきことを指示することができる（特商7条・14条・22条・38条・46条・56条・58条の12）。さらには取引の公正および消費者の利益が著しく害されるおそれがあるとき、または事業者が主務大臣の指示に従わないときには、主務大臣は、2年以内の期間を限り、当該事業者の全部または一部の業務の停止を命令することができ（特商8条・15条・23条・39条・47条・57条・58条の13）、また当該業務停止命令の実効性を確保するために、当該事業者の役員・使用人等に対して業務の禁止を命令することができる（特商8条の2・15条の2・23条の2・39条の2・47条の2・57条の2・58条の13の2）。

　(4)　**消費者団体訴訟**　　消費者契約法2条4項に規定する適格消費者団体は、特商法における各取引類型に応じて、一定の場合に差止請求が認められている（消費者団体訴訟）（特商58条の18ないし24）。また、適格消費者団体がこれらの差止請求権を適切に行使するのに必要な限度において、消費者安全法上の消費生活協力団体及び消費生活協力員は、特商法58条の18から58条の24に規定する差止等原因事実に係る情報を適格消費者団体に提供することができる（特商法58条の26・新設）。なお、特商法58条の25は、各取引類型における適用除外規定を、適格消費者団体による差止訴訟に準用する規定である。

2　割賦販売法

　(1)　**立法趣旨**　　商品を購入したとき、代金を後払いとする契約方式は、広い意味でクレジット契約（販売信用）と呼ばれるが、そのうち販売業者自身が後払いを認める自社方式（割賦販売など）と、他のクレジット（与信）業者が信用を供与する第三者方式（信用購入あっせんなど）に分けることができる。クレジット契約の多くを占める信用購入あっせんにおいては、販売業者とクレジット業者（加盟店・立て替え払い契約）、販売業者と取引相手方（信用購入あっせん関係販売・役務提供契約）、取引相手方とクレジット業者（信用購入あっせん関係受領

契約）という三面の契約関係が存在する。

　クレジット契約は、消費者の購買意欲を刺激し、国民経済を活性化する効用がある反面、複雑な支払い方法や契約条項をよく理解しないまま利用することで消費者が思わぬ不利益を被ることがあり得ること、とりわけ信用購入あっせんにおいては、販売業者は販売代金の回収についてクレジット業者の支払いが担保されているためモラルハザードに陥りやすく、これを利用する消費者に対して不当勧誘行為や過剰な与信を行うことで消費者被害を生み出しやすいこと、などの負の側面にも十分対応する必要がある。割賦販売法（以下、割販法）は、このような趣旨に基づき昭和36（1961）年に制定され、以後、幾度も改正を経て、今日に至っている。

(2)　規制行為類型

　（i）　割賦販売　　割賦販売事業者（役務提供事業者を含む）が購入者（役務の提供を受ける者を含む）から対価を2ヵ月以上の期間にわたり、かつ3回以上に分割して受領することを条件とする、指定商品・指定権利・指定役務（指定商品等）の販売および提供（販売等）であり、割賦販売事業者が指定する銀行等に2ヵ月以上の期間に3回以上預金させ、当該預金残高から対価を受領する場合も含まれる（割賦2条1項1号）。

　割賦販売事業者がカード等を利用者に交付しておき、そのカード等を利用して複数の商品・権利・役務の割賦購入が行われた場合、その代金の合計額を基礎としてあらかじめ定められた方法により算定される金額をあらかじめ定められた時期ごとに支払わせる条件で指定商品等を販売等する場合（リボルビング方式）もこれに含まれる（割賦2条1項2号）。

　指定商品、指定権利、指定役務とは、割販法2条5項に従い、政令の指定を受けたものをいう（割賦販売法施行令1条・別表第一、第一の二、第一の三、第二）。なお、割賦販売の特殊な形態として、前払式割賦販売（指定商品を引き渡すに先立って、購入者から2回以上にわたりその代金の全部または一部を受領する形態）があるが、これを業として行うためには、経済産業大臣の許可を要する（割賦11条）。

　（ii）　ローン提携販売　　購入者（役務の提供を受ける者を含む）が、カード等を提示もしくは通知して（またはこれと引き換えに）購入しもしくは受けた指定商品等の対価の支払いのために、販売業者（役務提供事業者を含む）と提携して

いる与信機関から2ヵ月以上の期間にわたりかつ3回以上に分割して返済する条件もしくはリボルビング方式で返済する条件で金銭を借り入れ、これに販売業者（もしくは委託を受けた保証業者）が購入者の当該借入債務を保証して指定商品等を販売または提供する形態をいう（割賦2条2項）。

　(iii)　包括購入あっせん　　利用者が、カード等を提示もしくは通知して（またはこれと引き換えに）特定の販売業者（役務提供事業者を含む〔いわゆる加盟店〕）から商品・権利・役務を購入しもしくは受けるときには、あっせん業者が当該対価相当額を販売業者に支払い、当該販売・提供契約締結後2ヵ月を超える一定の時期までに（もしくはリボルビング方式で）購入者（役務を受けた者を含む）から当該対価相当額を受領する形態をいう（割賦2条3項）。

　この形態においては、販売または提供される商品・権利・役務に政令指定の制限はない。また、2ヵ月以内に一括払いによって決済される形式のクレジット取引は、これには当たらない。

　(iv)　個別信用購入あっせん　　購入者（役務の提供を受ける者を含む）が、カード等を利用することなく特定の販売業者（役務提供事業者を含む）から個別に商品・指定権利・役務を購入しもしくは受けるときには、あっせん業者が当該対価相当額を販売業者に支払い、当該販売・提供契約締結後2ヵ月を超える一定の時期までに購入者から当該対価相当額を受領する形態をいう（割賦2条4項）。

　この形態においては、販売または提供される商品・役務に政令指定の制限はないが、権利については政令指定が付されている。また、2ヵ月以内に一括払いによって決済される形式のクレジット取引はこれには当たらない。なお、個別信用購入あっせんでは、リボルビング方式による支払は認められていない（割賦2条4項）。

　(v)　前払式特定取引　　商品の売買の取次ぎ、指定役務の提供、又は指定役務の提供もしくは提供を受けることの取次ぎであって、商品の購入者又は指定役務の提供を受ける者から、商品もしくは指定役務の引渡しもしくは提供に先立って、その代金・対価を、2ヵ月以上の期間で3回以上の分割で受領する形態をいう（割賦2条6項）。

　この形態においては、販売される商品には政令指定の制限はないが、提供さ

れる役務については政令指定が付されている。

　前払式特定取引を業として行うには、経済産業大臣の許可を要する（割賦35条の3の61）。

　(3)　**割賦販売法の規制の概要**　　前払式特定取引については、割販法35条の3の62によって前払式割賦販売における経済産業大臣の許可に係る行政手続に関する規律が準用されるほか、他の規制類型に見られるような規律が及ばないので、以下では、割賦販売、ローン提携販売、包括信用購入あっせん、個別信用購入あっせんを対象として記述する。

　(i)　表示義務・情報提供義務・書面交付義務　　契約条件の表示と書面の交付は、割賦販売、ローン提携販売、個別信用購入あっせんの規制類型において義務付けられている（割賦3条・4条・4条の2〔相手方の承諾に基づくITの利用〕／29条の2・29条の3・29条の4第1項による4条の2の準用／35条の3の2・35条の3の8・35条の3の9・35条の3の22〔購入者等の承諾に基づくITの利用〕）。包括信用購入あっせんについては、包括信用購入あっせん業者は、取引条件の情報提供義務（割賦30条1項・2項。ただし同条3項において利用者から求められれば原則として書面を交付する義務〔3項但書きにおいて書面交付を要しない場合として割賦施行規則37条の2第2項。ことに同項1号は、プラスチックカード等のものを用いないスマホ・パソコン完結型決済の場合を規定する〕）および包括信用購入あっせん関係受領契約締結時等の場合（代金決済時）における情報提供義務（割賦30条の2の3第1項・2項・3項。ただし、同条4項において購入者等から求められれば原則として書面を交付する義務〔4項但書きにおいて書面交付を要しない場合として割賦施行規則53条の2第2項参照。ことに同項1号は、プラスチックカード等のものを用いないスマホ・パソコン完結型決済の場合を規定する〕）を負い、包括信用購入あっせん関係販売業者等は、包括信用購入あっせんに係る販売契約等の締結時に情報提供義務（割賦30条の2の3第5項。ただし、同条6項において購入者等から求められれば原則として書面を交付する義務〔6項但書きにおいて書面交付を要しない場合として割賦施行規則55条の2第2項参照。ことに同項1号は、プラスチックカード等のものを用いないスマホ・パソコン完結型決済の場合を規定する〕）を負う（情報提供が要求される場合に電子メール等IT技術が利用できることにつき、割賦施行規則36条・37条・50条・52条・53条・55条参照）。また包括信用購入あっせん業者による解除（割賦30

条の2の4第1項）に際して要求される催告書面について割賦施行規則55の3第1項参照。ことに同項1号は、プラスチックカード等のものを用いないスマホ・パソコン完結型決済の場合の完全電子化を認めている。

(ⅱ)　抗弁の接続　　ローン提携販売、包括・個別信用購入あっせん形態においては、販売業者等と顧客との契約関係に加えて、顧客と与信業者との契約が並立するため、顧客が販売業者等に対して対抗し得る抗弁を、与信業者に対しても主張すること（抗弁の接続）を認める必要があり、この点は立法的に手当てされている（割賦29条の4第2項3項により準用される30条の4・30条の5／30条の4・30条の5／35条の3の19）。

(ⅲ)　過剰与信防止義務　　割賦販売業者およびローン提携販売業者には、信用情報機関を利用することによって、顧客の支払能力を超えるような取引を行わないようにする努力義務が課せられる（割賦38条）。

包括・個別信用購入あっせん業者には、包括・個別支払可能見込額を算定するための調査義務が課せられ（割賦30条の2・35条の3の3）、これを超える与信行為は禁止される（割賦30条の2の2・35条の3の4）。その際、指定信用情報機関（割賦35条の3の36以下）が保有する特定信用情報の使用が義務付けられている（割賦30条の2第3項・35条の3の3第3項）。なお令和2年改正により、認定包括信用購入あっせん業者制度が整備され、包括信用購入あっせん業者は、経済産業大臣の認定を受ければ、包括支払可能見込額に代えて、より精度の高い審査手法によって利用者支払可能見込額を算定することができることとなった（割賦30条の5の4〜30条の5の7・30条の6）。

(ⅳ)　解除および損害賠償の制限　　ローン提携販売を除いて、顧客の対価の支払いに係る債務不履行に基づく解除権の行使には一定の制限が課せられており（割賦5条・30条の2の4・35条の3の17）、またその際に請求される損害賠償請求額についても一定の上限が課せられている（割賦6条・30条の3・35条の3の18）。なお、ローン提携販売において、販売業者が与信業者に対して保証債務を履行したことに基づく顧客に対する求償債権の行使については同法6条が類推適用される、というのが判例の見解である（最判昭51・11・4民集30・10・915）。

(ⅴ)　個別信用購入あっせんに固有の規制　　個別クレジット取引を利用し

た、高齢者等を対象とする悪質な勧誘販売行為による被害が社会的に大きな問題となったことから、平成20年改正を契機として特に個別信用購入あっせん形態に対する次のような法的規律が課されている。すなわち、個別信用購入あっせん関係販売業者等の勧誘行為に対する個別信用購入あっせん業者による調査義務等（割賦35条の3の5ないし35条の3の7）、個別信用購入あっせん関係受領契約のクーリングオフおよびこれに伴う当該関係販売契約等のクーリングオフ（割賦35条の3の10・35条の3の11）、過量販売契約に該当する訪問販売契約および電話勧誘販売（特商9条の2・24条の2）に係る個別信用購入あっせん関係受領契約の解除（割賦35条の3の12）、個別信用購入あっせん販売業者等による勧誘に際して不実表示がなされた場合における、顧客による個別信用購入あっせん関係受領契約の取消権（割賦35条の3の13ないし16）などである。

(vi) 行政的規制　　包括・個別信用購入あっせん業は、経済産業省において登録を受けた法人でなければこれを行うことはできない（割賦31条・35条の3の23）。なお令和2年改正により、少額包括信用購入あっせん業者制度が整備され、経済産業省の少額包括信用購入あっせん業者登録簿に登録した法人は極度額が少額（10万円以下。割賦施行令24条）の包括信用購入あっせん事業を営むことができることとなった（割賦35条の2の3〜35条の2の15・35条の3）。また、包括・個別信用購入あっせん業者は、業務運営に関して適正な措置を講じなければならない（割賦30条の5の2・35条の3の20）。これを含むその他義務違反があっせん業者に認められるときは、経済産業大臣は改善命令を発することができ（割賦30条の5の3・30条の6・34条・35条の3の21・35条の3の31）、また登録の取消しや業務停止を命じることができる（割賦34条の2第2項・35条の3の32第2項）。あっせん業者に一定の事由を認めるときは、経済産業大臣は、当該あっせん業者の登録を取り消さなければならない（割賦34条の2第1項・35条の3の32第1項）。

(vii) 適用除外　　割賦販売については割販法8条、ローン提携販売については同法29条の4第1項に準用される同法8条、包括・個別信用購入あっせんについては同法35条の3の60において適用除外が定められている。

(viii) クレジットカード番号等の適切な管理および不正使用対策に係る責任
　　クレジットカードを利用する取引形態においては、クレジットカードの偽造

やインターネット上のなりすましなどによる不正使用被害が生じやすく、とりわけ近年はクレジットカードを扱う加盟店におけるクレジットカード番号等の漏洩事件や不正使用被害が増加していることなどに対応すべく、以下の規律が置かれている。

クレジットカード番号等（クレジットカード等購入あっせん業者〔包括信用購入あっせん業者およびこれに該当しない二月払購入あっせん業者〕が業務上利用者に付与する番号等）を取り扱うクレジットカード番号等取扱業者は、クレジットカード番号等の漏洩、滅失または毀損の防止その他適切な管理のために必要な措置を講じる義務を負う（割賦35条の16、割賦販売法施行規則132条・133条）。クレジット番号等取扱業者とは、クレジットカード等購入あっせん業者〔カード発行会社〕（割賦35条の16第1項1号）、クレジットカード等購入あっせん関係販売〔役務提供を含む〕事業者〔加盟店〕（同項2号）、立替払取次業者〔主として海外カード会社のために国内で加盟店契約を締結するアクワイアラー〕（同項3号）、決済代行業者（同項4号）、コード決済事業者（同項5号）、コード決済事業者の受託者（同項6号）、後払決済において立替払取次業者にカード番号を提供する決済代行業者（同項7号・割賦施行規則132条の2）をいう。

クレジットカード番号等取扱契約〔加盟店契約〕締結事業者は、経済産業省において登録を受けなければならない（割賦35条の17の2）。クレジットカード番号等取扱契約締結事業者とは、自ら当該事業を行うクレジットカード等購入あっせん業者〔カード発行会社〕（割賦35条の17の2第1号）および特定のクレジットカード等購入あっせん業者のために加盟店契約締結事業を行う者（海外カード発行会社のためのアクワイアラーや決済代行業者などをいう）（割賦35条の17の2第2号）である。

加盟店は、クレジットカード番号等の不正利用を防止するのに必要な措置を講じる義務を負う（割賦35条の17の15）。そして、クレジットカード番号等取扱契約締結事業者は、加盟店に対して、加盟店契約締結前および締結後において、クレジットカード番号等の適切な管理等に支障を及ぼすおそれの有無などについて調査し、当該調査結果に基づく必要な措置を行う義務を負う（割賦35条の17の8）。なお、クレジットカード番号等取扱契約締結事業者は、クレジットカード番号等に関する情報の適切な管理のために必要な措置を講じる義務を

負う（割賦35条の17の9）。

　クレジットカード番号等取扱契約締結事業者に違法行為が認められるとき等には、経済産業大臣は、当該事業者に対して、業務改善命令や登録の取消しを行うことができる（割賦35条の17の10・35条の17の11第2項。一定の場合には登録を取り消さなければならない〔35条の17の11第1項〕）。

3　消費者契約法

　(1)　**立法趣旨**　　消費者法の分野では、すでに述べてきた通り、特商法や割販法が重要な役割を果たしており、また何度も大きな改正を経てきているが、これらは販売方法や決済の仕方の特殊性に着目した法規であるため、増加する一方の消費者契約をめぐるトラブルに対応するには限界があることが認識されていた。そこで、平成12（2000）年に、消費者契約法が制定された。これは、消費者契約（消費者と事業者間で締結される契約・同2条3項）を規制対象とする包括的な民事特別法としての性格を有する。なお同法は、その後、いくつかの重要な改正を経て今日に至っている（同法は2022年5月と同年12月に大きな改正を経て現在施行されているが、その内容を反映するのは次回改訂に期したい）。

　(2)　**消費者取消権**　　同法は、契約締結過程において事業者によってなされた不適切な勧誘行為によって、消費者が誤認して行った申込みまたは承諾の意思表示について取消権を付与している（消費者取消権）。民法上の詐欺による取消し（民96条1項）の場合には、欺罔行為に対する故意と、当該欺罔行為によって相手方を錯誤に陥らせ、それにより自らが目的物や権利を取得しまたは役務の交付等を受けることについての故意が欺罔者に必要であると考えられており（二重の故意）、消費者取消権はこのハードルを大きく軽減することに意味がある。

　（i）　重要事項に関する不実告知（消費契約4条1項1号）　　「事実と異なることを告げる」とは、真実または真正でないことをいい、この点について事業者に故意、過失は求められていない（無過失責任）。一般的な相場価格に比して著しく高い価格を示し、「一般的には〇〇円を下らない」といって勧誘するケースもこれに該当すると解する見解もある（日弁連編「消費者法講義」〔第4版〕89頁）。

　（ii）　断定的判断の提供（消費契約4条1項2号）　　この趣旨は、プロである

事業者が、不確実な事項につき断定的判断（「必ず値上がりします。」等）を提供すれば、それだけで消費者は当該契約には価値変動リスクがないものと容易に誤認してしまうことに着目して消費者取消権を認めようというものである。それゆえ、当該判断について事業者が仮に十分な根拠を有し、主観的にはそのように確信していたとしても、結果的に当該判断の通りにならなかったことについて無過失責任を負うべきものと解される。また、「この学習塾に入れば必ず成績が良くなる」という類の勧誘も、「その他の将来における変動が不確実な事項」に係る断定的判断であるとして本号に該当すると考える見解もある（日弁連編・前掲90頁）。

　(iii)　不利益事実の不告知（消費契約4条2項）　　事業者が、重要事項につき、消費者に利益となることのみを告げ、それによって消費者が存在しないと通常考えるべき不利益事実を故意（または重過失によって〔平成30年改正・平成31年6月15日より施行〕）に告げなかった場合には、当該不利益事実が存在しないと誤認した消費者に取消権を認める（マンションの眺望の良さを強調しつつ、隣地にこれを妨げるマンションの建設予定があることを告げなかったような場合）。本号は、消費者にとっての不利益事実につき事業者が故意（または重過失）であることが必要であるが、それをもって足り、消費者が錯誤に陥ることについての認識認容は必要ではない（「相手方も知っていると思っていた」という弁明は失当）。

　(iv)　重要事項の定義（消費契約4条5項）　　消費者契約法4条1項1号および2項における「重要事項」について、当該契約の目的についての質、用途その他の内容（消費契約4条5項1号）および当該契約の目的に係る対価その他取引条件（消費契約4条5項2号）について「当該消費者契約を締結するか否かについての判断に通常影響を及ぼすべきもの」、さらにそれ以外であって「当該消費者の生命、身体、財産その他の重要な利益についての損害または危険を回避するために通常必要であると判断される事情」（消費契約4条5項3号。消費契約4条2項には適用されない）であると定義される。例えば、シロアリがいないにもかかわらず「シロアリがいるので駆除の必要がある」と勧誘して事業者が駆除役務を提供する場合のように、当該役務の提供自体や対価に関しては不実告知がないというケースは、消費者契約法4条5項1号、2号では対応しきれない。このような場合は、4条5項3号によって「シロアリがいる」という事

情が重要事項となり、この点についての不実告知（消費契約4条1項1号）が構成され得る。

（v）困惑による意思表示の取消し（消費契約4条3項）　事業者が消費者契約の締結を勧誘する際に消費者の住居等から退去しないこと（1号・不退去）または消費者を退去させないこと（2号・退去妨害）により、当該消費者が困惑して行った申込みまたは承諾を当該消費者は取り消すことができる。なお、平成30年改正により、同項において、さらに下記のような場合が加えられた。これは今日の消費者契約に関する被害事例をふまえてのものである（2022年5月・12月改正により、さらに同項が適用される場面が拡充されたが、ここでは旧来のままにとどめ、号数のみを現在の条文にあわせた）。

・消費者の経験不足を利用して、不安をあおり（5号）、または恋愛感情を利用する場合（6号）。

・消費者の加齢等に伴う著しい判断能力の低下による将来に対する不安をあおる場合（7号）。

・霊感等による知見を用いる場合（8号）。

・契約締結前に債務の内容を実施することで、消費者を心理的に追い込む場合（9号）。

・契約締結前に準備のための事業活動を行ったことをもって、それによる損失補償を請求する場合（10号）。

（vi）過量消費者契約の取消し（消費契約4条4項）　事業者が、当該消費者契約の目的に係る分量等が、単独であるいはすでに当該消費者が締結している同種目的の契約に係る分量等と合わせると、当該消費者にとっての通常の分量等を著しく超えることを知って勧誘したことにより、なされた申込みまたは承諾を当該消費者は取り消すことができる。過量契約であることについては事業者に故意が要求される。

（vii）消費者取消権行使の効果　遡及効を有するが、善意・無過失の第三者に対抗することができない（消費契約4条6項）。また、当該消費者が給付を受けた時点において、当該契約が消費者取消権の対象となることを知らなかったときは、後になって同取消権を行使した場合に、民法121条の2第1項（原状回復義務）にもかかわらず、現存利益のみを事業者に返還すれば足りる（消費契

約 6 条の 2）。

　(viii)　媒介の委託を受けた第三者及び代理人（消費契約 5 条）　　事業者が第三者に消費者契約締結の媒介を委託した場合、当該受託者等が消費者契約法 4 条 1 項から 4 項の行為を行った場合にも、同法 4 条が準用される（消費契約 5 条 1 項）。消費者・事業者・受託者等の代理人は、同法 4 条との関係においては、各々、本人と同視される（消費契約 5 条 2 項）。

　(ix)　消費者取消権の時効（消費契約 7 条 1 項）　　行使期間は、追認することができる時から 1 年間、または当該消費者契約締結の時点から 5 年を経過するとき時効によって消滅する。追認することができる時とは、消費者契約法 4 条 1 項および 2 項の場合は、当該消費者契約の勧誘が、不実告知、断定的判断、不利益事実の不告知のいずれかに該当することを知った時であり、同法 4 条 3 項の場合は同項各号による行為の影響から物理的かつ心理的に脱した時であると解される。

(3)　不当条項の無効

　(i)　免責条項（消費契約 8 条）　　事業者の債務不履行により消費者に生じた損害賠償の全部免責（あるいは当該事業者にその責任の有無を決定する権限を付与する条項〔平成30年改正〕）（消費契約 8 条 1 項 1 号）もしくは一部免責（あるいは当該事業者にその責任の有無を決定する権限を付与する条項〔平成30年改正〕）（消費契約 8 条 1 項 2 号）、事業者の不法行為により消費者に生じた損害賠償の全部免責（あるいは当該事業者にその責任の有無を決定する権限を付与する条項〔平成30年改正〕）（消費契約 8 条 1 項 3 号）もしくは一部免責（あるいは当該事業者にその責任の有無を決定する権限を付与する条項〔平成30年改正〕）（消費契約 8 条 1 項 4 号）を定める契約条項は無効となる。ただし、消費契約 8 条 1 項 2 号・4 号については、事業者等の軽過失による責任の一部免責特約には適用されない。また、消費者契約法 8 条 1 項 1 号・2 号については、それが種類・品質に係る契約不適合による責任（民564条）であるときに、事業者（消費契約 8 条 2 項 1 号）が履行の追完や代金の減額に応じること（消費契約 8 条 2 項 1 号）または受託者である他の事業者（消費契約 8 条 2 項 2 号）が、事業者が負うべき損害賠償責任を負うか、履行の追完を行うこと（消費契約 8 条 2 項 2 号）が、当該消費者契約（もしくは事業者間の契約）において規定されている場合には、適用されない。

(ii)　解除権条項　　事業者の債務不履行による消費者の解除権を放棄させる契約条項または当該事業者にその解除権の有無を決定する権限を付与する条項〔平成30年改正〕は無効となる（消費契約8条の2）。さらに事業者が、消費者が後見・保佐・補助を開始する審判を受けたことのみをもって消費者契約を解除できるとする条項は無効とされる（平成30年改正消費契約8条の3）。

　(iii)　違約金条項（消費契約9条）　　消費者契約の解除に伴い消費者が支払うべき損害賠償額の予定もしくは違約金の定めに係る条項は、それが同種ケースの「平均的な損害の額」を超える部分について無効となり（消費契約9条1号）、また遅延損害金の定めについては、年利14.6％を超える部分について無効となる（消費契約9条2号）。同条1号につき、「平均的損害」の中に事業者の得べかりし利益が入るか否かについては、消極に解する見解が有力である（日弁連編・前掲101頁）。また「平均的損害」の立証責任は原則として無効を主張する消費者が負うとするのが最高裁の立場である（最判平18・11・27民集60・9・3437）。なお、貸金等、金銭消費貸借契約の損害金は利息制限法の適用が優先されるため、同法9条2項は適用されない（消費契約11条2項）。

　(iv)　消費者利益を一方的に害する条項（消費契約10条）　　「消費者の不作為をもって当該消費者が新たな消費者契約の申込み又はその承諾の意思表示をしたものとみなす条項」という文言は、「法令中の公の秩序に関しない規定〔任意規定〕の適用による場合に比して消費者の権利を制限し又は消費者の義務を加重する消費者契約の条項」の例示として挙げられているのであり、当該任意規定には明文規定のみならず一般法理等も含まれるというのが最高裁の判断（最判平23・7・15民集65・5・2269）である。そして、そのような条項が、民法1条2項に規定する基本原則（信義則）に反して消費者の利益を一方的に害する場合には、無効となる。この「信義則に反して消費者の利益を一方的に害する」か否かの判断は、前掲平成23年最判が示す通り、「消費者契約法の趣旨、目的（同法1条参照）に照らし、当該条項の性質、契約が成立するに至った経緯、消費者と事業者との間に存する情報の質及び量並びに交渉力の格差その他諸般の事情を総合考量して判断されるべきである。」

　(v)　努力義務（消費者契約3条）　　その他、同法は消費者契約の内容が明確かつ平易なものとなり（消費契約3条1項1号）、勧誘過程において当該消費者

契約の内容及び消費者の知識や経験に適合した情報提供がなされるべく（同項
2号）、事業者に必要な措置を講じる努力義務を課している〔平成30年改正〕。

⑷　適格消費者団体による救済

（ⅰ）　差止請求（消費契約12条）　　内閣総理大臣による認定を受けた適格消費
者団体（消費契約13条）は、事業者等が不特定多数の消費者に消費者契約法4
条1項から4項までに規定する行為（消費契約12条1項）（Ⅰ類型）、または同法
8条から10条までの不当条項を含む契約の申込みまたは承諾（消費契約12条3
項）（Ⅱ類型）を、現に行いまたは行おうとしている場合に、当該行為の停止も
しくは予防またはそれに必要な措置を採るべきことを請求することができる。
また、適格消費者団体は、同様の行為を現に行いまたは行おうとしている受託
者等、または事業者もしくは受託者等の代理人について、これに委託した事業
者や他の受託者、またはこれを代理人とした事業者・受託者等・他の代理人に
対して、是正の指示や教唆の停止、その他当該行為の停止または予防に必要な
措置を採るべく請求することができる（消費契約12条2項〔Ⅰ類型について〕、4
項〔Ⅱ類型について・事業者の代理人について規定〕）。

（ⅱ）　消費者裁判手続特例法（平成25年成立）　　特定適格消費者団体として総
理大臣の認定を受けた者（同法2条10号）は、事業者が消費者に対して負う金
銭の支払義務であって、消費者契約に関する契約上の債務の履行の請求（1
号）、不当利得に係る請求（2号）、契約上の債務不履行による損害賠償の請求
（3号）、民法の規定による不法行為に基づく損害賠償の請求（4号）に係るも
のについて、共通義務確認の訴えを提起することができる（同法3条1項。なお
同法2条4号も参照）。

11章 交互計算その他の決済手段

1 総説──企業取引の決済手段

商人や会社同士の間での取引（B to B 取引）、あるいは商人・会社と非商人との間での取引（B to C 取引）においては、現金以外の決済手段が多用される。企業取引は大量に反復継続されるという特徴を有するので、現金決済は手間であるし、決済資金の準備には相応のコストがかかる。盗難・紛失リスクも過小評価できない。

そのため、現代の企業取引においては、現金以外の様々な決済手段が発達している。その内容も、もっぱら決済の簡便化のためのものから、債務者に対する信用供与を含むものまで様々である。

本章では、商法に規定されている交互計算について概説した上で（**2**）、実務上重要な他の決済手段についても若干触れることとする（**3**）。

2 交互計算

1 制度の意義・趣旨

交互計算とは、商人間または商人と商人でない者との間で平常取引をする場合において、一定の期間内の取引から生ずる債権および債務の総額について相殺をし、その残額の支払をする契約を指す（529条）。当事者間で生じる債権債務について逐一決済することとすると、取引回数が多くなるほど煩瑣であるし、債権債務ごとに決済資金を用意する手間もかかる。交互計算制度はこれらを簡略化して、一定期間内の債権債務をまとめて差額決済するためのものであ

> **コラム11-1**　銀行の当座預金取引
>
> 　商法上の交互計算（古典的交互計算ともよばれる）は、期間内に交互計算に組み入れられた債権債務を確定後に一括して差額決済する。
>
> 　これに対して、商人や会社が銀行に開設する当座預金では、預金の預入れや手形・小切手金額の引落しにより債権債務関係が生じるたび差引計算が行われ、残高のみ債権債務として存続する。このように、期間の経過を待たずに順次決済される約定を、段階的交互計算と呼ぶことがある。
>
> 　同じ交互計算という名称が用いられているものの、段階的交互計算では期間終了時までの支払猶予（を通じた与信）という機能がない。古典的交互計算・段階的交互計算は別物と理解しておくとよいだろう。

る。また、交互計算は期間終了後にまとめて決済されるため、それまで債務の履行を猶予することも意味する。経済的には、債権を担保とした、債務者に対する信用供与（与信）機能も併有するものである。

　もっとも、商法上の交互計算契約そのものは、鉄道会社間の運賃等の精算や、保険会社・代理店間の資金移動などを除き、実際にはほとんど活用されていないといわれる。交互計算契約には様々な制約が課せられており、個々の商人・会社のニーズに合わせた自由な設計が困難になっているからである。しかし、そのことは交互計算に関する規定が不要であることを意味しているわけでもない。各商人・会社が当事者間の決済手段を契約によって構築する際、それが事後的に無効とされないための標準的な内容として、529条以下は参考になるものなのである。

2　交互計算契約の要件・内容

　(1)　**交互計算契約締結の要件**　　交互計算契約を締結するためには、商人同士または商人・非商人間で、平常取引をしていることが必要である。債権債務関係の決済手段であるから、一方当事者のみ債権者となることが明らかな場合には、交互計算契約を締結できないとするのが通説である。双方とも債権者となる可能性があったが、結果としては一方当事者のみが債権者である場合には、契約は有効である。

(2) **交互計算契約の対象となる債権債務**　交互計算契約の対象となる債権は、原則として商人同士または商人・非商人間における全債権である。もっとも、金銭債権以外の債権、不法行為に基づく損害賠償債権など、取引関係から生じたといえない債権は除外される。手形その他の商業証券から生じた債権および債務を交互計算に組み入れた場合において、その商業証券の債務者が弁済をしないときは、当事者は、その債務に関する項目を交互計算から除外することができる（530条）。

(3) **交互計算不可分の原則**　交互計算に組み入れられた債権は、期間中、個別に譲渡・質入れ等の処分ができない（ただし、債権の存在確認の訴えの提起や、発生原因である契約の解除自体は妨げられないと解されている）。これを交互計算不可分の原則とよぶ。判例は、たとえ第三者が善意であっても、交互計算に組み込まれた債権を差し押さえることはできないとする（大判昭11・3・11民集15・320〔百選64、商判Ⅱ-14〕）。学説上は判例に賛成する見解が多いが、債権者保護に欠けるとし、平成29年民法改正前は善意の債権者には対抗できないと解するものもあった。差押えと相殺に関して無制限説を採った判例（最大判昭45・6・24民集24・6・587）を前提とした民法改正（民511条）は、上記判例と整合的との評価もある。また、判例によっても、債権者が債権者代位権（民423条1項）を行使して交互計算契約を解約することは妨げられないと解される。

(4) **交互計算の期間**　交互計算の期間は当事者間で決めるが、特約がない場合の商法上の原則は6ヵ月である（531条）。

(5) **計算書の承認**　交互計算の当事者は、債権および債務の各項目を記載した計算書の承認をしたときは、当該各項目について異議を述べることができない。ただし、当該計算書の記載に錯誤または脱漏があったときは、この限りでない（532条）。脱漏していた債権の債権者に不当利得返還請求権を認めた規定とされる。

3　交互計算期間の終了とその後の処理

交互計算期間終了後は当事者間で総額の相殺が行われ、残債権の決済が行われる（529条）。法理論的には交互計算期間終了後契約の更改（民513条1号）が行われると考える見解が多い。この見解によれば、交互計算期間終了前の各項

目債権とは別の、残額をまとめた1本の債権債務関係が発生すると捉えることになる。各項目債権に付された担保権も、債権債務の同一性がないため、原則として残債権に移転しないと解されている（民518条1項参照）。

相殺によって生じた残額については、債権者は、計算の閉鎖の日以後の法定利息を請求できる（533条1項。2項に特則がある。法定利息につき民404条）。計算の閉鎖の日において各項目債権にすでに利息が発生していた場合には重利であるが（民405条参照）、533条1項は元本組入れに関する民法の特則といえる。

交互計算期間が終了すると、特約がなければ新たな交互計算期間が開始する。つまり、当事者の決めた期間の経過ごとに計算が行われるのみであって、交互計算契約自体が終了するわけではない。

4　交互計算契約の終了

(1)　**交互計算契約の解除**　各当事者は、いつでも交互計算契約の解除をすることができる（534条）。条文上の表現は解除であるが、将来に向かって効力が発生するので、講学上の解約告知である。交互計算契約の解除をしたときは、直ちに、計算を閉鎖して、残額の支払を請求することができる。

(2)　**倒産法上の特則**　破産法（破産59条）・会社更生法（会更63条）は、当事者の一方に破産手続・更生手続の開始決定があった場合、交互計算は終了する旨定める。この場合、計算の閉鎖手続なくして残額の債権が発生する。

3　相殺契約 (ネッティング)

1　総　説

企業取引実務においては、厳格な規制に服する商法上の交互計算ではなく、より使い勝手の良い契約による相殺が広く浸透している。民法上の相殺は1対1の債権債務ごとに行うものだが（民505条1項）、頻繁に取引を行う当事者間でこの方法が手間であることは、交互計算で述べた通りである。そこで、交互計算よりも当事者にとって利便性のよい内容で、一定期間内の債権債務関係をまとめて差額決済する契約が発達する。このような民商法の規定に基づかない相殺契約をネッティングという。ネッティングは、当事者が通常通り債権債務

関係を決済できる場合には、交互計算同様、資金準備のコストなどを減らせ、合理的である。もっとも、ネッティングの当事者に信用を供与する仕組みの場合、当事者が倒産したり、その危機に瀕した際、相殺を第三者に対抗できるかなど複雑な問題が発生しうる。

2　ネッティングの類型

　ネッティングは、①当事者の数と、②清算が行われるタイミングで整理することができる。

　①当事者の数については、2当事者間で行われるバイラテラル・ネッティングと、3当事者以上で行われるマルチラテラル・ネッティングに大別できる。バイラテラル・ネッティングが1組の債権債務間で行われる場合が、民法上の相殺（民505条以下）であるともいえる。

　②清算が行われるタイミングについては、履行期の同じ債権債務の場合に差額決済するペイメント・ネッティング、履行期・通貨の同じ債権債務が複数ある場合、新たな債権の発生のたびに履行を待たずに差引計算し債権債務を一本化するオブリゲーション・ネッティング、期限の利益喪失約款と呼ばれる規定の条件成就の場合に一括清算を行うクローズドアウト・ネッティングがある。期限の利益喪失約款とは、当事者の債務の履行が困難になった場合などに、当事者が有していた期限の利益が失われ、即時に債務を履行しなければならない旨の規定を指す。

　ペイメント・ネッティング、オブリゲーション・ネッティングは、履行期または即時に差引計算を行う点で、他の当事者への信用供与機能は小さい。これに対し、クローズドアウト・ネッティングでは、債権者は期限の利益喪失に至った場合、債務者から一括で弁済を受けることになるから、信用供与機能があるし、債権者は債権回収に強い期待を有するといえる。

3　ネッティングの効力

　民法上の相殺に関する最高裁判例は、相殺の合理的期待を重視する観点から、相殺を広く有効としてきた。平成29年改正民法でも、差押えと相殺に関して無制限説に立った判例（前掲最大判昭45・6・24）を前提に、改正が行われた

論点11－1　３者間ネッティングと民事再生法92条

　３者間で合意されていた契約に基づく相殺の有効性が争われたのが、最判平成28・7・8民集70・6・1611である。事案の概要は以下の通りである。民事再生法に基づく再生債務者であるＸが、通貨オプション取引の終了に伴い取得した清算金債権を取得し、信託銀行Ｙに対して請求したところ、Ｙは、完全親会社が同じである会社（兄弟会社）ＡのＸに対する債権をもって相殺する旨主張した。ＸＹ間の基本契約はオプション取引で広く用いられているものであった。

　原審はＹの相殺の主張を認めて請求を棄却したが、最高裁はこれを認めなかった。再生債権についての再生債権者間の公平、平等な取扱いという基本原則からすれば、民事再生法92条１項は民法505条同様、債務の相互性が要求されるとする。その上で、他人の再生債権を相殺に供することは、この相互性に反するとした。

（民511条）。もっとも、民商法に基づかない契約に基づく相殺の場合も、第三者による差押えと債権者の相殺の優劣や、マルチラテラル・ネッティングにおける債権者の債務者以外の第三者への相殺の対抗の可否が問題になる。いずれも個別の契約解釈の問題だから、実際に債権者が考えていた相殺への期待が実現されないこともある。この点で契約による相殺には、民商法上の規定に基づく相殺に比べて、法的不確実性が存在する。

　このうち、クローズドアウト・ネッティングは特に大きな清算効果をもたらすため、「金融機関等が行う特定金融取引の一括清算に関する法律」などで規制されている。

4　清算機関を通じた資力リスクの分散

　相殺は、債務者の無資力による支払不能リスクを伴う。そこで金融取引においては、債権者・債務者間に清算機関を介在させ、債権者・債務者の取引を債権者・清算者、債務者・清算者間の取引に置き換える。当事者が倒産した場合には一括清算が行われるが、その場合の損失は清算機関が負うことになる。清算機関への出資を各当事者が行うことで、債務者にかかるリスクを分散させることができるようになる。

12章 匿名組合

1　総　説

　個人商人以外の企業形態としてよく知られているのは、株式会社その他の会社形態である。もっとも、企業取引の主体はこの二者に限られるものではない。民法上の組合もそのひとつであるし、民事特別法上にも様々なスキームが用意されている。本章で採り上げる匿名組合も、その一種である。

　もっとも、企業取引の主体にはそれぞれ制度上の特徴があり、実務上は商法・会社法のほか、税法上のメリットや各企業における使い勝手を考慮して、スキームの選択が行われている。本章では、匿名組合の概説（**2**）に加え、資産を流動化して活用する様々なスキーム（**3**）、いわゆるファイナンス・リース（**4**）についてもあわせて概説することとする。

2　匿名組合

1　制度の意義

　匿名組合契約は、当事者の一方（匿名組合員という）が相手方（営業者という）の営業のために出資をし、その営業から生ずる利益を分配することを約することによって効力を生ずる、契約の一種である（535条）。後述するように、営業者は出資を行うのみで営業行為には関与せず、営業者が出資を受けた財産を運用して利益をあげ、報酬を受け取った後の利益を匿名組合員に配当することが予定されている。

　匿名組合の活用例は、税制など商法以外の規制の変化も相まって、時代に

図表12-1　匿名組合の仕組み

よって変化している。以前は航空機を購入して航空会社にリースする方法（オペレーティング・リースのうちレバレッジド・リースと呼ばれる手法。ファイナンス・リースとの違いは→本章**4**）などが著名であった。しかし、これらのスキームは税制上のメリットが乏しくなったため、現在では不動産流動化のスキームとして、後述する特定目的会社とともに活用されている。最近ではいわゆるクラウド・ファンディングのうち、ファンド型と呼ばれる投資方式のものが、匿名組合の出資持分形態を利用している（金商2条2項5号参照）。また、広く一般から資金の借入れを行うソーシャル・レンディングも、匿名組合スキームが用いられている場合がある。

　もっとも、以上のような健全な投資スキームとしての匿名組合以外に、匿名組合出資の権利を募集するという名目で実態のない匿名組合の持分を分売して損害を与えるなど、金融商品取引にかかる被害も多数存在した。そこで現在の金融商品取引法では、匿名組合への出資はみなし有価証券（金商2条2項5号）として規制の対象とし、出資者を保護しようとしている。

　匿名組合の性質論については、従前学説上様々な議論があった。機能的には、一部の社員は有限責任のメリットを享受し、他の社員は無限責任を負う合資会社に類似しているともいえる。そのため、平成17年改正前商法は匿名組合について合資会社の規定を準用していた。しかし、会社法が合資会社を持分会社の一部として整理し、条文間の準用を極力減らす方針で起草されたため、匿名組合についても商法独自の規定が整備されている。

　また、名称は類似するが、匿名組合と民法上の組合も大きく異なる。民法上の組合員は全員が無限責任を負うし、法律上の権利義務も組合員全員が負う。これに対し匿名組合の場合、匿名組合員は出資後何らの責任を負わないし、法律上の権利義務は営業者のみが負う。

2 匿名組合契約の概要

匿名組合員の出資は、営業者の財産に属する（536条1項）。匿名組合員は、金銭その他の財産のみをその出資の目的とすることができる（536条2項）。合名会社・合資会社の無限責任社員とは異なり、信用・労務など財産以外のものを出資することはできない。匿名組合員は、営業者の業務を執行し、または営業者を代表することができない（536条3項）。匿名組合員は、営業者の行為について、第三者に対して権利および義務を有しない（536条4項）。対外的な匿名組合の営業活動は、営業者が単独で行うことになる。

匿名組合員は対外的な営業活動に関与しないため、出資後は原則として営業者の取引の相手方に対して責任を負うことはない。しかし、名板貸責任（商14条、会社9条）と同様、自己の氏・氏名を営業者の商号中に用いることまたは自己の商号を営業者の商号として使用することを許諾したときは、その使用以後に生じた債務については、営業者と連帯してこれを弁済する責任を負う（537条）。権利外観法理あるいは禁反言の法理に基づく規定であるから、取引の相手方が悪意である場合には保護されないと解すべきである。

営業者の営業によって利益が生じた場合は、営業者に報酬が支払われた後、匿名組合員に配当が行われる。他方、出資が損失によって減少したときは、その損失をてん補した後でなければ、匿名組合員は、利益の配当を請求することができない（538条）。

匿名組合員は営業者の営業に原則として関与できないが、何らの関与もできないとすると、営業者が自己または匿名組合員以外の第三者の利益を図り、匿名組合員の利益を害する行動（機会主義的行動）に出るおそれがある。そこで、匿名組合員には、営業年度の終了時において、営業者の貸借対照表の閲覧・謄写等の請求ができる（539条1項1号2号）。また、匿名組合員は、重要な事由があるときは、いつでも、裁判所の許可を得て、営業者の業務および財産の状況を検査することができる（539条2項。管轄について3項）。

以上のように、匿名組合員と営業者は、出資と営業の機能分担を行っている。そのため、解釈上の根拠は分かれているものの（多数説は組合に関する民法671条・644条を準用するが、信託の考え方に依拠する有力説もある）、営業者は匿名組合員に対し善管注意義務を負うとする学説が従来から一般的であった。

　判例でも、営業者の匿名組合員に対する善管注意義務の存在が認められている。事案は、匿名組合員からの出資を営業者がその関係する会社の株式購入資金に充てたというものである。匿名組合員が、当該行為は匿名組合員と営業者の利益が相反する取引であり損失を被ったとして、不法行為等に基づく損害賠償を請求した。最高裁は、匿名組合員・営業者間に実質的な利益相反関係が生ずるものであり、本件では匿名組合員の利益を害する危険性が高いことを理由に、営業者が匿名組合員の承諾を得ない限り、善管注意義務に違反するとした（最判平28・9・6裁判集民253・119〔百選65、商判Ⅱ-15〕）。

　上記学説のいう善管注意義務の存在を認めた点で、本判決は重要である。もっとも、本判決のいう実質的な利益相反関係が、同事案以外のどのような場合に認められるか、どのような場合に匿名組合員の承諾が必要になるかは、今後の解釈に委ねられることになる。

3　匿名組合契約の終了

　匿名組合契約で匿名組合の存続期間を定めなかったとき、またはある当事者の終身の間匿名組合が存続すべきことを定めたときは、各当事者は、営業年度の終了時において、契約の解除をすることができる。ただし、6ヵ月前の予告が必要である（540条1項）。匿名組合の存続期間を定めたか否かにかかわらず、やむを得ない事由があるときは、各当事者は、いつでも匿名組合契約の解除をすることができる（540条2項）。匿名組合契約が匿名組合員・営業者間の信頼関係に依存するため、委任契約の解除（民651条）に類する規定ぶりになっているといえる。

　このほか、匿名組合契約は、①匿名組合の目的である事業の成功またはその成功の不能、②営業者の死亡または営業者が後見開始の審判を受けたこと、③営業者または匿名組合員が破産手続開始の決定を受けたこと、を匿名組合契約の終了事由とする（541条）。

　匿名組合契約が終了したときは、営業者は、匿名組合員にその出資の価額を返還しなければならない。ただし、出資が損失によって減少したときは、その残額を返還すれば足りる（542条）。匿名組合の債務超過の場合にも匿名組合員は債務の履行をする必要はなく、有限責任によって保護される。他方、匿名組

合員の出資財産は営業者のものとなるため、契約終了後の匿名組合の残債務は
営業者の債務となる。この意味で、営業者は無限責任を負う。

3　資産流動化

1　総　説

　現在自己のために利用していない不動産の所有者が、営利の目的で当該不動
産を活用する場合、不動産活用に長けた会社に任せることが合理的である。
もっとも、不動産活用を委託する方法は、委託先の会社が自ら当該不動産を用
いて事業を行う方法だけではない。むしろ、委託先の会社の経営不振によっ
て、当該不動産を活用した事業まで頓挫することは望ましくない。この場合、
当該不動産事業と委託先の会社の事業とが財務上独立している必要がある。

　また、不動産開発業者は、資金の借入れのほか、開発した不動産から得られ
る収益を分配することとして、出資者を募ることが考えられる。出資者として
は、会社の債務不履行時、会社に対する債権者から債務の履行を請求されるこ
とは望ましくない。そのため、出資者は有限責任のメリットを享受でき、また
会社に対する債権者は当該不動産と不動産事業の収益のみから回収できるス
キームになることが望ましい。

　以上のように、不動産を活用する事業を独立して運営し、その運用益を投資
商品として分配する方法を、不動産流動化（証券化）と呼ぶ。

　前述の2つの例を踏まえると、不動産流動化には、当該事業が財務上独立し
ていること、出資者が有限責任を享受できること、債権者が債務の履行を請求
できる対象の範囲が限定されていることが不可欠であることがわかる。

　また、上記のような資産の流動化は、不動産に限られるものではない。収益
力のある動産・無体財産もその対象となり得る。また、当該収益事業を運営す
る企業の形態や、出資者の出資方法も、税制などと相まって様々なものが考え
られる。本節では、上記のような資産流動化の代表的なスキームと、出資者の
保護について概説する。

2　資産流動化のスキーム

(1)　**資産流動化の受け皿と出資の方法**　資産流動化のスキームには様々なものがあるが、①流動化の受け皿となる事業体と、②当該事業体への出資の方法に分けて説明する。

①受け皿となる事業体は、合同会社、資産の流動化に関する法律（以下、資産流動化法とよぶ）上の特定目的会社（Specific Purpose Company：SPC とか TMK と略される）などがある。株式会社ではなく合同会社が用いられるのは、株式会社の場合、機関設置規制が厳格なのに対し、合同会社では簡素であるからである。特定目的会社は資産流動化の事業のみ行うことができる。これら以外にも、資産流動化の受け皿となる企業体は組合など会社以外の組織形態が用いられることもあるので、SPV（Special Purpose Vehicle）と総称することもある。

②出資の方法は、合同会社に対しては匿名組合が組み合わされることが多い（合同会社［GK］と匿名組合［TK］をあわせて GK-TK スキームとよばれる）。特定目的会社に対しては資産流動化法上の社員としての出資が行われる。このほか、有限責任事業組合も考えられる。いずれも流動化事業が失敗した場合に、出資者の責任が限定される。

(2)　**原資産の権利関係**　原資産の所有者・保有者はオリジネーターと呼ばれ、資産を活用した事業を行う者が、オリジネーターから当該資産の運用にかかる権利を取得する。その場合、税制・宅建業法その他の規制との関係で、必ずしも原資産そのものの売買形式が採られるとは限らず、信託銀行に当該原資産が信託されることもある。

(3)　**出資の方法・経営管理の方法**　原資産を用いた事業の規模が大きい場合、出資者を募集し、出資者には原資産を活用した事業にかかる利益を分配することがある。信託方式の場合は、SPV がオリジネーターから信託受益権を取得することになる。SPV の形態として合同会社が用いられた場合、当該合同会社に対して社員の出資のほか、匿名組合員による出資も行われることが常態である。この場合、合同会社が原資産を取得することに一定の制約がかかるほか、匿名組合員が合同会社に対して合理的な規律・統制をかけられるスキームの工夫が必要になる。

これに対して特定目的会社の場合、出資や意思決定の方法は資産流動化法で

厳格に定められている。資産流動化事業以外の事業を行うなどして、出資者に不測の損害を与えないための規制である。

(4) **債権者からの出資者の保護**　SPV に対して金融機関が融資を行う場合には、ノンリコースローンと呼ばれる方式が用いられる。仮に SPV の事業が頓挫した場合にも、ノンリコースローンが組まれている場合には出資者への影響は限定される。流動化対象となった原資産とそこから得られる収益のみ、弁済資金に充てられるからである。

4　ファイナンス・リース

1　総　説

　企業が営業・事業に必要な設備・備品を調達する方法は、現預金や借入金による購入だけではない。特に技術発展がめざましい分野の備品であれば、短期間のうちに再調達が必要になることも多い。ファイナンス・リースはそのようなニーズと税法上のメリットなどから、広く活用されている手法である。

2　ファイナンス・リースの仕組み

　ファイナンス・リースには3当事者が登場する。対象物件を供給するサプライヤー、リース業者（レッサーともよぶ）、物件の提供を受けるユーザ（レッシーともよぶ）である。

　ファイナンス・リースの経済的な機能は、リース業者がユーザに対し、サプライヤーからの物件調達資金を供給することにある。具体的には、①ユーザがサプライヤーとの間でリース物件を選定し、②ユーザとリース業者との間でファイナンス・リース契約の交渉を行う。交渉がまとまれば、③ファイナンス・リース契約に基づき、リース物件の代金がリース業者からサプライヤーに支払われる。④リース物件はユーザに引き渡され、ユーザはリース業者に対し、リース物件の代金・手数料・金利などの合計額を分割払いで返済する、という仕組みである。

　ファイナンス・リースの契約書は業界団体のひな形が用いられることが一般的である。また、リース物件返還時に残存価値がないものとして、リース業者

が購入金額等全額をユーザから回収する契約をフルペイアウト方式、そうでな
いものをノンフルペイアウト方式と呼ぶことがある。

3　オペレーティング・リースとの違い

　ファイナンス・リースの対象物件は、多くの場合ユーザのニーズにあわせた
アレンジが加えられており、転用可能性が少ないほか、リース期間の経過によ
り著しく価値が減少するとされる。そのため、リース期間経過後対象物件は
リース業者に引き渡されるが、それ以降活用されることは少ない。

　これに対し、転用可能性が高く、リース期間経過後は他のユーザにさらに
リースされる場合もある。この場合、動産の賃貸借とその機能は類似すること
になる。これをオペレーティング・リースと呼び、ファイナンス・リースと区
別する。オペレーティング・リースは調達コストの高い物件などで活用されて
いる。また、借入金の税法上のメリットを生かしたオペレーティング・リース
を、特にレバレッジド・リースとよぶこともある（その例として、航空機リース
に関する東京地判平7・3・28判時1557・104）。

4　ユーザの債務不履行・破産時の対応

　ユーザがリース物件の債務不履行に陥った場合、通常の契約書では、リース
業者は直ちにリース物件をユーザから回収するとともに、残代金の一括弁済を
求める。もっとも、リース物件はリース期間終了後に比して劣化していないた
め、価値が残存している可能性がある。判例は、特段の事情のない限り、返還
によって取得した利益を利用者に返戻しまたはリース料債権の支払に充当する
などして清算する必要があるとした（最判昭57・10・19民集36・10・2130〔百選
61〕）。

　また、ユーザが倒産した場合には、リース業者は通常の破産債権者・更生債
権者としての地位のみを有する（最判平7・4・14民集49・4・1063〔百選62（フ
ルペイアウト方式・会社更生手続)〕）。

13章 仲立営業

13章　　　　　仲立営業

Ⅰ　仲立営業と仲立人の意義

1　仲立人の意義

仲立人とは、他人間の商行為の媒介をすることを業とする者をいう（543条）。

旅行業者のように、顧客とホテルや航空会社との宿泊契約（502条7号）や運送契約（502条4号）といった他人間の法律行為の成立に尽力するという事実行為、媒介が仲立ちである。

仲立人は依頼者である顧客と相手方との間で商行為が成立するように媒介を行うものであり、当該商行為の当事者となるものではない。

仲立人は、この媒介という事実行為をなす点において、自己の名をもって、他人のために法律行為をする問屋（551条）および代理人として一定の商人の名をもって第三者と法律行為をする締約代理商（商27条、会社16条）とは区別される。また、仲立人は媒介を営業とする点においては媒介代理商と同じであるが、媒介代理商は損害保険の代理店のように、特定の商人のために尽力するのに対して、仲立人は保険仲立人のように不特定の者のために尽力する点で異なる。

2　商事仲立人と民事仲立人

仲立に関する行為は、営業的商行為であり（502条11号）、これを営業としてなす者は商人である（4条1項）。

仲立人のうち、他人間の商行為の媒介を行う者（543条）のことを商事仲立人

という。

　他人間の商行為以外の媒介を行う者を民事仲立人という。民事仲立人も仲立に関する行為（502条11号）を業として行うことから商人である（4条1項）。しかし、商法上の仲立営業に関する規定は商事仲立人を対象とするものであり、民事仲立人には適用されないと解されている。民事仲立人として、結婚仲介業者や自己が居住するための土地・建物の売買賃貸の媒介を業とする不動産仲介業者（宅地建物取引業者）があげられる。

3　仲立契約の種類と法的性質

　仲立契約は、媒介という事実行為をすることの委託であるから、準委任契約である（民656条）。

　原則として、商法上の仲立契約は、仲立人は契約の成立につき力を尽くす義務を負い、契約が成立すれば委託者は報酬を支払う義務を負う。すなわち、仲立人と委託者の双方が義務を負う双方的仲立契約である。

コラム13-1　保険仲立人の位置付け

　営利保険契約（502条9号）の引受を行う保険株式会社の保険契約の締結の媒介を行う保険仲立人は商事仲立人に該当し、特別法である保険業法の規定による適用排除がない限りは商法の仲立営業に関する規定が適用される。

　これに対し相互保険会社が引き受ける保険契約は営利保険契約（502条9号）には該当しないと解されていることから、相互保険会社の締結する保険契約の締結の媒介を行う保

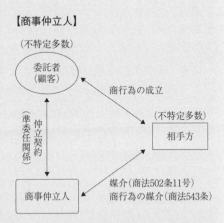

険仲立人は商事仲立人ではなく民事仲立人となり、理論的には商法の仲立営業に関する規定の適用がないことになってしまう。そこで保険業法293条において、この場合においても商法の仲立営業に関する規定が準用されることとしている。

これに対して、仲立人は契約の成立に尽力する義務を負わないが、その尽力により契約が成立したときは委託者が報酬を支払うというものを一方的仲立契約という。仲立人の尽力によって契約が成立したときは、委託者が仲立人に報酬を支払うだけで、仲立人は委託者に対して尽力すべき義務を負担しているわけではないので、この契約の性質は準委任ではない。仲立人の尽力による契約の成立という仕事の完成を目的とし、契約成立という結果ができたときに報酬を請求できるところから、この契約は請負契約に類似した契約と解されている。

2　仲立人の義務

1　善管注意義務

一般的な仲立契約は双方的仲立契約である。この場合、仲立人と依頼者との間の法律関係は準委任関係となる（民656条・643条）。

仲立人は、委託者に対し受託者として善良な管理者の注意義務をもって媒介を行い、取引の成立につき力を尽くすべき義務を負う（民656条・644条）。

一方的仲立契約の場合には、準委任ではないから、仲立人は委託者に対して善管注意義務を負うことはない。しかし、実際に媒介を行うときは、双方的仲立契約の場合と同様に、仲立人には商法の仲立営業に関する規定の適用がある。また、委託者のために媒介を行う以上は、一定の注意を尽くすことを要し、その程度は善良な管理者の注意と解されている。

商法においては、仲立人は当事者の間に立って商行為の成立につき力を尽くす者であることから、公平誠実に媒介行為の相手方である他方の当事者の利益を図る等の特別な規定を置いている。

2　見本保管義務（545条）

仲立人は依頼者から媒介を依頼される際に見本を受け取り、その見本を利用した媒介を行った場合は、依頼者と相手方との商行為が完了するまで当該見本を保管する義務を負う（545条）。媒介の際に示された見本とは内容が異なる商品が送付されてきた等、後日、当事者間に紛争が生じた場合に備え、媒介を

行った仲立人に、見本を保管させることにより証拠保全させる趣旨である。その立法趣旨から「行為が完了するまで」とは、相手方が完全な給付があったことを承認し、または債務不履行責任を追及できる期間が経過するなど、目的物の品質等について紛争が起きないことが確実になるまでを意味すると解されている。

3　結約書の交付義務等（546条）

仲立人は当事者間に契約が成立したときは、遅滞なく結約書（契約書、締約書、契約証）を作成し、これを各当事者に交付しなければならない（546条1項）。これは契約が成立した事実およびその内容を明確にし、当事者間の後日の紛争を予防し、証拠を保存することを目的とするものである。

媒介して成立した商行為が、期限付きや条件付きの行為であった場合のように、当事者が直ちに履行しなくてよい行為であった場合には、各当事者に結約書に署名させた後、その結約書を相手方に交付しなければならない（546条2項）。

当事者の一方が結約書を受領せず、またはこれに署名しないときは、仲立人は遅滞なく相手方にその通知を発しなければならない（546条3項）。仲立人の媒介により当事者間に契約が成立したことを否定する効力を認めるのもではないが、当事者に契約の成立・内容等に関して何らかの異議があることを知らせ、すみやかに適切な処置を相手方にとってもらうために必要だからである。

4　帳簿記載義務（547条）

仲立人は帳簿を備え、仲立人の媒介によって成立した契約の各当事者の氏名、年月日その他結約書に記載すべき事項を記載して、保存しなければならない（547条1項）。仲立人の媒介によって他人間に成立した契約につき証拠を保存させるためである。

このような仲立人の帳簿（仲立人日記帳）の保存は商業帳簿に準じ（19条3項参照）、当事者はいつでも仲立人の帳簿の謄本の交付を請求できる（547条2項）。

仲立人の帳簿は、仲立人自身の取引を記載するものではなく、他人間の契約について記載する帳簿であって、仲立人の財産状況を明らかにするものではな

い。したがって、商業帳簿とは異なるものである。

5 当事者の氏名等の黙秘義務（548条）

　当事者がその氏名または名称を相手方に示してはならない旨を仲立人に命じたときは、仲立人は、結約書および仲立人の帳簿の謄本にその氏名又は名称を記載することができない（548条）。

　当事者はその相手方に自己の氏名等を知らせないほうが有利な場合がありうるし、相手方としても当事者を知る必要がない場合が少なくないからである。

　仲立人は当事者がその氏名・商号を相手方に示さないように命じたときであっても、仲立人の帳簿の原本には当事者の氏名等を記載しなければならないが、仲立人の帳簿の謄本にはその氏名等を記載してはならない（548条）。

6 介入義務（549条）

　仲立人は当事者の一方の氏名またはその名称をその相手方に示さなかったときは、その相手方の請求に応じ自ら履行の責任を負う。これは、相手方の信頼を保護するためである。

　なお、介入義務の履行によっても仲立人が自ら取引の当事者となるわけではなく、自発的に履行して相手方に反対給付を請求することもできない。仲立人が介入義務を履行したときには、仲立人は黙秘当事者に求償できる。

3　仲立人の権利

1 仲立人の報酬請求権（512条）

　仲立人は商人であるから、特約がないときでも、その媒介行為について相当の報酬（仲立料）を請求できる。ただし、別段の意思表示または慣習がない限り、仲立人は委託者に対し、媒介行為に要した費用の償還を求めることはできない。

　仲立人の媒介によって当事者間に契約が有効に成立し、その効力が発生し、かつ、結約書の作成・交付が終わったこと（550条1項）が報酬を請求するための要件である。

仲立人の報酬は当事者双方が平分して負担する（550条2項）。

仲立人は、委託者でない相手方に対しても、公平に利益を図るべきとされていることに加え、各種の紛争防止のための義務、氏名黙秘義務、介入義務を負うものとされており、媒介の利益が委託者でない相手方に対しても及んでいると解されるからである。

2　民事仲立人の報酬請求

民事仲立人は、商事仲立人とは異なり媒介の相手方の利益をも保護するために規定されている商法545条以下の義務を負わないため、550条の適用もないと解されている。しかし民事仲立人も商人であることから（4条1項・502条11号）、512条を根拠に依頼者に対して報酬を請求できる。これに対し直接の委任関係にない相手方に対して報酬を請求できるかに関し議論がある。

判例（最判昭44・6・26民集23・7・1264〔百選34、商判Ⅱ-17〕、最判昭50・12・26民集29・11・1890）は、民事仲立人である宅地建物取引業者が相手方である売主と間で委託または事務管理を行う旨の明示または黙示の仲介委託契約の成立を肯定すべき事実関係が認められない限りは、委託者（買主）ではない売主に対して商法512条を根拠に報酬を請求できないと解する。そして、宅地建物取引業者が委託を受けない相手方である売主に対し商法512条に基づく報酬請求権を取得するためには、客観的にみて、売主のためにする意思をもつて仲介行為をしたものと認められる必要があり、単に委託者である買主のためにする意思をもつてした仲介行為によって契約が成立し、その仲介行為の反射的利益が相手方である買主にも及ぶだけでは足りないと解する（前掲最判昭50・12・26）。

学説においては①判例の立場を支持する見解、②民事仲立人が相手方のために仲立をなしたといえる場合には512条から直接報酬請求権が認められるとする見解、③民事仲立人の媒介行為により相手方も利益を受け、また民事仲立人も相手方に対し善管注意義務を負っていること等から商事仲立人とかわりがなく550条2項の類推適用を認めるべきとする見解、④相手方に対しては委託者から再委託を受けていると擬制し委託者と同様の報酬請求権を認めるべきと解する見解、等も主張されている。

　保険仲立人は、顧客からの委託を受けて顧客の希望する保険商品を引き受けてくれる保険者と顧客との間で保険契約が成立するように尽力（媒介）することを業務として行う。すなわち保険仲立人は保険者の代理人ではなく、保険者と独立した立場で顧客のために業務を行うものである。しかし、実際には、保険仲立人の尽力により顧客と保険者の間で保険契約の締結がなされた場合における手数料等（仲立人の報酬等）は、保険者から支払われることが一般的となっている。そのため、保険仲立人が、顧客が希望する内容とは関係なく手数料が高い保険者の商品を優先的に媒介することも考えられる。そこで、保険仲立人は顧客から委任を受けて顧客のために誠実に保険契約の締結の媒介を行わなければならないとする誠実義務が課されている（保険業299条）。この誠実義務は保険仲立人が顧客に対して負っている善管注意義務（民644条）を保険仲立人の特性を踏まえて明確化したものと解されている。

3　直接取引と報酬請求権との関係

　商事仲立人の報酬請求権は、依頼者と相手方との間での商行為の成立が条件となっている（550条1項）。また民事仲立人の報酬請求権においても特別法において同様な取扱となる場合もある（宅地建物取引業法46条1項、国土交通省告示「宅地建物取引業者が宅地又は建物の売買等に関して受けることができる報酬の額」参照）。

　契約が成立しなければ報酬支払義務を負わないことを利用して、契約が成立しない段階で仲立人を排除して当事者が契約を締結した場合、仲立人は当事者に対して報酬を請求できるかに関し議論がある。

　判例（最判昭45・10・22民集24・11・1599〔百選66、商判Ⅱ-16〕）は取引の成立が民法130条にいう条件の成就に当たり、仲立人を排除して取引当事者が直接取引をすることは条件成就を故意に妨げたことになると解し、報酬請求を認め、通説もこの考え方を支持する。

　この場合の故意の内容であるが、単に条件成就を妨げる認識があるだけでいいのか、あるいは条件成就による不利益を免れようとする意思まで必要かは、説が分かれる。しかし、条件成就の妨害が信義則に反することを要求するのが

一般的であることから、実際の判断において相違はないと解されている。

　学説においては、①仲立人の種々の活動が直接取引の場合を含めて契約の成立に相当の寄与をしたと認められる場合には、仲介行為と契約成立の間に相当因果関係があるとして報酬を認める見解、②仲立が一般に準委任と解されていることから民法648条3項の規定を準用して報酬請求を認める見解、③民法651条2項を根拠に報酬請求を認める見解、④仲介契約が仲介により売買契約が成立して初めて報酬請求権が発生するという請負的性格を有することから、請負に解する民法641条の準用として報酬を請求できると解する見解、等が主張されている。

4　仲立人の給付受領権限（544条）

　仲立人は依頼者と相手方との間で成立した商行為の当事者ではない。当事者でないことから、別段の意思表示または慣習がない限り、仲立人はその媒介した行為につき当事者のために支払その他の給付を受ける権限を有しない（544条）。

　別段の意思表示として、自己の氏名等を黙秘するように命じた当事者は仲立人に給付受領権限を与えたものと解されている。

14章 問屋営業

1 総　説

　問屋とは、自己の名をもって他人のために物品の販売または買入れをすることを業とする者をいう（551条）。物品には有価証券も含まれると解されており、問屋の典型例は証券会社である。投資家は直接証券取引所で有価証券を取引することができないので、証券会社を通じて取引を行う。この場合、証券会社は自ら法律上の権利義務の主体となり有価証券の売買取引を行うが、その経済上の利害得失は顧客である投資家に帰属する。証券会社のような金融商品取引業者以外では、書籍の委託販売などでも利用されている制度である。

　証券会社の例を考えてみればわかるように、物品（有価証券）の取引による損益はすべて委託者（顧客）に帰属するから、問屋（証券会社）の収益の源泉は手数料収入である。そうすると、551条は物品の販売または買入れすることの引受け（以下にいう取次ぎ）を業とする者の意と考えられる。販売・買入行為自体は、問屋にとって附属的商行為（503条1項）に該当する。

　上述のように、法律上の権利義務と経済上の利害得失の帰属主体が異なるのが、問屋営業の特徴である。これは企業取引を円滑にする効果を持つ反面、複雑な解釈問題を生むことにもなる。

　問屋営業は、営業的商行為のうち取次ぎに該当する（502条11号）ため、問屋は商人に該当する（4条1項）。物品の販売または買入れ以外の行為の取次ぎをする者は準問屋（558条）と呼ばれるが、同様に商人である。広告主からの委託を受けた広告業者などがその例である。また、物品運送の取次ぎを業とする者を運送取扱人と呼ぶ（→15章2の7）。

　問屋は補助商の一種であり、商人は支店の設置や代理商の利用で、同様の目的を達成することもできる。もっとも、従業員を雇用すると、当該従業員が権限濫用したり不合理な支出をした場合のリスクは、商人自身が負担することになる。これに対して、独立した商人を利用した方がコスト面で有利なこともあるし、その知識・経験を活用することもできる。また、問屋営業では問屋自身が法律上の権利義務主体となるので、委託者は匿名で取引することができる。販売・買入れの対象となった物品を担保として、委託者が問屋から資金面の便宜をはかってもらえるというメリットもある。

　委託を受けた問屋と取引する相手方からみても、法律上の権利義務主体は問屋であるから、背後にいる委託者の信用・資力を心配する必要はなく、安心して取引することができるとされる。

　また、問屋が取次ぎ以外の営業（自己商）を兼ねることも可能であり、実例も多いとされる。

　なお、日常用語にいう問屋（とんや）は、上記の問屋（といや）営業とは別物である。問屋（とんや）は自ら物品を生産者・製造者などから仕入れ、それにマージンを上乗せして川下の業者（仲買人・小売商）や消費者に売却するので、典型的な投機購買業者（501条1号）である。消費者に当該物品が届く際にはマージンが上乗せされているので、不合理な実務慣行と思うかもしれない。しかし、川下の投機購買業者は在庫の増減を見ながら川上の問屋（とんや）に仕入注文を出すことができるから、過剰在庫を抱え込むリスクを負わずに済む。過剰在庫のコストが消費者に転嫁されない点で、合理性のあるシステムといえる。

　本章では、**2**で問屋（といや）と類似する商人との違いを概説する。**3**では問屋と委託者との関係（内部関係）について、**4**では委託者以外の者との関係（外部関係）について述べる。

2　類似する概念との比較

　問屋は、他の者の物品購入・売却を補助する商人である点で、商人の一種である代理商・仲立人と類似する。もっとも、代理商は特定の商人のために商行為の締約代理または媒介行為を行う独立の商人であり、あくまでも権利義務の

図表14-1　問屋と類似概念との比較

	代理商	仲立人	問屋
権限の範囲	締約代理商は法律行為の委任、媒介代理商は事実行為の準委任	契約締結の尽力（事実行為の準委任）	法律行為（自己の名において行う）
委託する者の属性	特定の商人	不特定多数の商行為を行う者	不特定多数の者。非商人でもよい
権利義務の主体	本人	本人	問屋（経済効果は委託者に帰属）

主体は本人である商人である。これに対して問屋の場合、その相手方は商人とは限らないし（証券会社はその典型例である）、不特定多数の者である点で異なる。また、仲立人は他人間の商行為の媒介を業とする者であるが、その内容は尽力（事実行為の準委任）に限られる（→13章**1**）。他方、問屋は物品の販売・買入れ（準問屋の場合はその他の法律行為）を自らの行為として行うため、やはり両者とは異なる概念である。

3　問屋と委託者との関係（内部関係）

1　権利義務関係

　問屋は、他人のためにした販売または買入れにより、相手方に対して、自ら権利を取得し、義務を負う（552条1項）。「他人のために」はその経済上の効果が委託者に帰属することを（これを「計算において」と表現する場合もある）、「自ら権利を取得し、義務を負う」は法律上の権利義務の主体が顧客ではなく問屋であることを表している。問屋と委託者との間の関係については、委任・代理に関する規定を準用する（552条2項）が、委託者と問屋との関係は委任契約と考えられるから、委任の規定は直接適用されるものと解される。同項は委託者保護の趣旨から代理の規定を準用したものとされるが、代理のどの規定が準用されるかがさらに問題となる。物品販売の委託を受けた問屋が他の問屋に再委託した場合、再委託を受けた問屋と委託者本人との間に直接には権利義務関係は生じず、民法106条2項の準用はないとするのが判例である（最判昭31・10・12民集10・10・1260）。民法の委任の規定が適用されるから、問屋は委託者に対

して善管注意義務（民644条）を負う。

委託者の指示に基づかない信用取引が問屋の従業員によってなされた場合も、当該取引の経済上の効果は委託者に帰属しない（最判平4・2・28判時1417・64〔百選68〕）。

問屋は特約がなくとも、委託者のために行った販売・買入れにつき、報酬を請求することができる（512条）。民法の委任契約は無償が原則であるが（民648条1項）、問屋営業の本質的要素である取次ぎは営業的商行為であり（502条11号）、それを自己の名をもって業として行う問屋は商人であるからである（4条1項）。

その他の要素については委任の規定が適用されるから、問屋に帰責事由なく任務を履行できなかった場合は、履行の割合に応じて報酬を請求できる（民648条3項。なお民648条の2参照）。必要な費用を支出した場合も、委託者に請求できる（民649条・650条）。

2　履行担保責任

問屋は、委託者のためにした販売または買入れにつき相手方がその債務を履行しないときに、自らその履行をする責任を負う（553条本文）。善管注意義務の帰結としては、問屋は取引の相手方を適切に選択して履行請求すれば足りるはずである。しかし、委託者保護・問屋制度の信用維持の観点から、問屋にさらに重い責任が課されている。かかる重い責任は手数料の高額化を招くことから、立法論として疑問視する学説もあるが、本文は任意規定であり、特約や商慣行によって排除できる（同条但書）。特約の存在は、例えば手数料が通常に比して著しく安い場合には推認可能であろう。

履行担保責任は相手方の債務不履行時の保証のようにもみえるが、相手方と委託者との間には直接の法律関係がないから、問屋に課された特別の法定責任である。この責任は、実質的には相手方が委託者に対して負う義務の肩代わりであるから、同時履行の抗弁権など、相手方が問屋に主張できた抗弁は、問屋も委託者に主張できる。ただし、問屋の善管注意義務違反で相手方が抗弁を主張する場合には、問屋は当該抗弁を委託者に主張できないと解される。

3 指値遵守義務

　投資家が証券会社を通じて株式を売買する場合などには、その価格が重要になる。このような、委託者が問屋に指示する取引価格（単なる希望価格とは異なる）のことを指値とよぶ。例えば、投資家がA株式の売り注文を1,000円以上で出した場合、証券会社は買い注文を1,000円未満で出した投資家と注文を約定させることはできない。反対に、投資家がB株式の買い注文を500円以下で出した場合、証券会社は売り注文を500円を超える額で出した投資家と注文を約定させることはできない。これを指値遵守義務とよんでいる。

　もっとも、このような場合委託者にとって重要なのはあくまでも取引価格であるから、問屋が指値と実際の注文との間に生じた差額を負担するのであれば、委託者に不利益を生じさせることにはならない。また、問屋としても差額を負担して委託者から報酬を受け取る方が合理的な場合もある。そこで、問屋が差額を負担するときは、その販売または質入れは、委託者に対してその効力を生ずる（554条）。

　問屋が差額を負担した場合、委託者に損害は生じないから、委託者は自己に経済上の効果が帰属することを拒めない（大判昭15・8・30法律新聞4620・10）。この場合、委託者は取引の経済上の効果を享受した上で、指値遵守義務違反につき問屋の債務不履行責任を追及することは妨げられない。

　また、指値遵守義務に違反したものの、委託者にむしろ利益が発生する場合には、当該差益は委託者に帰属すると解すべきだろう（なお、逆指値につき、金商162条1項2号参照）。

4 介入権

　(1) **意　義**　　委託者から物品の販売・買入れを委託された問屋が自ら買主・売主となることは、利益相反の問題を生じさせるおそれがある。問屋が自らに都合の良い価格や条件で委託者と取引をすることで、問屋が利益を上げ委託者に損害を与える可能性があるからである。もっとも、物品の価格が明らかであり、その価格で取引がされるならば、特に制限を設ける必要はない。その時間・費用の節約になるならば、むしろ望ましいようにも思われる。問屋が自己商を兼ねている場合には、販売・買入れの委託を受けた物品を問屋自身が所

コラム14−1　**金融商品取引法におけるのみ行為の禁止**

　証券会社が顧客から株式その他の金融商品の販売・買入れを委託された場合、自ら買主・売主となることは可能であろうか。

　平成16年改正前証券取引法は、証券会社が自ら買主・売主となること（のみ行為という）を禁止していた。しかし、同年改正により証券会社に最良執行義務が課された上で、のみ行為の禁止規定は廃止された。これに対し、商品関連市場デリバティブ取引（金商2条8項1号）については、商品先物取引法と同様の規制を敷くため、のみ行為がなお禁止されている（金商40条の6）。

有・保有していることもあるだろう。また、同じ物品の販売・買入れの双方を委託されていることもありうる。

　介入権の場合も指値遵守義務と同様、委託者にとって重要なのは物品の取引価格である。そのため、問屋は、取引所の相場がある物品の販売または買入れの委託を受けたときは、自ら買主または売主となることができる。この場合において、売買の代価は、問屋が買主または売主となったことの通知を発した時における取引所の相場によって定める（555条1項）。相場価格に従えば、委託者の利益が害されるおそれがない。このように、問屋が委託者の販売・買入れの相手方となれることを、介入権と呼んでいる。

　(2)　**要件・方法**　　介入権の行使は、問屋の委託者に対する意思表示によって行う。委託者が介入権行使を禁止する特約を締結している場合には、行使できない。

　「取引所の相場」に該当するためには、売買の履行義務地または問屋の営業所の所在地（516条）で通用する価格を形成する取引所相場がある必要がある。また、現に相場価格が形成されている必要がある。

　介入権行使にあたっては委託者への通知義務を果たす必要がある（557条が代理商に関する27条を準用）。売却・買入れの条件は介入権行使以外の場合と同等である必要がある。

　(3)　**効　果**　　問屋の委託者に対する意思表示の到達によって介入権の効果が生じる。価格は介入権行使の通知を発信した時点の相場による（555条1項後段）。

	民法上の留置権（民295条）	代理商・問屋の留置権（31条・557条）	商人間の留置権（521条）
当事者	占有が不法行為で始まった場合（2項）以外制限なし	商人と代理商／委託者（非商人でもよい）と問屋	双方とも商人
留置できる物	債権者が占有する債務者の物	商人・委託者のために占有する物または有価証券	債務者との間の商行為によって占有した債務者の所有物または有価証券
債権との牽連関係	必要	不要	不要

　問屋は結果として、買主・売主双方の地位に立つことになる。もっとも、この場合も問屋としては委託者の販売・買入れを実行しているといえるから、問屋としての地位を失うわけではない。その結果として、報酬請求権は通常通り発生する（555条2項）。

5　競　売

　問屋が買入れの委託を受けた場合において、委託者が買い入れた物品の受領を拒み、またはこれを受領することができないときは、商事売買に関する524条が準用される（556条）。もっとも、問屋保護の観点から、委託者が商人である必要はない。

　本条の効果として、供託または相当の期間を定めた催告後競売に付することができる。価格低落のおそれがある場合は、催告なくして競売できる。代価は供託が原則だが、代金への充当も可能である。（→10章の**1**）。

6　通知義務・留置権

　代理商の通知義務（27条）、留置権（31条）はそれぞれ問屋に準用される（557条）。通知義務は委託者の請求がない場合にも遅滞なく通知を要求するもので、民法645条の特則である。企業取引の補助者である問屋の性質によるものである。

　留置権は、仲介業者としての代理商・問屋保護の観点から民法の原則を修正

したものである。委託者が商人である場合には商人間の留置権（521条）を行使することも可能であるが、非商人である場合には利用できない。民法上の留置権ももちろん行使可能であるが（民295条1項）、留置物と債権との牽連関係が必要である。代理商・問屋の留置権の場合には牽連関係が要求されないので、より留置権として強力であるといえる（→8章2の3）。

7　問屋が破産した場合の処理

(1)　**委託者の物品が問屋にある場合**　　問屋が破産した場合には、委託者と問屋の債権者との関係が特に問題となる。問屋に法律上の権利義務が帰属するのは間違いないが、経済的な効果の帰属主体は委託者である以上、委託者の利益を保護する必要性が高いと考えられるからである。まず、委託者が売却・買入れを委託した物品が問屋にとどまっている場合について考えてみよう。問屋の債権者が委託者の物品に強制執行をかけてきた場合、委託者は第三者異議の訴え（民執38条）を提起できるだろうか。あるいは、取戻権（破産62条）を行使することはできるだろうか。

学説では、問屋と委託者との間では委任および代理の規定を準用する552条2項の「問屋」には問屋の債権者も含まれると解する見解が有力である。代理人が本人のためにした法律行為の効果は本人に帰属するから（民99条1項・2項）、問屋が委託者のために取得した財産は、問屋の債権者との関係でも対抗要件の具備なくして委託者所有と認められることになる。もっとも、物品に対して取戻権を行使する場合には、委託者に帰属すべきものとして特定されていることが必要とされる。また、552条2項の拡張解釈を行うことなく、問屋が売主・買主の両側に立つ自己契約（民法108条1項本文により原則として無効だが、委任契約の受任者には民法646条2項に基づく権利移転義務がある）と解した上で、問屋から委託者への占有改定（民183条）を柔軟に認めることで対応しようとする見解や、信託法理の考え方を援用する見解もある。

判例も、委託者が物品の買入れを委託し、問屋が破産した場合について委託者を保護する解釈を採用した。具体的には、当該物品は委託者の計算によって取得されたもので、実質的利益を有するのは委託者であるとした。そして、問屋の債権者はその物への権利までも自己の債権の一般的担保として期待すべき

でないとして、委託者の破産法上の取戻権行使を認めた（最判昭43・7・11民集22・7・1462〔百選70、商判Ⅱ-18〕）。その法律構成は不明確であるが、結論において上記有力説と同様の見解を採用していることになる。

　(2)　**委託者の金銭が問屋にある場合**　　これに対し、委託者の金銭を問屋が預かっている場合には、原則としてその取戻しはできない。金銭については所有と占有が一致するというのが判例であり、委託者から預かった金銭であっても破産債権と取り扱わざるを得ないからである。もっとも、委託者専用の口座が開設されており、問屋が自由に処分できないといった事情がある場合、預金の占有に関する判例（最判平15・2・21民集57・2・95）の趣旨に照らして、委託者の取戻しが認められる可能性はあるだろう。

　なお、物品の売買契約は成立したが代金が問屋に支払われる前の段階では、委託者は代償的取戻権（破産64条1項）を行使できるものと考えられる。

4　取引の相手方との関係（外部関係）

1　問屋と相手方との関係

　問屋は自己に法律上の権利義務が帰属することとされているので、取引の相手方との法的問題は、問屋を基準として考えるのが原則になりそうである。例えば、取引に関する意思の欠缺・瑕疵や事実の知・不知は、委託者基準ではな

く問屋基準で判断されることになりそうである。

　もっとも、問屋を通じた取引の経済的効果は委託者に帰属するから、上記原則を厳格に貫くのは不合理な場合もある。例えば、委託者が相手方に詐欺をして問屋と契約を締結させた場合には、第三者の詐欺の規定（民96条2項）ではなく本人の詐欺の規定（同条1項）を適用するのが適切だろう。

　また、相手方・代理人間の意思表示に問題があった場合も、代理人である問屋を基準とすると（民101条1項・2項）、委託者の悪意・過失による不知にかかわらず相手方が不測の損害を被る可能性がある。このような場合には、委託者が悪意または過失で不知である場合には、問屋は自己の不知を相手方に主張できないと解すべきである（民101条3項類推適用）。

2　相手方の債務不履行時の処理

　相手方の債務不履行の場合、契約当事者であった問屋が相手方に損害賠償請求できるのは、委託者からの手数料収入が得られないことによる損害額にとどまりそうである。これに対し委託者は、相手方と直接の契約関係に立っていない。もっとも、この場合にも当該債務不履行で経済的な損害を受けるのは委託者である。そこで、問屋は委託者の損害分も含め、全損害につき相手方に賠償請求できると考えられる。

15章 運送営業・運送取扱営業

1　総　説

運送とは物又は人を場所的に移動させる事実行為をいい、運送に関する行為を業としてするときは商行為となる（502条4号）。運送を業として引き受ける者は、会社形態をとっていなくても（会社5条参照）商人となる（4条1項）。

運送取引については、2018年5月に「商法及び国際海上物品運送法の一部を改正する法律」（平成30年法律29号）が成立し、2019年4月1日より施行されている。これにより、1899（明治32）年の制定以来、実質的改正が行われてこなかった商法典の運送営業（第2編第8章）の規律、海商法（第3編）の規律の現代化が図られた。本章では、主な改正点にも触れつつ、商法の物品運送契約（**2**）、旅客運送契約（**3**）の規律について解説する。物品運送の取次ぎを業として行う運送取扱営業（第2編第7章）についても、本章の物品運送の節で扱う（**2 7**）。

1　商法の規定の適用

商法は、商法典第2編第8章にいう「運送人」を定義して同章の適用範囲を定めた上で（569条）、運送の対象に応じ、物品運送（570条ないし588条）、旅客運送（589条ないし594条）について規定している。海上運送については、陸上での商取引とは異なる危険を伴うと考えられてきたこと、そのために特有の制度が発達していることから、第3編海商（684条以下、特に737条ないし770条）に特則がおかれている。平成30年改正前商法は、第2編第8章の適用を陸上運送に限定し（旧569条。陸上運送には平水区域（船舶安全法施行規則1条6項参照）での運送

も含まれ（商法施行法旧122条、明治32年逓信省令20号）、湖川、港湾のほか、湾内、瀬戸内海のかなり広い範囲での運送が陸上運送として扱われていた）、海上運送には海商法の規定を適用していた。これに対し、現行商法は、「運送人」を「陸上運送、海上運送又は航空運送の引受けをすることを業とする者」と定義し（「海上運送」は684条に規定する船舶（747条に規定する非航海船を含む）、「航空運送」は航空法（昭和27年法律231号）2条1項に規定する航空機（すなわち、人が乗って航空の用に供することができる飛行機、回転翼航空機、滑空機、飛行船その他政令で定める機器）による運送をいう）、商法第2編第8章の規定を運送の種類をとわず適用される総則的な規律としている。これにより、航空運送についての規定がない、複数の種類の運送を引き受けた場合に適用される規律が不明確であるといった改正前商法下で生じていた問題は、解消されることになった。

　平成30年改正前の商法第2編第8章は、四方を海で囲まれた日本では国際的な陸上運送を想定しがたいことから、事実上、国内陸上運送に関する規律と

コラム15-1　海商法

　商法第3編海商（形式的意義における海商法）は、海上運送のほか、船舶の所有や管理、船長の権限等、共同海損（航海中に船舶・積荷等が共同の危険に遭遇したとき、これを回避するためにとられた措置に関し費用・損失を共同で分担する制度）、船舶衝突が生じた場合の船主の責任、海難救助、海上保険、船舶先取特権・船舶抵当権について規定する。平成30年商法改正ではこれらの規定の現代化も図られた。海商法自体は「商行為をする目的で航海の用に供する船舶」（684条。商行為船という）を本来的な適用対象とするが、その規定は、船舶法（明治32年法律46号）付則35条によって公用船を除く非商行為船にも準用されている。

　商法第3編以外に、重要な法源として商法の特別法にあたる制定法や自動執行力のある国際条約があり、実質的意義における海商法を形成している。前者として国際海上物品運送法（**2**参照）、船舶の所有者等の責任の制限に関する法律（昭和50年法律94号）、船舶油濁等損害賠償保障法（昭和50年法律95号）、後者として1910年の船舶衝突条約（大正3年条約1号）、海難救助条約（大正3年条約2号）がある（なお、1969年、1992年の油汚染損害の民事責任条約（昭和51年条約9号、平成7年条約18号）は船舶油濁等損害賠償保障法によって国内法化されているが、条約の国際裁判管轄に関する規定には自動執行力がある）。

なっていた。これに対し、現在の商法の規律は、契約準拠法が日本法である場合、自動執行力のある国際条約や商事特別法に別段の定めがない限りは国際運送契約にも適用される、一般的、包括的な規律となっている。

2　運送法の法源

運送契約は、当事者の一方が物品または旅客の運送を約し、相手方がその結果に対して運送賃を支払うことを約する契約であり（570条・589条参照）、請負契約（民632条）の一種である。ただ、物品運送契約に関しては、商法がその特性に応じて比較的詳細な規定をおいているため、商法の規定が適用される場合に民法の請負契約の規定が適用される余地は多くはない。

他方で、運送契約に関する規律は商法の規定だけで完結しているわけでもない。鉄道運送については鉄道営業法（明治33年法律65号）、その下位法令で運賃その他の運送条件を定める鉄道運輸規程（昭和17年鉄道省令3号）などが制定されており、その私法上の関係について規定する部分は商法の特別法として運送契約に適用される。路面電車などの軌道による運送についても、同様の法令として軌道法（大正10年法律76号）、軌道運輸規程（大正12年鉄道省令4号）がある。また、国際的な海上物品運送には商法の特別法にあたる国際海上物品運送法（昭和32年法律172号。以下、「国際海運法」と表記することがある）が、国際航空運送には自動執行力のある条約として1999年の国際航空運送についてのある規則の統一に関する条約（平成15年条約6号。モントリオール条約）が適用される。さらに、運送契約は、実際上は約款によって引き受けられることが多く（事業法による規制について本章2の1、3の1参照）、この場合、商法の規定の多くは任意規定であることから契約内容の大半が約款によって定まることになる。約款の拘束力や個々の条項の有効性については、民法や消費者契約法の規律による制約を受ける。

本章では、商法の総則的規律を中心に物品運送、旅客運送の順に解説し、海上運送や国際運送に特有の規律についてはコラムで簡単に紹介する。

コラム15-2　運送に関する国際条約

　国際運送は国境を越えて行われるため、早くから条約による規律の統一が進められてきた（国際運送については江頭・287頁以下が詳しい）。国際海上物品運送法は、1968年議定書、1979年議定書によって改正された1924年の船荷証券に関するある規則の統一のための国際条約（船荷証券統一条約。1924年の原条約をヘーグ・ルールズ、1968年改正条約をヘーグ・ヴィスビー・ルールズという）を実施するため、条約の内容を国内法化した法律である。1924年条約は、船舶所有者（運送人）による免責条項の濫用を受けて先進海運国（主にイギリス）と荷主国（主に旧英植民地諸国）の妥協の産物として成立した条約で、船荷証券（→後述**2**6(2)）の発行される運送について運送人が負うべき最低限度の責任を強行的に定める（→**コラム15-5**）。日本は、1957年に1924年条約（昭和32年条約21号）、1993年に1979年議定書（平成5年条約3号）を批准した（1924年条約は廃棄）。航空運送については、1929年に国際航空運送についてのある規則の統一に関する条約（昭和28年条約17号。ワルソー条約）が制定された。当時は速度も輸送能力も限られるレシプロ機の時代で、ワルソー条約は、航空産業の保護・育成を図るため、人身損害についても責任限度額を定めていた。航空技術の発展や旅客機の大型化によって航空運送が急速に普及し安全性も高まると、運送人責任は条約の改正や約款の改訂等を通じて強化されていく。1999年モントリオール条約（→**1**の2）は、ワルソー条約の枠組みを引き継いではいるが、人身損害について責任限度額を設けず一定額まで運送人に無過失責任を課すなど、旅客の利益の保護を重視した内容となっている（→**コラム15-10**）。貨物損害についても特徴的な責任制度を採用する（→**コラム15-5**）。

　日本が加盟していない既発効の条約には、1978年の海上物品運送に関する国際連合条約（ハンブルク・ルールズ）、1974年の旅客及びその手荷物の海上運送に関するアテネ条約とその2002年改正議定書、欧州地域限定だが1956年の国際道路物品運送条約（CMR）、1999年の国際鉄道運送条約（COTIF、原型は1890年の鉄道物品運送条約（CIM））、2001年の国際内水物品運送条約（CMNI）などがある。なお、海上物品運送契約に関しては、2008年に全部又は一部が海上運送による国際物品運送契約に関する国連条約（ロッテルダム・ルールズ）が成立したが、発効していない。さらに、輸送の安全に関わる規制の制定には、国連の専門機関である国際海事機関（IMO）や国際民間航空機関（ICAO）が重要な役割を果たしている。

2　物品運送契約

1　総　説

　物品運送契約とは、運送人が荷送人からある物品を受け取りこれを運送して荷受人に引き渡すことを約し、荷送人がその結果に対してその運送賃を支払うことを約する契約である（570条）。

　運送事業は一種の規制産業であり、物品（事業法上は「貨物」）運送事業を行う者に対しては、運送機関ごとに定められた事業法（貨物自動車運送事業法（平成元年法律83号）、鉄道事業法（昭和61年法律92号）、海上運送法（昭和24年法律187号）、内航海運業法（昭和27年法律151号）、航空法、港湾運送事業法（昭和26年法律161号）など）や貨物利用運送事業法（平成元年法律82号）によって、新規参入や事業計画の規制、事業者が使用する約款について国土交通大臣の認可を求める約款認可制、運賃規制など、行政的規制が行われていることが多い。事業者数が多い領域では、約款認可制とあわせて、国土交通大臣が定めて公示した標準運送約款を事業者が使用するときは認可を受けたものとみなす制度もある。なお、貨物利用運送事業法における「利用運送」とは、実運送事業者（船舶運航事業者、航空運送事業者、鉄道運送事業者または貨物自動車運送事業者）の行う運送を利用して行う貨物の運送をいい（2条1項参照）、同法は自動車による運送と他の運送機関の利用による運送を一貫して行う場合を二種、それ以外を一種と区別して貨物利用運送事業を規制している。一般に運送契約というときは、他の運送人を利用して運送を行う場合も含み（下請運送）、利用運送契約も運送契約の一種である（→本章 **2** の5）。

2　物品運送契約の成立と当事者

　物品運送契約（以下、単に運送契約ということがある）は諾成・不要式の契約であり、運送人と荷送人の合意によって成立する。運送契約の当事者は、運送人と荷送人である。運送契約の目的は一定の場所まで物品を物理的に移動することなので、到達地で運送品の引渡しを受ける者（荷受人）も、運送の進行に従って運送契約上の権利を取得し義務を負うことになる（→本章 **2** の3(3)）。

3　当事者の権利義務

(1)　**主たる給付義務**　　物品運送契約は有償・双務契約であり、運送人による運送の履行（(i)）と荷送人（または荷受人。(3)参照）による運送賃の支払（(ii)）が対価関係にある。

(i)　運送の履行　　運送人は引渡地までの運送を履行する債務を負担し、運送品の受取、引渡し、保管、運送に関して一般的注意義務を負う（575条）。運送を自ら実行してもよいし、他の運送人を利用してもよい。商法は、荷送人が市場の景況や買主の信用状態の変化などに対応できるようにするため、運送品が目的地に到達して荷受人がその引渡しを請求するまでの間は、荷送人が運送人に対し、運送の中止、荷受人の変更その他の処分を請求することを認めている（580条。運送品処分権。もっとも、本来の義務に本質的変更を加えるような処分を命じる権利まではない）。運送品処分権が行使された場合は、運送人はその指図に従う義務を負う。

　運送人は荷受人に対して運送品を引き渡す義務を負っているので、誤って荷受人以外の者に対して運送品を引き渡した場合は、債務不履行責任を負う（最判昭35・3・17民集14・3・451〔百選73〕）。荷受人が運送品の受取を拒絶したり、所在不明であったりして運送品を引き渡すことができない場合、運送人は運送を完了できず、難しい立場におかれる。そこで商法は、荷受人を確知することができない場合、荷受人が受取を拒否しまたは受け取ることができない場合には、運送品を供託すること、その上で荷送人に対して相当の期間を定めて運送品の処分について指図すべき旨の催告を行い、その期間中に指図がないときには（損傷その他の事由による価格の低落のおそれがある運送品については催告不要）、運送品を競売に付すことを認め、運送人が荷受人に運送品を引き渡す債務から免れ、運送賃等を回収することができるようにしている（582条・583条。内容や手続は売買契約の売主の供託権・競売権とほぼ同様。→**10章❶**）。

(ii)　運送賃の支払　　荷送人（荷受人）は運送賃を支払う義務を負う。運送契約は一種の請負契約なので、法律上は、到達地における運送品の引渡しと同時に支払わなければならないとされている（573条1項。民633条参照）。運送が履行不能となった場合、①運送人、荷送人双方の責めに帰することができない事由によるものであるときは、荷送人は運送賃の支払を拒むことができる（民

536条1項）。したがって、②運送品が不可抗力によって滅失・損傷した場合、運送人は運送賃の支払を強いることはできず、荷送人はすでに支払っていた運送賃があるときは運送契約を解除して（民641条・民542条）その返還を求めることができる（民545条1項）。これに対し、③荷送人の責めに帰すべき事由によるときは、荷送人は運送賃の支払を拒むことができない（民536条2項）。また、④運送品がその性質または瑕疵によって滅失し、または損傷したときも、荷送人は運送賃の支払を拒むことができない（573条2項）。⑤荷送人が運送品

コラム15-3　個品運送契約と傭船契約

　運送契約には、個々の運送品についての契約（個品運送契約）と運送手段（船舶や航空機など）を貸切るタイプの契約がある。海上運送では後者を傭船契約といい、本文で解説している個品運送契約とはやや異なる規律が適用される。実務上、傭船契約は、船舶所有者が、①航海を単位として傭船者に船腹を貸し切り、運送を引き受ける航海傭船契約（voyage charter）、②艤装した船舶に船員を乗り組ませてその船舶を一定の期間傭船者の利用に委ねる定期傭船契約（time charter）、③船員を乗せず船舶だけを貸し渡す裸傭船契約（bareboat charter）に区別される。①は運送契約、③は賃貸借契約の一種で、改正商法は、①②についての規定を合理化し（748条ないし756条、701条ないし703条）、比較的新しい契約形態である②について基本的な内容を明らかにする規定を新設した（704条ないし707条）。簡単な規律しか置かれていないのは、基本的に契約自由が尊重されるべき領域だからである。

　②は航海の安全等に関わる海技事項は船舶所有者、運送品の取扱いや寄港地の選択、燃料油の確保など船舶の利用に関する事項は傭船者の責任で行われる形態であることから、船舶衝突の際に定期傭船者が第三者に対して責任を負うかが争われることがある（最判平4・4・28判時1421・122〔百選101、商判Ⅳ-3〕参照）。また、特に在来船による運送の場合、定期傭船者は、自らが集荷した貨物について自社で用意した用紙を用いて、船長のために（for the master）と署名された船荷証券（→本章2の6(2)参照）を発行することが珍しくないことから、このような船荷証券の所持人に対して運送契約上の責任を負う運送人は誰かが争われることがある。この点について、船荷証券の記載に基づいて確定することを要するとし、船主を運送人と判断した最高裁判決がある（最判平10・3・27民集52・2・527〔百選102、商判Ⅳ-4〕）。

処分権を行使した場合は、運送人はすでにした運送の割合に応じて、運送賃、不随の費用、立替金およびその処分によって生じた費用の弁済を請求することができる（580条但書。なお、平成29年改正民法施行前は、①の趣旨の具体化といえる②を537条2項が規定し、現在の573条2項に概ね相当する573条3項が③の趣旨と④を規定していた。民536条は、民法改正により請求権消滅構成から履行拒絶権構成に改められている）。このような考え方を前提として、商法は運送人に、運送品に関して運送人が請求できる運送賃、付随の費用、立替金（運送賃等）について、その運送品を、弁済がなされるまで留置する権利を認めている（運送人留置権、574条）。被担保債権と留置できる物との間に牽連関係を要する点で521条の留置権と異なるが、その効力は他の商事留置権と同じである。民法上の運輸の先取特権も生じうる（民318条）。

　以上が法律上の原則であるが、実際には、運送賃の支払については、前払の特約や、途中で運送を履行できなくなったとしても荷送人は運送賃全額を負担する旨の特約がなされていることが少なくない。また、国内の企業間取引では、通常、当事者間の約定により、運送賃の支払は一定期間経過後の掛け払いとされている。商法の規定は任意規定なので、基本的にはこのような契約条項に従うことになろう。法令により前払とされている例もある（鉄道運輸規程54条）。

　運送賃債権などの運送人が荷送人または荷受人に対して有する債権は、これを行使することができるときから1年で時効によって消滅する（586条）。

(2)　荷送人の付随的義務

（i）　送り状交付義務（571条、改前商570条）　　荷送人は、運送人の請求により、送り状を交付しなければならない（571条1項柱書）。送り状交付義務は、荷送人に運送に必要な情報を提供させるために課されている義務であり、送り状には、運送品の識別に必要な情報（運送品の種類（1号）、運送品の容積もしくは重量または包もしくは個品の数及び運送品の記号（2号）、荷造りの種類（3号））、荷送人および荷受人の氏名または名称（4号）、発送地および到達地（5号）を記載しなければならない（571条1項）。571項1項は最低限記載すべき事項を法律上定めているにすぎないので、これ以外に具体的にどのような情報の記載を求めるかは実務に委ねられている。運送人の承諾を得て、電磁的方法によりこ

　平成30年商法改正の審議過程では危険物に関する通知義務違反の責任を過失責任とするか無過失責任とすべきかについて鋭い対立があり、法制審議会で採択された要綱では、大要、①通知義務を規定すること、②通知義務違反につき荷送人は原則として損害賠償責任を負い帰責事由がない場合には免責されるとすることが提案されていた。②は民法415条1項との関係で特則性がないため、改正商法の条文では省略されている。

　危険物に関する通知義務違反の結果は極めて深刻となることがあり、人命が失われる事故も現実におきている。この通知義務は、運送人保護のための規律というより、公益的要請に基づく規律と理解されるべきではないだろうか。いずれにせよ、東京高判平25・2・28判時2181・3〔百選72〕は、国際的な海上輸送における荷送人の不法行為責任が追及された事案で、公法上の危険物申告義務を「契約関係に立たない第三者を含む他人の生命、身体、財産を侵害する結果を回避するために果たすべき義務にほかなら」ないとして、荷送人には公法上の危険物に該当するか否かを正確に振り分け、分類、表示する義務があると判断し、過失を認めている。危険物を取り扱う業者やそのような者から運送の委託を受けた物流業者が公法上危険物と指定されている物に関して通知を怠った場合、荷送人が免責される余地は事実上ほとんどないと考えておくべきであろう。

れらの事項を伝達することも可能である（571条2項）。

　(ⅱ)　**危険物に関する通知義務（572条）**　　荷送人は、運送品が引火性、爆発性その他の危険性を有するものであるときは、その引渡しの前に、運送人に対し、その旨および当該運送品の品名、性質その他の当該運送品の安全な運送に必要な情報を通知しなければならない（572条）。572条は、平成30年商法改正により新設された規律である。危険物が運送の際に不適切に取り扱われると重大な事故につながりかねないため、従来から、公法上は一定の危険物について荷送人に申告義務が課されてきた。572条は、危険物の多様化やその取扱いの重要性に鑑みて、私法上も、危険物の安全な運送に必要な情報を通知する義務を明示的に荷送人に課したものである。

　この通知義務に違反した荷送人は、民法415条1項に従って債務不履行責任を負う。荷送人が通知義務を怠り、かつ、運送人が危険物であることを知りま

たは知ることができたはずなのに不適切な取扱いがなされ損害が発生した場合、運送人の主観的事情は相当因果関係の判断（民416条）や過失相殺（民418条）の際に考慮される（最判平5・3・25民集47・4・3079の考え方は不採用）。どのような運送品が本条にいう危険物にあたるのか、どのような場合に帰責事由がないとして免責されるかについては、今後の議論の蓄積を待つほかない。帰責事由の有無は契約内容および取引上の社会通念に照らして判断されるから、荷送人の属性（例えば危険物取扱業者か消費者かなど）によっても異なることになろう。

(3)　**荷受人・運送証券所持人の地位**　到達地において自己の名をもって運送人から運送品の引渡しを受けるべき者を、荷受人という。海上物品運送契約について船荷証券（→本章**2**の6(2)）が発行された場合は、その正当な所持人が運送品の引渡しを請求でき、運送品処分権も証券所持人が有する（768条・580条前段。複合運送証券が発行された場合も同様。以下、船荷証券、複合運送証券をあわせて「運送証券」という）。

　運送証券が発行されていない場合、運送契約において、荷送人によって荷受人として指定された者が荷受人である。運送が始まった段階では、荷受人には何の権利もなく、荷送人が運送の途中で荷受人を変更することも認められている（580条前段）。運送品が到達地に到着すると、その時点で、荷受人は運送契約によって生じた荷送人の権利と同一の権利を取得する（581条1項）。この段階では、荷送人の運送品処分権も存続している。運送品が到達地に達し荷受人が運送品の引渡しを請求すると、荷送人はその権利を行使できなくなる（581条2項）。ただし、この段階でも、荷受人を確知できないときや運送品の引渡しに関して争いがあるときは、運送人は荷送人に指図を求める必要がある（582条2項・583条）。運送品を受け取ると、荷受人は運送人に対して、運送賃等を支払う義務を負う（581条3項）。

　商法581条1項は、さらに、改正前商法583条1項と異なり、運送品が全部滅失した場合にも、荷受人に荷送人と同一の権利の取得を認めている。国際売買では、通常、売主が輸出国で船積みをした時に危険が移転する条件で売買契約を締結する（→**9章1**の2(3)）。運送途中で運送品が全部滅失したときに経済的損失を被るのは荷受人であるから、荷送人から債権譲渡を受けなければ荷受人

が運送契約上の権利を行使できないとすると不都合である。そこで、現行法は、全部滅失の場合にも荷受人に運送契約上の権利の取得を認め、荷受人が運送人に対して債務不履行責任を追及しやすいようにしている。その上で、荷送人、荷受人双方から損害賠償請求を受ける可能性に直面する運送人の立場に配慮して、荷受人が損害賠償請求をしたときには荷送人は権利を行使することはできないと定める（581条2項）。なお、国内売買で運送を伴うときは、通常、危険の移転は買主への現物の引渡しの際に生じるので、債務不履行に基づく損害賠償請求権は基本的には荷送人が行使することになろう。

荷受人の地位を理論的にどのように解すべきかについては、学説は、第三者のためにする契約（民537条）と解する説と、運送関係の特殊性から法が特別に定めた特殊の地位であると解する説にわかれる。もっとも、商法は荷受人の権利義務について具体的に定めており、現在では荷受人の運送人に対する不法行為請求にも一定の場合に運送契約上の規律が及ぶことは認められているから（→本章**2**の**4**(6)）、この議論に解釈論としての実益はあまりないと思われる。

コラム15-4　海上物品運送の特則

　平成30年改正商法は、海上物品運送については、改正前商法の個品運送契約、航海傭船契約に関する規律を実務に即して合理化している（→傭船契約につき**コラム15-3**）。現行法のもとでは、海上物品運送契約にも基本的には商法第2編第8章が適用され、さらに、同第3編第3章の当事者の権利義務や運送人の責任に関する海上物品運送契約についての特則、海上運送書類（→本章**2**の**6**）についての規定が適用されることになる（737条ないし770条）。

　海上物品運送人は、運送品に関する一般的な注意義務に加えて、発航の当時において、船舶を航海に堪える状態におくこと、適切に船員の配乗、船舶の艤装をし、需品の補給を行うこと、船倉などを運送品の運送等に適した状態におくことを義務付けられる（739条1項、国際運送につき国際海運法5条。堪航能力担保義務）。個品運送契約では、国内、国際をとわず、堪航能力担保義務違反についての責任は強行的に課されている（739条2項、国際海運法11条1項）。平成30年改正前では、国際運送に適用される国際海上物品運送法5条の責任は過失責任であるのに対し、国内運送に適用される改正前商法738条は無過失責任を定めたものとされていたため、不均衡が指摘されていた。現行商法では後者も過失責任となり、この不均衡は解消された。

4　運送人の責任

　商法は、大量の運送品を低廉な運送賃で運送する運送営業の特性に鑑み、運送契約上の運送人の責任について、民法の債務不履行責任の原則をかなり大きく修正する規定をおいている（(2)ないし(5)）。これらの規定は、運送人またはその被用者の不法行為責任にも準用されており、運送契約の条項に関しても、判例は一定の場合に不法行為責任に適用されるべきことを認めている（(6)）。

　(1)　**責任原則（575条、改前商577条）**　　運送人は、運送品の受取から引渡しまでの間に生じた滅失もしくは損傷または延着（以下「滅失等」とする）について、損害賠償責任を負う。この間に滅失、損傷の原因が生じたときも同様である。運送品の受取、運送、保管および引渡しについて注意を怠らなかったことを証明したときには、免責される。575条は民法415条1項を運送契約について具体化した規定といえ、運送人はいわゆる過失推定責任を負う。なお、575条からは改正前商法577条の「自己若クハ運送取扱人又ハ使用人其他運送ノ為ニ使用シタル者」という文言が抜けているが、商法制定時はともかく、現在は、債務者が履行補助者の行為について債務不履行責任を負うことは民法415条1項の理解として認められているため、両者に実質的相違はあまりない。

　(2)　**損害賠償額の定型化（576条、改前商580条・581条）**　　商法は、運送品の滅失または損傷について運送人がなすべき損害賠償の額を、引渡しのされるべき地におけるその時の運送品の市場価格（取引所の相場がある物品についてはその相場）、市場価格がないときは同種類で同一の品質の物品の正常な価格によって定めるとしている（576条1項）。この規律は、民法416条2項の適用を排除して運送人が賠償すべき範囲を通常損害に定型化し、かつ、損害額の算定基準となる時と地を固定したものである。滅失の場合は、滅失した運送品の到達地・時における市場（正常）価格が賠償額となり、損傷の場合は、到達地・時における市場（正常）価格を参照して定まる損傷による価値の減少分が損害額となる。滅失または損傷のために支払不要となった運送賃その他の費用は、このように定まる価格から控除される（576条2項）。運送人の故意または重過失によって運送品の滅失または損傷が生じたときは、そのような場合にまで運送人を保護する必要はないから、これらの規定の適用は排除される（576条3項）。576条は、改正前商法580条、581条の文言を従来の解釈と国際海上物品運送法

国際海上物品運送法のもとでは、運送人は運送品の船積みから荷揚げまでに生じた滅失等につき強行的に責任を負うが（11条。船積前または荷揚げ後の損害についても責任は負う（3条）が、減免特約が可能）、責任額は、原則、法律上の責任限度額の定め（一包もしくは一単位あたり666.67SDRまたはキロ当たり2SDRの高い方の額）によって制限される（9条参照）。責任の性質はいわゆる過失推定責任だが、航海上の過失、運送人自身の過失によらない火災により生じた損害については免責され、4条2項の列挙する事由については無過失の証明責任が軽減されている（3条・4条）。これらの事由に基づく免責、証明責任の軽減は、堪航能力担保義務違反（→**コラム15-4**）があるときは解釈上認められない。責任限度額および損害賠償額の定型化（8条）の規定の適用は、運送品の損害が運送人自身の故意によって、または損害の発生のおそれがあることを認識しながらした運送人自身の無謀な行為によって生じた場合には、排除される（10条）。運送人の責任は引渡しの日から1年の出訴期限の経過により消滅する（合意により延長可。商法585条。改正前商法589条・566条を改正前国際海運法14条と同じ内容に改正した）。強行法規性は傭船契約当事者間には及ばない（12条）。

モントリオール条約では、運送人は航空運送中に生じた貨物損害について厳格責任（無過失責任）を負うが（18条）、賠償額はキロ当たり22SDRに制限され（22条3項）、この責任限度額は排斥できない。このやや特殊な責任制度は、貨物保険が広く利用されていることを踏まえ、迅速な紛争処理を実現するために採用されたものである。運送人の責任は到達日から2年の出訴期限の経過により消滅する（35条）。

諸外国には、国内運送についても、貨物保険の利用を前提として運送人の責任を強行的に定め責任限度額をおく立法例もあるが、日本の国内運送では貨物保険の利用は一般的ではないことから、改正商法でもこのような制度は採用されていない。

なお、国際海運法10条の責任制限規定の適用排除の要件は、国際条約で広く用いられているものである（多少の差はあるが、ほかにモントリオール条約22条5項、船主責任制限法3条3項、船舶油濁等損害賠償保障法3条4項・5条参照）。平成30年改正商法の審議過程では、高価品免責の適用排除の要件（→本章**2**の4(3)参照）を同様の表現に改めることも検討されたが、規律の実質につき見解が対立したこと、また、国内法や約款では故意または重過失と定めるのが一般的であることから、見送られた。

8条を踏まえて修正しているが、実質的相違はない。

　例えば、売買契約の当事者が荷主で、買主は目的物を転売して利益を得ることを目論んでいたが、その物品が運送人の過失により滅失したとしよう。576条1項により、運送人の予見可能性にかかわらず、運送人が負うべき賠償額は引渡しがなされるべき地におけるその時の市場（正常）価格に限定されるから、買主がこの価格より高い値段で転売できていたはずだったとしても、逸失利益分の賠償を運送人に請求することはできない。576条1項は、このとき一種の責任制限として機能する。運送品が製品部品で、運送中に滅失、損傷したことが原因で組み立て工場の操業が止まり、損害が拡大しても、運送人が負担する賠償額は、原則として運送品価格により定まる。逆に荷送人または荷受人に実際に生じた損害が本条により定まる額よりも少ない場合、公平の見地から、運送人はその額までは責任を負うと解されている。もっとも、権利者にまったく損害が生じなかったときは、損害賠償責任は生じない（最判昭53・4・20民集32・3・670〔百選74、商判Ⅱ-19〕参照）。

　以上に対して、運送品の延着に関しては、本条は適用されないので、損害賠償の範囲は、原則通り民法416条によって定まることになる。実務上は、運送賃を基準とする責任制限が約款などで規定されていることが多い。

　(3)　**高価品の特則（577条、改前商578条）**　　577条1項は、貨幣、有価証券その他高価品については、荷送人が運送を委託するにあたりその種類および価額を通知した場合を除き、運送人は、その滅失等について損害賠償責任を負わないと規定している。本条の「高価品」とは、容積・重量に比して著しく高価なものをいう。宝石や貴金属、美術品、重要な情報が保存されたUSBメモリなどが典型だろう。高級車のように、容積・重量からして高価なことが一見して明瞭なものはこれにあたらない（最判昭45・4・21判時593・87〔百選75〕は研磨機を高価品でないとした）。

　高価品は普通品と比べると盗難などのリスクが高く、運送人が安全、確実に荷受人のもとに届けるにはより高いコストを要する。また、事故が生じると損害額も多額に上る。このため、本条は、通知がない限り運送人は一切責任を負わないとして荷送人に通知を促し、運送人が割増運送賃を収受して運送に関し適切な注意を尽くすことができるようにするとともに、事故発生時の賠償額を

予測できるようにしている。運送品の価値そのものではなく、容積・重量に比して著しく高価か否かが高価品の基準とされているのは、このような本条の趣旨による。また、やはり本条の趣旨から、通知は遅くとも契約成立前までになされる必要がある。逆に、この時までに高価品であることを認識できれば運送人が割増運送賃を請求して安全に運送できるよう注意を尽くすことは可能だから、現行商法は改正前商法578条に関する従来の解釈を踏まえて、契約締結時に運送人が高価品であると知っていたときは高価品免責の規定は適用されないとしている（577条2項1号）。

　高価品であるのに通知がなく、運送人の故意または重過失によって滅失等が生じた場合、運送人の免責は認められるべきか。改正前商法578条については、その適用排除を定める規定はなかったが、学説の多くは故意の場合は免責されないと解していた。運送人に重過失がある場合について、判例には、うっかり事故とみられる事案で重過失を認定し、改正前商法581条に鑑み改正前商

論点15-2　高価品免責の適用排除

　高価品については、治安の良くない地域での運送が予定される場合、荷主が運送人の管理体制を信頼しきれないと考える場合など、高価品と扱われることでむしろリスクが増すという考え方もありうるところで、あえて通知をせずに委託する荷送人がいても不思議ではない。この場合、荷主は自ら損失発生に備えているはずだから、高価品免責の適用を否定することで荷主を保護する必要性は乏しい。むしろ、対価に見合わない高価品としての賠償を一部の荷主に認める扱いが常態化すると、運送賃の上昇につながりかねず、他の誠実な荷主が不利益を被るおそれがあろう。

　もちろん、577条1項の情報開示を促し運送人に予測可能性を与える趣旨からすると、運送人が一切責任を負わないとするのは行き過ぎではないかという疑問はあるかもしれない。ただ、運送品には様々なものがあり運送事業者によっても平均的な運送品の価額は異なるだろうから、適切な責任限度額を法によって一律に定めることは難しい。現実的な対応としては、約款などにおいて、高価品とみなす額や責任限度額を適切に定めておくことが望ましいと思われる。運送人に重過失がある場合に577条1項の適用を排除し過失相殺する処理も、当該運送人が普通品として想定していた額を合理的に確定できる場合に、これを責任額の上限とするのであれば、正当化可能かもしれない。

法578条の適用を排除して 4 割の過失相殺をした例がある（東京高判昭54・9・25判時944・106〔商判Ⅱ-20〕、その上告審判決として最判昭55・3・25判時967・61〔百選76〕。なお、本件は不法行為責任が追及された事案で、不法行為責任には改正前商法578条は適用されない、仮に適用されるとしても改正前商法581条の規定からして不法行為責任を免れないとしている）。このような扱いは改正前商法578条の趣旨からは正当化し難く、学説では重過失の場合は適用排除を認めるべきでないとする見解が多数であった。現行法は、裁判実務を参考に、運送人の故意または重過失によって高価品の滅失等が生じたときは高価品免責の規定は適用されないと規定している（577条 2 項 2 号）。ただこれは、重過失をより狭く解する余地、適用が排除された場合はより大幅な過失相殺をすべきであるという理解を排除するものではなく、重過失の具体的な判断基準や適用排除後の処理のあり方については、今後の解釈に委ねられている。

(4)　**運送人責任の特別消滅事由（584条、改前商588条）**　商法は、荷受人が運送品の損傷、一部滅失について異議をとどめずに運送品を受け取ったときは運送人の責任は消滅するとしている（584条 1 項本文。なお、下請運送について 5 (1)参照）。直ちに発見することができない損傷、一部滅失についても引渡しの日から 2 週間以内に通知しなければならず、通知がなければやはり運送人の責任は消滅する（同但書）。ただし、運送品の引渡しの当時、運送人が一部滅失または損傷を知っていたときには、この規定は適用されない（584条 2 項）。本条の趣旨は、大量の運送品を低廉な運送賃で反復して取り扱う運送人にとっては運送品の状態に関する証拠を長期にわたって保全することは困難なので、荷受人に速やかに異議を述べることを求め、運送人に調査の便を与えることにある。改正前商法588条 2 項は、運送人に「悪意」がある場合には運送人責任の消滅を定めた同 1 項は適用されないとしており、「悪意」の意義をめぐって解釈が分かれていた。584条 2 項は、判例（最判昭41・12・20民集20・10・2106）と近時の学説を踏まえ、一部滅失または損傷を運送人が「知っていたとき」と規定している。証拠保全の便宜を図るという本条の趣旨からは、かつての通説のように、 1 項を不適用とする場面を、運送人が故意に損害を発生させた場合、損害を故意に隠蔽した場合に限定することには、十分な理由がないからである。

　なお、改正前商法588条 1 項は、運送賃その他の費用の支払を運送人責任消

滅の要件としていたが、現在の実務では、運送品の引渡しの際に運送賃を支払うことはあまりないため、この要件は削除された（3(1)(ii)参照）。短期間に一部滅失または損傷を発見することを期待しがたい引越運送については、約款により通知の期間は3ヵ月以内とされている。（標準引越運送約款（平成2年運輸省告示577号）25条）。

(5)　**期間制限（585条、改前商589条・566条）**　　平成30年改正前の商法は、運送人の責任関係全体の早期確定を図る趣旨で、運送人の責任は、運送人が「悪意」の場合を除き、引渡しがされた日（全部滅失のときは引渡しがされるべき日）から1年で時効によって消滅するとしていた（改前商589条・566条1項2項。「悪意」の意義について改正前商法588条2項と同様の議論があり、学説では故意に損害を発生させた場合、責任原因を隠蔽した場合と解する立場が多数だった）。585条は、その趣旨を徹底し、国際海上物品運送法旧14条にあわせて、引渡しがされた日（全部滅失の場合は引渡しがされるべき日）から1年以内に裁判上の請求がなされないときは運送人の責任は消滅するものとしている（下請運送について5(1)参照）。この期間の性質は、国際海運法旧14条についての通説と同様、いわゆる

コラム15-6　**国際運送における荷受人の異議**

　モントリオール条約は、荷受人が受取の際に異議を述べなかったときは、反証がない限り貨物は良好な状態で運送契約に従い引き渡されたものと推定されるとし、き損の場合は発見後直ちに、遅くとも受取の日から14日以内に（延着の場合は荷受人が貨物を処分することができた日から21日以内に）書面で苦情を申し立てなければ、運送人に対する訴えを提起することはできないと定めている（31条）。

　国際海上物品運送法7条1項も、荷受人に運送品の受取から3日以内に運送人に対して一部滅失または損傷の概況を通知する義務を課している。しかし、通知を行わなくても滅失及び損傷なく引き渡されたものと推定されるだけで（同2項）、運送人の責任は消滅しない（なお、受取から引渡しまでの間に損害が生じたことの証明責任は原則通り荷主が負う）。平成30年商法改正の際には、改正前商法588条の法的効果は強すぎるのではないかという観点から国際海運法と同様の規律にすることも検討されたが、改正前商法588条の合理性が一応認められ、その規律がほぼそのまま維持された。

除斥期間と解されよう。あわせて国際海運法旧14条の規定は削除されたため、モントリオール条約（→**コラム15-2**、**15-5**）の適用される運送を除いて、運送人の責任は引渡しの日から原則として1年で消滅することとなる。損害発生後の合意によって、1年の期間を延長することはできる（585条2項）。

　なお、国際海運法旧14条はヘーグ・ヴィスビー・ルールズ（→**コラム15-2**）に基づく規定であることから、585条は、国際海運法が適用される運送契約に関しては、荷主の不利に変更することはできない片面的強行規定となっている（国際海運11条1項）。

　(6)　**請求権競合への対応（587条・588条）**　判例は、現在では概ね、運送人の損害賠償責任について、債務不履行による損害賠償請求権と不法行為による損害賠償請求権が競合的に成立することを認めた上で（最判昭38・11・5民集17・11・1510、最判昭44・10・17判時575・71）、契約当事者である荷送人は契約上の規範に拘束され、荷受人も、少なくとも荷送人が選択した運送方法を容認していたときにはこれに拘束されるという立場をとっていると思われる（宅配便の特性を強調するものではあるが、最判平10・4・30判時1646・162〔百選77、商判Ⅱ-21〕参照。なお、荷受人の地位につき前述3(3)参照）。

　平成30年商法改正により、商法の運送人の責任を減免する規定（損害賠償額の定型化（576条）、高価品の特則（577条）、責任の消滅に関する規定（584条・585条））については、原則として、運送人に対する不法行為請求にも適用されることが明示的に規定された（587条本文）。運送人の被用者に対する不法行為請求についても同様である（588条1項。同2項は、576条3項、577条2項2号に応じ、被用者の故意または重過失により滅失等が生じた場合は除かれるとする）。ただし、荷受人の運送人（またはその被用者）に対する不法行為請求については、荷受人が「あらかじめ荷送人の委託による運送を拒んでいたにもかかわらず」荷送人が運送人に運送を委託した場合には、商法上の運送人責任を減免する規定の適用は認められない（587条但書。国際海運16条2項も同様）。

　運送人またはその被用者が577条、578条に基づき荷送人または荷受人に対抗できるのは、商法上の規定にとどまることから、不法行為請求について契約条項の適用が認められるかどうかは、今後も契約の合理的解釈によって定まることになる。

5　相次運送・複合運送

（1）　**相次運送**　同じ物品を数人の運送人が相次いで運送する形態を、相次^{そうじ}運送という。広い意味での相次運送には、①1人の運送人（元請運送人）が全区間の運送を引き受け、その区間の一部または全部を他の運送人（下請運送人）に委託する形態（下請運送）、②複数の運送人が独立して各区間につきそれぞれ運送契約を締結する形態（部分運送）、③複数の運送人が共同で全区間の運送を引き受け、内部的に担当区間を定める形態（同一運送）、④最初の運送人が荷送人と全区間についての運送契約を締結し、最初の区間を自ら運送して、一通の通し運送状により次の運送人に運送を引き継ぎ、後続運送人はこの契約に加入して相次いで運送を行っていく形態（連帯運送。狭義の相次運送）がある。②は単に複数の運送契約が締結されているだけで、①は荷送人と契約を締結した運送人が履行補助者として下請運送人を利用しているにすぎない。③の場合は商法511条1項により、すべての運送人が荷送人に対して連帯責任を負うことになる（→**9章2**の3(1)参照）。現在、日本国内で行われる広義の相次運送は、①が普通で④は少ない（モントリオール条約36条、CMR、COTIF-CIM などの国際条約（→**コラム15-2**）には④に関する規定がある）。

コラム15-7　**ヒマラヤ条項**

　海上運送書類（→本章**2**の**6**）の運送約款には、通常、運送人の履行補助者は運送人と同様の免責・責任制限の利益を享受することができるという趣旨の規定があり、イギリスの関連判例にちなんでヒマラヤ条項と呼ばれている（さらに、通常、荷主は履行補助者に対して損害賠償請求をしないものとし、これに反して請求がなされた場合は運送人に生じた結果について補償することを合意する旨の条項（circular indemnity clause）も置かれている）。国際海上物品運送法は、ヘーグ・ヴィスビー・ルールズに基づき、運送人とその被用者に対する不法行為請求について同法上の免責・責任制限規定を適用することを認めてきたが（16条。なお、改正前20条の2から577条、578条にあわせ一部修正されている）、独立の事業者（independent contractor）に対しては法律上の保護は与えられていないため、このような条項を契約で定めておくことに実益がある。日本法上は、一種の第三者のためにする契約（民537条）と解される。

　④の場合について579条3項4項は、陸上運送、海上運送、航空運送それぞれについて、相次運送を行う各運送人が運送品の滅失等につき連帯責任を負う旨を定める。荷送人（荷受人）が、滅失等の生じた区間を証明することなく、いずれの運送人に対しても損害賠償を請求できるようにする趣旨の規定である。なお、判例は、数人の運送人が各自荷送人のためにする意思をもって運送を引き受けたことを④の要件とするが（大判明45・2・8民録18・93、東京地判平3・3・29判時1405・108）、学説は上述したように一通の通し運送状によって運送を引き継ぐ場合と解している。学説では異論が強いが、判例（大判明44・9・28民録17・535〔百選103〕）はこの規律の海陸相次運送への類推適用を否定している。①～④の広義の相次運送に関し、579条1項2項4項は、後の運送人は前の運送人に代わって権利（運送賃債権、留置権など）を行使する義務を負い、後の運送人が前の運送人に弁済をしたときは、後の運送人は前者の権利を取得する旨を規定している。

　①について、平成30年改正商法は、元請運送人が荷受人から運送品の損傷、一部滅失につき通知を受けたが、その時点ですでに、下請運送人から運送品を受け取って2週間が経過していた（584条1項参照）、あるいは、引渡しの日から1年以内に下請運送人の過失により生じた滅失等について荷送人（荷受人）に損害賠償をしたが、下請運送人より引渡しを受けた日からすでに1年を経過していた（585条1項参照）といった場面に対応するため、国際海上物品運送法旧14条を参考に、下請運送の場合に適用される特則を設けている。それによると、荷受人が元請運送人に対し2週間以内に損傷、一部滅失についての通知をした場合は、元請運送人が下請運送人に対して通知すべき期間は、元請運送人が通知を受けた日から2週間を経過する日まで延長される（584条3項）。また、元請運送人が引渡しの日（全部滅失の場合は引渡しがされるべき日）から1年以内に荷送人（荷受人）に損害賠償をし、または裁判上の請求をされた場合、下請運送人の責任についての出訴期間は、元請運送人が賠償をした日または裁判上の請求をされた日から3ヵ月を経過する日まで延長されたものとみなされる（585条3項）。これによって、元請運送人の下請運送人に対する求償権が保全されることになる。585条3項も、国際海運法が適用される運送契約については片面的強行規定となる（国際海運11条1項。前述4(5)参照）。

(2)　**複合運送**　　平成30年商法改正により、陸上運送、海上運送または航空運送のうち二以上の運送を一の契約で引き受ける運送形態（複合運送）について、原則として商法の運送営業の規定が適用されることを前提に（569条1号は三種の運送のうち少なくとも一を引き受けていれば「運送人」として扱う趣旨である）、滅失等の原因の生じた運送が判明した場合についての運送人の責任に関して、新たな規定が設けられた（578条1項）。この場合、滅失等の原因が生じた運送に適用されることになる日本の法令または日本が締結した条約、つまり、国際複合運送契約において海上区間で滅失等の原因が生じた場合は国際海上物品運送法、航空運送区間で滅失等の原因が生じた場合はモントリオール条約が、実際に損害が発生した地で通用している法や下請運送契約に適用される法にかかわらず、適用されることになる。貨物自動車による運送と鉄道による運送が予定されている場合のように、陸上運送であってその区間ごとに異なる二以上の法令が適用されるものを一の契約で引き受けた場合についても、同様の方法で適用される法令が決定される（578条2項）。578条自体は任意規定なので、例えば国際道路物品運送区間はCMR（→**コラム15-2**）が適用されるものとするなど、外国の法令、外国が締結している条約の適用を定めることも、日本法の強行規定に反しない限りで可能である。実際上は、約款の規定をまず参照すべきことになろう。なお、複合運送の全部または一部は通常は下請運送となるから、⑴で①につき述べた規律はこの場合にも適用される。

6　運送書類

　運送契約を締結した際に作成される運送書類には、法的には特別な効力はなく、運送品の受取や契約内容の一応の証拠となるにすぎない書類（送り状、運送状）と、運送品引渡請求権を表章する船荷証券、複合運送証券がある（→後記(2)）。講学上は後者を「運送証券」と呼ぶことがある。

　改正前商法は、商行為編の運送営業の章（第2編第8章）で陸上物品運送契約に基づき発行される貨物引換証について規定し（改前商571条ないし575条・584条）、基本的にこれらの規定を準用する形で船荷証券の効力等を定めていた。貨物引換証の規定は、かつては主に鉄道貨物について運送取扱業者（→**コラム15-9**）の発行した貨物引換証により質権を設定し荷為替に取組む商慣行が

あったものの、現在では貨物引換証の利用実態はなくなっていることから、平成30年改正により削除された。現行商法は、海商編の物品運送の章（第3編第3章）に、改正前は商法と国際海上物品運送法の中に散在していた規定を整理・統合して船荷証券（bill of lading）についての規定をおいている（757条ないし768条。757条ないし760条は国際海運法旧6条ないし9条、761条ないし764条は国際海運法旧10条により準用されていた旧573条ないし575条・584条、766条ないし767条は国際海運法旧10条により準用されていた旧771条ないし775条にほぼ相当する。これに伴い、国際海運法6条ないし10条は削除された）。さらに、海陸複合運送につき発行される「複合運送証券」（combined transport bill of lading; multimodal transport bill of lading）（769条）、有価証券性のない運送書類として船荷証券に代えて発行される「海上運送状」（sea waybill）（770条）について、新たに規定を設けた。法律上の制約があるわけではないが、船荷証券、複合運送証券、海上運送状のいずれも、実際上はもっぱら国際運送において用いられている。

(1)　**送り状、運送状**　　商法は、荷送人に送り状交付義務を課している（571条。→本章**2**の3(2)(i)）。送り状は、運送人や荷受人への情報提供の便宜のために作成される書類であって、契約書でも有価証券でもない。契約内容を証明するための一資料にはなる。

海上運送状（770条）は、船舶の高速化に伴い運送品の受取に証券の呈示が必要な船荷証券（(2)）はかえって不便になったこと、国際取引でも関連企業間取引や継続的な取引が増加し荷為替に取組む必要が低下したことにより、船荷証券に代わって用いられるようになった運送書類である。法的には、運送品の受取と運送契約の内容についての証拠となるにすぎないが、実務上広く利用されていることから、法的安定性を確保するために、平成30年商法改正により根拠規定が置かれた。船荷証券と同様に、運送人または船長が、荷送人または傭船者（→**コラム15-3**）の請求により、運送品の船積後または受取後に交付すべきものとされている。記載事項は、船荷証券とほぼ同様である。荷送人または傭船者の承諾を得て、電磁的方法により交付することもできる。なお、実務上、運送約款により契約内容として取り込まれている「海上運送状に関するCMI統一規則」は、海上運送状は運送人と荷受人との間ではこれに記載された通りの運送品の受取について確定的証拠となるとしており（5条(ii)(b)）、海上運送状

の記載に一種の文言性（(2)参照）を認めている。この趣旨の規定は770条には
ないので、これは当事者間の約定として効力を有することになろう。

(2) **船荷証券・複合運送証券**　船荷証券は、海上物品運送契約に基づいて運
送人が荷送人に発行する有価証券であり（運送品引渡請求権が表章される）、ま
た、運送品の船積みまたは受取の事実を証する証書、運送契約の内容を証する
証書でもある。船荷証券は法律上当然の指図証券であり、裏書禁止文句によっ
て流通性が排除されていない限りは裏書によって譲渡できる（762条）。船荷証
券が適法に譲渡された場合、譲受人（証券所持人）は運送人に対する運送品引
渡請求権を取得し、原則として船荷証券に記載された契約内容に拘束されるこ
ととなる。ヘーグ・ルールズ、ヘーグ・ヴィスビー・ルールズ（→**コラム
15-2**）には最低限度の運送人責任を定めることで船荷証券所持人を保護する

コラム15-8　**国際航空貨物運送における運送状**

　モントリオール条約に従い発行される航空運送状（4条以下）は、契約の締結、
貨物の引受の事実、運送条件等を証する証拠証券である（11条）。運送人が証拠と
して保管する運送人用、貨物とともに荷受人に送付される荷受人用、荷送人用の3
通の原本を荷送人が作成しなければならない（7条、記載事項について5条、11条
2項参照）。ただし、商法上の送り状と異なり、荷送人が貨物処分権を行使するに
は、荷送人用の航空運送状の呈示が必要となる（12条）。航空運送状を用いて荷為
替を組む場合は、運送契約上の荷受人として信用状発行銀行を指定させ、銀行は為
替手形を割り引く際に荷送人用の運送状を交付させる。これにより銀行は運送人に
対する貨物引渡請求権を確保でき、銀行に支払をなした買主は、銀行の代理人とし
て運送人から貨物の引渡しを受けることになる。

　航空運送状の表面の様式、裏面に印刷される運送条件（conditions of car-
riage）は航空会社を構成員とするIATA（国際航空運送協会）の決議によって統
一されており（IATA決議600aおよび600b（電子式の場合は600i））、モントリオー
ル条約の適用がない運送でも実質的に条約と同様の条件で運送が行われることにな
る。2013年にIATA決議672により、航空会社またはフォワーダー（7(1)参照）が
IATAに対して参加表明すれば参加各社間で電子運送状を利用できる仕組みが整え
られ、航空会社が発行する航空運送状の電子化は急速に進んだ。2019年1月以降
は、電子式のもの（e-AWB）の方が標準となっている。

> **論点15－3　船荷証券の要因性と文言性の関係**
>
> 　学説には、①要因性を重視し、空券は原因を欠き無効、品違いは実際に受け取った物品を返還すれば足り、運送人には不法行為責任を請求できるとする説（要因説）、②文言証券性を重視して、要因性とは証券上に原因の記載を要するという意味にすぎないと解し、空券、品違いの場合ともに証券の記載に基づき運送人は責任を負うとする説（証券権利説）、③折衷説、④要因性を認めた上で、改正前商法572条・改正前国際海運法9条（現760条）を、善意の所持人を保護して船荷証券の流通性を確保するために技術的に抗弁制限の法則を法定したものと解する説（抗弁制限説）、⑤ドイツ法を参考に運送契約と区別される物品証券発行契約を観念して証券不実記載をこの契約に関する契約締結上の過失と構成し、証券不実記載責任を不法行為責任、債務不履行責任と並ぶ包括的な責任発生原因として認める説などがある（詳細は海商法の文献を参照されたい）。さしあたり④を妥当と考えるが（現在のイギリス法とも親和的である。⑤の構成は現在の民商法との体系的整合性にやや難があろう）、ヘーグ・ヴィスビー・ルールズの解釈や荷為替取引の実情により即した検討が必要と思われる。

という意義があり、国際海上物品運送法の運送人の責任に関する規定のほか、この条約の強行的規定に由来する商法の規定も、運送人に有利な特約をすることは許されない片面的強行規定となっている。本書では、詳細は海商法の文献に委ね、ごく簡単に船荷証券について解説する。

　運送人または船長は、荷送人または傭船者の請求により、運送品の船積み後遅滞なく、船積みがあった旨を記載した船荷証券（船積船荷証券）を交付する義務を負う（757条）。なお、運送品の船積み前、受取後に受取船荷証券を発行することも可能で、コンテナ輸送では通例、船積み後にこれに船積み文句（on board notation）を追記して荷送人に交付する。船荷証券には法定の記載事項を記載し、運送人または船長が署名しなければならない（758条。要式証券だが手形ほどの厳格性は要求されない）。記載事項のうち、運送品の種類、容積もしくは重量または包もしくは個品の数および運送品の記号については、荷送人または傭船者からの書面または電磁的方法による通知があったときには、その通知にしたがって記載しなければならず、荷送人または傭船者はその正確性につき担保責任を負う（759条。片面的強行規定である（国際海運11条1項））。

論点15－4　物権的効力の理論構成と運送品の占有移転

　船荷証券の引渡証券性（物権的効力）に関する学説には、主なものとして、直接占有者である運送人に対して運送品引渡請求権を有する者から運送品を代表する証券の引渡しを受けた者は、763条により運送品の間接占有を取得すると解する説（代表説）、763条は民法上の占有移転原因とは別に独自の占有移転原因を認めたもので、証券移転時に運送人が運送品を直接占有していなくても占有移転の効果が生じるとする説（絶対説）がある（詳細は海商法の文献を参照されたい。実質的相違はさほど大きくない）。債権的効力の反射的効力にすぎないとして、物権的効力を否定する説もある。荷為替取引で運送品に質権を設定する場合、設定時に証券の裏書譲渡による運送品の占有移転が必要となる（民344条）。譲渡担保権を設定する場合は（例えば最決平11・5・17民集53・5・863）引渡しは対抗要件（民178条）にすぎないが、船荷証券が発行されていれば証券の引渡しによるべきことになる（761条・763条）。最決平29・5・10民集71・5・789〔百選59〕は、船荷証券が船積地で回収されていた実質的に証券不発行の事案で、輸入者が倒産し譲渡担保権者である銀行が対抗要件を具備しているかが争われた。最高裁は、海貨業者が直接占有する運送品に関し、輸入者からの占有改定（民183条）による銀行の占有取得を肯定した。日本法に限れば、荷為替における船荷証券の役割も縮小しつつあるのかもしれない。

　船荷証券は運送契約に基づいて発行される要因証券である。しかし、善意の船荷証券所持人に対しては、運送人は、船荷証券の記載が事実と異なることをもって対抗することができないとされている（いわゆる文言証券性。760条、片面的強行規定である（国際海運11条1項））。このような効力があることで、証券取得者の保護が図られ、船荷証券の流通性が確保される。例えば、船荷証券に外観上良好に船積みしたと記載があり（758条1項3号参照）荷揚げ時に外観の異常が確認されれば、その異常は運送人による貨物取扱中に生じたという推定が生じ（最判昭48・4・19民集27・3・527〔百選83〕参照）、実際には船積みの時点ですでに外観異常があったことを証明できるときでも、運送人は善意の船荷証券所持人に対してはそれを主張できない（東京高判平12・10・25金判1109・43）。もっとも、荷主詰コンテナのように、運送人が荷送人の通告した運送品の種類、個数等についてその正確性を確認する適当な方法がないときには（759条2

項参照）、証券に記載された内容不知約款（'said to contain' clause）は基本的には有効と解され、荷主は、運送人に対する損害賠償請求に際して他の方法でコンテナ内の物品の個数等を証明することとなる（東京地判平10・7・13判時1665・89〔百選84〕）。なお、要因性と文言性の関係について、判例は運送品の受取なく発行された場合（空券）は要因性を重視して無効とするが（貨物引換証につき大判昭13・12・27民集17・2848〔百選80〕）、実際に受け取った運送品と証券に記載された運送品が異なる場合（品違い）については文言性を重視し、運送人は証券に記載された通りの運送品を引き渡す義務を負うと解する（倉荷証券に関し最判昭44・4・15民集23・4・755〔百選95、商判Ⅱ-23〕）。学説には議論がある（→**論点15-3**）。

　船荷証券が発行された場合、運送品の処分は船荷証券により行わなければならず（処分証券性、761条）、船荷証券の引渡しには運送品の占有移転と同じ効力が認められる（引渡証券性、763条）。この効力を理論的にどう説明すべきかについて、学説には議論がある（→**論点15-4**）。船荷証券の移転に運送品の占有移転の効力が認められることで、運送中の物品について売買契約に基づく所有権移転の対抗要件を備えたり、荷為替のために担保権を設定したりすることが容易に可能となる。現在の荷為替取引の実務では、輸入者と締結する信用状取引約定書、輸出者と結ぶ外国向為替手形取引約定書により、銀行は運送品について譲渡担保権を取得するという形がとられている。

　運送人との関係では、船荷証券が発行されている場合は証券と引換えに貨物の引渡しを請求することになる（受戻証券性、764条）。船荷証券と引き換えずに運送品の引渡しがなされ、その後、引き渡した相手方が船荷証券を取得できず、正当な船荷証券所持人が現われた場合は、運送人は債務不履行責任を免れない（例えば、東京地判平8・10・29金法1503・97〔百選86、商判Ⅳ-6〕）。運送品の買主、さらに通常はその取引銀行から、証券の呈示なく引渡したことにより運送人が被る一切の損害につき買主および銀行が責めに任ずる旨の保証状（letter of guarantee）の差し入れを受けて、船荷証券と引き換えることなく運送品を引き渡していた場合は（保証渡し）、運送人は正当な所持人に対して損害賠償をしたのち、保証状に基づき、その当事者である買主、銀行に補償を求めることになる。

戦前から1960年代初め頃までの陸上物品運送の主役は鉄道であった。かつての通運事業法（昭和24年法律241号。1990年頃までの教科書で詳しく扱われていることがある）やその前身の小運送業法（昭和12年法律45号）は、鉄道が幹線輸送を担い、運送取扱業者が主に鉄道物品運送の取次ぎあるいは引受け、貨物の集配、鉄道運送区間両端の貨物取扱駅と発荷主・着荷主との間の陸上輸送（牛馬・人力の荷車や艀の利用も普通だった）、駅での貨物の積卸しなどを担っていた時代に、通し運送に関わる運送取扱事業を規制するために定められた法律であった。当時から、事業法や世間一般でいう運送取扱業の業務は商法が運送取扱人の業として定めている範囲を超えており、商法の運送や運送取扱、民法の委任・準委任、請負、代理など、引き受けた業務の性質に応じて民商法の規律が適用されると解されてきた。

1989年、物流サービスの高度化に応じ、それまでは運送機関ごとの事業法によって規制されていた貨物運送取扱事業を横断的、総合的に規制するため、貨物運送取扱事業法（平成元年法律82号）が制定され、通運事業法は廃止された。貨物運送取扱事業法は、当初は利用運送業と運送取次業を規制対象としていたが、2002年改正によって大幅な規制緩和が図られた結果、運送取次業についての規制は廃止され、名称も貨物利用運送事業法（本章**2**の**1**参照）となった。現在は、規制業種としての運送取次業は存在しない。

運送品が運送の途中で全部滅失した場合は、船荷証券は運送品引渡請求権の転化した損害賠償請求権を表章する有価証券として存続する（貨物引換証につき大判昭6・11・13民集10・1013〔百選81〕）。もっとも、運送品不存在となっているので、物権的効力は消滅する。運送品現物について善意取得が成立した場合も、物権的効力は失われる（大判昭7・2・23民集11・148〔百選82〕）。

上記のような船荷証券に関する規律は、運送人が陸上運送および海上運送を一の契約で引き受けたときに発行される複合運送証券にも、ほぼそのまま妥当する（769条参照）。

7 運送取扱営業

(1) **運送取扱人の意義**　自己の名において他人の計算で物品運送の取次ぎをすることを業とする者を、運送取扱人という（559条1項）。取次商の一種であ

ることから、商法は商法第2編7章に別段の定めがある場合を除き、問屋の規定（551条以下）を準用している（559条2項）。なお、平成30年改正前の商法は問屋の次、運送の前に運送取扱について規定し、運送に関する規律の一部を運送取扱の規定を準用する形で定めていた（改前商589条）。平成30年商法改正では、章立ての変更や運送取扱営業に関する規律の実質的な改正は行われていないが、この準用の仕方は変更され、物品運送の規律で運送取扱に適用されるべきものを運送取扱の章で準用する形になっている（564条）。

　フレイト・フォワーダーとよばれる物流業者を指して運送取扱業者ということがあるが、このような物流業者は商法上の運送取扱人であるとは限らない。フレイト・フォワーダーは、典型的には、第二種貨物利用運送事業の許可（→本章**2**の1）を受けて総合的な物流サービスを展開している。その業務内容は様々で、それに応じ事業法に基づき取得している許認可も多種多様である。フレイト・フォワーダーが利用運送を引き受ける場合は、商法の運送営業の規定が適用される（2以上の運送を引き受ける場合は複合運送となる。→本章**2**の5(2)）。その他の業務については、物品運送の取次ぎを業として引き受ける場合は運送取扱営業、物品の倉庫寄託の引受けを業として行う場合は倉庫営業（→**16**章）、運送契約などの締結の媒介を業として行うのであれば仲立営業（→**13**章）、運送契約などの締結の代理をするのであれば代理（→**8**章）、通関書類の作成、運送品の梱包、検品、流通加工など、事実行為の代行を引き受けた場合は準委任や請負といったように、営業や取引の実情に応じて関係する民商法の規定が適用されることになる。なお、平成29年民法改正により、現実の契約の多様性に鑑みて各種の典型契約における債務不履行責任や報酬請求権などに関する規律が整理されたことで、典型契約の類型ごとのデフォルト・ルールの相違は縮小している。運送契約の締結などにかかわる代理・仲介業としては、ほかに運送契約の締結を代理する海運代理店、航空運送代理店、海上運送契約等の締結の媒介をする海運仲立業（個品運送契約締結の媒介をする者を乙仲あるいは海貨業者、傭船契約等についてはチャータリング・ブローカーという）などがある。これらも、複数の許認可を取得し手広く事業をしていることが少なくない。

　以下では、商法上の運送取扱人に関する規律に限定して簡単に解説する。

　(2)　**運送取扱人の義務と責任**　　運送取扱人の契約上の義務の詳細は運送取扱

契約によって定まることになるが、運送取扱人は、基本的には、委託者（真の荷主）のために適切な運送人を選択してその運送人と運送取扱人の名義で運送契約を締結する義務を負い、その運送を行うために必要な各種の事務を行う（560条参照）。委託者と運送取扱人との関係は委任・準委任である。到達地で運送品を受け取ることになる者（運送取扱契約上の荷受人）も、運送品が到達地に達したときあるいは全部滅失したときは、運送取扱契約上の委託者と同一の権利義務を有することになる（564条・581条）。

　運送取扱人の委任事務は、到達地での荷受人への引渡しの手配を受任していない限り、運送人に対して運送品を引き渡したときに一応終了するから、その時点で報酬を請求できる（561条1項。運送人と同様に留置権が認められている（562条、運送取扱人の留置権））。運送取扱人は自ら運送することもでき、この場合は運送取扱人としての権利義務に加えて運送人としての権利義務を有することになる（563条1項、介入権）。委託者の請求により、自ら船荷証券または複合運送証券を作成したときは、介入権を行使したものとみなされる（563条2項）。運送取扱人は、基本的には委託者から受け取る報酬（手数料）によって収益を得ることが前提とされているが、運送賃の額（通常は運送取扱人の報酬も含まれる）を定めて契約を締結することもできる（561条2項参照。確定運送賃運送取扱契約）。この場合、事実関係に応じ、運送契約を締結した、あるいは介入権を行使したとみることになろう。

　運送取扱人は運送人と同様に、運送品の受取から引渡しまでの間に運送品の滅失等が生じれば、無過失を証明しない限り責任を負う（560条）。もっとも、運送債務を引き受けているわけではないので、運送取扱人の履行補助者の行為や運送人選択における過失については責任を負うものの、運送人の不履行についてまで責任を負うわけではない。このほか、商法は、危険物に関する通知義務（564条・572条）、高価品の特則（564条・577条）、相次運送取扱における後者の代理権と弁済による代位（564条・579条1項2項4項）、責任の消滅（564条・585条）、運送取扱人の債権の消滅時効（564条・586条）などに関し、物品運送についての規定を準用している。

3　旅客運送契約

1　総　説

　旅客運送契約は、運送人が旅客を運送することを約し、相手方がその結果に対してその運送賃を支払うことを約する契約である（589条）。平成30年改正前の商法は、陸上旅客運送、海上旅客運送について別個に規定していたが（改前商590条ないし592条、777条ないし787条）、合理化、現代化が図られた結果、商法には、定義規定（589条）、運送人の責任に関する規定（590条ないし593条）、運送人の債権の消滅時効に関する規定（594条）のみが置かれることになった。

　旅客運送事業については、輸送の安全や利用者の利益の保護を図るため、事業法により様々な行政的規制が行われている。タクシーやバスなどの自動車による旅客運送は道路運送法（昭和26年法律183号）、鉄道による旅客運送については鉄道事業法等、フェリーなどによる海上旅客運送は海上運送法、航空旅客運送については航空法が規制しており、国際海上旅客運送や鉄道営業法の適用を受ける鉄道旅客運送など一部を除き、約款認可制がとられている（道路運送11条、海上運送9条、航空106条。道路運送法、海上運送法のもとでは標準約款も定められている）。

2　旅客運送契約の成立と内容

　旅客運送契約も、諾成・不要式の契約であり、運送人が負う運送債務と、旅客による運送賃の支払が対価関係にたつ有償・双務契約である。具体的な契約内容は運送約款によって定まることになるが、運送の客体が人なので、運送人が負う一般的注意義務には旅客を安全に運送する義務が含まれていると解される。運送賃債権など、運送人が旅客に対して有する債権は、1年の時効によって消滅する（594条・586条）。

　平成29年民法改正によって設けられた定型約款の規定（民548条の2以下）は、旅客運送契約の締結に際して用いられる約款にも、通常は適用されることになろう。定型約款の個別の条項に対する相手方の合意が擬制されるためには、原則として、定型約款を契約の内容とする旨の合意（民548条の2第1項1

コラム15－10 国際航空旅客運送人の責任

　国際航空旅客運送契約には、基本的にモントリオール条約が排他的に適用される（適用範囲について１条参照）。モントリオール条約は、旅客の死亡および身体の傷害（bodily injury）に関しては、原因となった事故が航空機上または乗降作業中に生じたことのみを条件として、12万8821SDRまでは厳格責任（無過失責任）、これを超える部分には過失推定責任を運送人に課す（17条１項・21条）。精神的損害についての責任は認められない（したがって、乱気流に巻き込まれたり機材トラブルが生じたりして墜落するかもしれないという恐怖を味わったとしても、無事に到着し、まったく怪我もないときは、法的には運送人はその過失の有無にかかわらず責任を負わない）。この責任の追及に関しては、事故発生時の旅客の居住地の裁判所に、訴えを提起することが認められている（33条２項）。延着した場合は各旅客につき5346SDRまで一種の過失推定責任、手荷物については各旅客につき1288SDRまで、託送手荷物については厳格責任（苦情の通知は受取から７日（延着の場合は処分可能となった日から21日）以内）、機内持ち込み手荷物については過失責任を運送人は負う（17条２項・22条１項２項。責任制限の適用排除につき→**コラム15－7**）。コードシェア便を利用する場合のように、契約を締結した運送人（契約運送人）と搭乗する航空機を運航する運送人（実行運送人）が異なる場合、どちらに対しても損害賠償を請求することができる（39条ないし48条参照）。運送人の責任は到達日から２年の出訴期限（除斥期間）の経過により消滅する（35条）。

号）、または定型約款による旨の事前の表示（民548条の２第１項２号。相手方に対する個別の表示が必要と解されている）が必要とされているが、旅客運送取引については、民法548条の２第１項２号に関し、あらかじめその定型約款を契約の内容とする旨を公表すれば足りる旨の特則が設けられている（鉄道営業18条の２、軌道27条の２、海上運送32条の２、航空134条の３、道路運送87条）。個別的な表示をその都度行うことは実際上容易ではなく、他方で、容易かつ迅速に契約の成立を認めるべき公共的必要性が高いからである。

　旅客運送に密接に関係する事業として、旅客運送契約や宿泊契約の取次ぎ、媒介、代理を行う旅行業がある（旅行業法（昭和27年法律239号）２条参照。→**13章 1**）。しかし、旅行業者は、募集型企画旅行（いわゆるパッケージツアー）を主催する場合であっても、個々の運送機関によって提供されるサービスについて旅

行者との関係で旅客運送人の地位に立つわけではない（東京地判平元・6・20判時1341・20〔商判Ⅱ-25〕。手配債務の内容につき京都地判平11・6・10判時1703・154〔百選92〕参照）。旅行客の保護は旅行業法などによって別途図られている。

3　運送人の責任

商法は、運送人は旅客の損害についていわゆる過失推定責任を負うものとし（590条）、旅客の手荷物の滅失、毀傷については、運送人に対して寄託された場合（託送手荷物）と寄託がなかった場合（携行品）に分けて、規定している（592条・593条）。平成30年商法改正により、旅客の生命および身体の侵害によって生じた損害につての運送人の責任は、原則として特約によって排除することができない強行的な責任となった（591条）。

(1)　**旅客の損害についての責任**　　運送人は、運送に関し注意を怠らなかったことを証明しない限り、旅客が運送のために受けた損害を賠償する責任を負う（590条）。なお、改正前商法590条2項は、損害賠償の額を定めるにあたって、裁判所は被害者およびその家族の状況を斟酌するものとしており、この規定は予見可能性を問わない点で民法416条2項の特則であると説明されてきた。しかし、このような状況は損害賠償の額を定める際に裁判実務において一般的に斟酌されていること、旅客運送に限ってこのような規定があることに合理性はないことから、現行法では改正前590条2項に相当する規定はおかれていない。

商法は、旅客の生命または身体の侵害による運送人の責任について、これを減免する特約を明示的に無効としている（591条1項）。ただし、①運送の遅延を主たる原因として生じたとき（591条1項括弧書）、②大規模な火災、震災その他の災害が発生し、または発生するおそれがある場合において運送を行うとき（591条2項1号）、③重病人など、運送に伴い通常生ずる振動その他の事情により生命または身体に重大な危険が及ぶおそれがある者を運送するとき（591条2項2号）には、責任を減免する特約を行うことは許容される。①については、大量輸送を引き受ける運送機関については一定の責任制限を認めることが合理的である場合があること（名古屋地判昭51・11・30判時837・28（2時間以上遅延した場合に急行料金を払い戻す旨の国鉄——1987年の分割民営化によりJR各社となった——の約款を免責条項として有効とした）参照）、遅延による損害は様々で有効あ

るいは無効と解すべき範囲を一律に画定するのは難しいことから（航空便の到着遅延につき運送人責任を否定した例として、東京高判平22・3・25平成21(ネ)2761〔百選89〕参照）、除外されている。②③は社会的必要性が高いが運送人にとってもリスクが大きい運送について、あらかじめ責任を負うべき範囲を明確化することを許容する趣旨で例外とされている。①〜③の場合には、責任を減免する特約の有効性は、個々の事例において民法90条や消費者契約法8条、10条によって判断されることになる。

　運送人の責任の消滅については、商法は特則をおいていないので、民法の規定が適用される。

　(2)　**託送手荷物についての責任**　　商法は、運送人が旅客から引渡しを受けた手荷物については、当該手荷物に関し特に運送賃を請求しないときであっても、物品運送契約における運送人と同一の責任を負うとしている（592条1項、被用者につき2項。具体的には→**2**の4）。商法はさらに、手荷物が到達地に到着した日から1週間以内に旅客が託送手荷物の引渡しを請求しない場合に、物品運送で荷受人を確知できない場合などと同様に、当該手荷物の供託、競売を認める規定をおいている（592条3項ないし6項）。

　(3)　**携行手荷物・身の回り品についての責任**　　運送人が旅客から引渡しを受けていない手荷物については、商法は、運送人は故意または過失がある場合を除いて責任を負わないとし（593条1項）、運送人の故意または過失により損害が生じたことの証明責任を旅客に負わせている。旅客の携行する手荷物は旅客自身が保管し管理している以上、託送手荷物と同じように運送人に無過失の証明責任を課すのは妥当ではないからである。物品運送人の損害賠償額の定型化の規定や物品運送人の責任の消滅に関する規定は、携行手荷物に関する責任についても準用される（593条2項）。平成30年改正前の商法にはこのような準用規定がなく（改前商592条参照）、託送手荷物についての責任と比して不均衡であると指摘されていた。損害賠償額の定型化の規定などを類推適用すべきとしていた従前の学説の理解を踏まえ、現行法は明文の準用規定をおいている。なお、高価品の特則（577条）は、携行手荷物について種類や価格を運送人に通知することは予定されていないため、準用されていない。現行法は、身の回り品についても、携行手荷物と同様に扱っている（593条1項括弧書）。

16章 倉庫営業

1 総　説

　商法は、他人のために物品を倉庫に保管することを業とする者を倉庫営業者として（599条）、商法第9章第2節に倉庫寄託契約についての特則をおいている。倉庫営業者は寄託の引受けを業とするので（502条10号）商人である（4条1項）。

　商法の倉庫営業についての規定は、倉荷証券と倉庫営業者の責任に関するものがほとんどで、包括的、網羅的な内容にはなっていない。デフォルト・ルールとしては、商法第2編第9章第2節、商事寄託についての規定（595条）、商行為の通則的規定、商慣習法のほか、民法の寄託契約に関する規定（民657条）が、倉庫寄託契約に適用されることになる。平成30年商法改正では、倉庫証券（→本章 **3**）に関し商法制定当時から有名無実化していた複券主義を廃止したほかは、実質的な改正は行われていない。

　倉庫業は、国民生活・経済活動に欠かせない多種多様な物品を大量にかつ安全に保管するという公共的な役割を担っていることから、倉庫業の適正な運営と利用者保護を図る目的で、倉庫業法（昭和31年法律121号）に基づく行政的規制が行われている。倉庫業を営むには、倉庫の種類（1～3類倉庫・野積倉庫・貯蔵槽倉庫・冷蔵倉庫・水面倉庫、トランクルームに分かれる）ごとに定められた施設・設備を備え、倉庫ごとに倉庫管理主任者を選任するなど、一定の要件を充たして、国土交通大臣の行う登録を受ける必要がある（同3条）。倉庫寄託契約の内容についても、事前に倉庫寄託約款の届出が必要とされており、いくつかの標準約款が定められている（8条）。

　最近では、一般消費者が普段使用しない物を一時的に保管するためにトランクルームを利用することも珍しくない。トランクルームサービスと呼ばれるものの中には、保管場所についての賃貸借契約の形をとるものと倉庫寄託契約の形をとるものがあり、倉庫業法は、後者を対象に（倉庫業法上のトランクルームの定義につき2条3項参照）、消費者保護のために認定制度を設けている（25条ないし25条の9）。トランクルームサービスは消費者契約であることから、倉庫業法に基づき定められている標準トランクルームサービス約款（昭和61年運輸省告示237号）の内容は、他の標準倉庫寄託約款に比べて、より寄託者の利益の保護に厚い内容となっている。特に、他の倉庫寄託約款は受寄者の責任につき軽過失免責を定めているのに対し（→本章**2**の**3**）、標準トランクルームサービス約款では、商法上の原則通り、受寄者は無過失を証明しない限り責任を負うことになっている（約款30条）。

2　倉庫寄託契約

1　契約の成立・寄託物の受取り

　改正前民法は、寄託契約を、寄託物の交付を成立要件とする要物契約としていた（改正前民657条）。平成29年改正により、寄託契約は諾成契約に改められ（民657条）、寄託物を受け取る前の契約解除に関する規律が整備された（民657条の2）。商法学説では以前から倉庫寄託契約を諾成契約と解する立場が主流であったため、平成29年民法改正により、この点に関する民商法の相違は解消されたことになる。なお、現在の標準倉庫寄託約款（標準トランクルームサービス約款は除く）は、要物契約性を前提とした構成になっているが、その内容からすると、諾成・有償の寄託契約との実質的相違は小さいと思われる（標準倉庫寄託約款（甲）（昭和34年港倉181号）では1条、8条、10条、11条参照。以下、特に断らない限りこの標準約款を単に「約款」といい、標準約款についてはその規定を引用する）。

　商法の適用される倉庫寄託は、特定物の寄託に限られず、例えば穀物や油の寄託のように、複数の寄託者の種類・品質が同等の物を混合して保管し同一の

数量の物を返還すればよい場合（混合寄託・混蔵寄託）も含まれる。混合寄託については、これまで実務上広く行われているにもかかわらず明文の規定が欠けていたが、平成29年民法改正によって、その要件と効果を定める規定が民法に設けられた（民665条の２）。消費寄託（民666条）は、受寄者が寄託物の所有権を取得することになり「保管」をこえるから、倉庫寄託には含まれない。

2　倉庫寄託契約の当事者の権利義務

　倉庫営業者は商人だから、特約がなくても相当の報酬を請求することができ（512条）、倉庫寄託契約は、通常は受寄物の保管と保管料の支払が対価関係にある有償契約となる。

　(1)　**寄託物の保管**　　倉庫営業者は、受寄物を善良な管理者の注意義務をもって保管する義務を負う（595条。610条も参照）。約款上は、倉庫営業者の免責の範囲が広いことから（→本章**2**の**3**）、寄託者の反対の意思表示がない限り、倉庫営業者を保険契約者、寄託者（または倉荷証券所持人）を被保険者とする火災保険を付すものしている（約款32条）。約款により倉庫寄託を引き受ける場合には、付保義務も倉庫営業者の尽くすべき注意義務の一部になっていると解することができよう。商法は、寄託者は倉庫営業者の営業時間内はいつでも、寄託物の点検もしくはその見本の提供を求め、またはその保存に必要な処分をなすことができるとする（商609条。約款23条も参照）。寄託物の取引の便宜のために寄託者に認められている権利であり、倉庫営業者は必要な協力をする義務を負う。寄託者は、寄託物の性質または瑕疵によって受寄者に損失を被らせることのないようにする義務を負う（民661条、過失責任）。

　受寄者は、原則として自ら保管しなければならないが、寄託者の承諾を得た場合、やむを得ない事由がある場合には、第三者に保管させることができる（民658条２項。約款18条も参照）。改正前民法658条２項・105条は、再寄託がなされた場合の受寄者の責任を再受寄者の選任および監督についての責任に軽減していたが、改正民法のもとでは、受寄者は履行補助者の行為について債務不履行の一般則によって責任を負う。再受寄者は、寄託者に対して、受寄者と同一の権利を有し義務を負う（民658条３項）。

　(2)　**寄託物の返還・契約の終了**　　倉庫寄託契約は、一般の契約終了原因のほ

か、寄託物の返還請求によって終了することがある。寄託者は、保管期間の定めの有無を問わず、いつでも寄託物の返還を求めることができる（民662条。受寄者が損害賠償を請求することは可能）。寄託者にとって保管の委託が不要となったときに、寄託の継続を強いるのは無意味だからである。これに対して、倉庫営業者は、保管期間を定めなかったときは、やむを得ない事由がある場合を除き、入庫の日から6ヵ月を経過した後でなければ受寄物を返還することができない（612条。民663条1項の特則。約款20条は3ヵ月の保管期間を定める）。寄託物の返還の時期を定めたときは、倉庫営業者は、やむを得ない事由があるときを除き、その時期に（民663条2項参照）、保管場所で寄託物を返還すべきことになる（民664条）。

寄託物は寄託者の所有物とは限らず、寄託中に譲渡などがなされることもあるから、受寄者からみて、誰に寄託物を返還すべきかがはっきりしないことがありうる。民法660条は、寄託物について権利があると主張する第三者が受寄者に対して訴えを提起し、または差押え、仮差押えもしくは仮処分をしたときは、受寄者は遅滞なくその事実を寄託者に通知しなければならないとしている（民660条1項）。寄託者がすでにその事実を知っているときには、寄託者は通知がなくても適切な対応をとれるはずだから、受寄者は通知義務を負わない（民660条1項但書）。民法は、さらに、受寄者は原則として寄託者に対して返還しなければならず（民660条2項本文）、この場合に寄託者に返還したことによって第三者に損害が生じても受寄者は責任を負わないとする（民660条3項）。また、民法660条1項の遵守を前提として、その寄託物を当該第三者に引き渡すべき旨を命ずる確定判決（裁判上の和解など確定判決と同一の効力を有するものでもよい）があったときは、当該第三者に返還すれば足りるとしている（民660条2項但書。この場合に寄託者に返還すると、民法660条3項の反対解釈により当該第三者に対して損害賠償責任を負う可能性がある）。

寄託者が寄託物の受領を拒み、または受領することができないときには、倉庫営業者には、商事売買で買主が受領拒絶した場合などと同様に、供託権、競売権が認められる（615条・524条1項2項。→10章Ⅰ。524条3項は準用していないので競売代金の供託は不要。約款31条はさらに任意売却権を定めている）。

(3) **保管料および費用の支払**　　寄託者は保管料等の支払義務を負う。商法

コラム16-2　**倉庫寄託物の占有移転**

　どのような場合に売買契約における現実の提供（民493条）があったと認められるか、どの時点で目的物の所有権が買主に移転するか（民176条）、どの時点で動産物権変動の対抗要件を具備したと認められるか（民178条）は、関係当事者の合意や商慣行に左右される。商人間の売買では、倉庫寄託物を現実には動かさずに、指図による占有移転（民184条）の方法で引渡しを行うこともある。判例には、冷凍食肉販売業者間、冷蔵倉庫業者間で、寄託者である売主が、受寄者宛てに買受人に引き渡すことを依頼する旨を記載した荷渡指図書を発行してその正本を受寄者、副本を買受人に交付し、受寄者は寄託者の意思を確認した上で寄託者台帳上の寄託者名義を買受人に変更するという処理が広く行われていた場合に、名義変更によって指図による占有移転がなされたものとし、転買人の即時取得（民192条）を認めたものがある（最判昭57・9・7民集36・8・1527〔百選97、商判Ⅱ-22〕）。

　なお、荷渡指図書と呼ばれる書面には、ほかに荷揚港で船荷証券（→15章2の6(2)）を回収した運送人が貨物の保管者あてに書面に記載した者への引渡しを指図する形式のものもあるが、通関手続の電子化に伴い徐々に不発行とする実務が広まりつつある。いずれについても、学説では有価証券性が議論されてきた。

は、倉庫営業者は寄託物の出庫の時以後でなければ、保管料および立替金その他寄託物に関する費用（保管料等）の支払を請求することができないとする（611条本文）。寄託物の一部を出庫するときは、出庫の割合に応じて保管料の支払を請求できる（同条但書）。支払時期や徴収方法などについては、特約がなされていることが多い。倉庫営業者については、特別の留置権、先取特権の規定はない。民法295条、商法521条の留置権、動産保存の先取特権（民320条）は認められる。留置権は、受寄物が第三者に譲渡された場合も消滅しないと解されている。

3　倉庫営業者の責任

　商法は、倉庫営業者は、寄託物の保管に関し注意を怠らなかったことを証明しなければ、寄託物の滅失または損傷につき損害賠償責任を負うと定める（610条）。しかし、倉庫寄託約款では、一般に、倉庫営業者またはその使用人の故意または重大な過失によって損害が生じたことを寄託者が証明しない限り

は、倉庫営業者は責任を負わないと規定している（約款38条）。倉庫寄託契約は事業者間取引であり、寄託者が取引を熟知していること、倉庫営業者の寄託物検査権は限定的であること（約款12条は寄託者の承諾を得て受寄物の内容の検査をすることができるとする）、保管料低廉化の要請があることがその理由とされる。いずれの標準約款でも、受寄物の滅失、損傷に備えて、倉庫営業者が寄託者を被保険者とする火災保険を付すものとされている（→本章**2**の2）。

損害賠償の範囲については商法に特則はないため、民法の一般原則による（民416条。なお、約款42条は、損害発生当時の寄託物の時価または火災保険金額（約款33条）もしくは寄託価額（約款9条）のうち低い方の額により、損害の程度に応じて算定する旨を定める）。寄託者が所有者ではない場合であっても、寄託者が所有者に賠償する前に倉庫寄託契約に基づき倉庫営業者に損害賠償請求をすることは可能である（最判昭42・11・17判時509・63〔百選94〕）。寄託物の損傷または一部滅失についての倉庫営業者の責任は、寄託者が異議をとどめないで寄託物を受け取り、かつ、保管料を支払ったときは消滅する。直ちに発見することができない損傷または一部滅失についても、2週間以内に通知を発しないときは同様である（616条1項）。この規律は、倉庫営業者が悪意である場合には適用されない（616条2項）。この「悪意」は、損傷または一部滅失があることを知っていたときと考えられる（改前商588条2項に関する最判昭41・12・20民集20・10・2106→**15章2**の4(4)参照）。倉庫営業者の責任は、滅失または損傷については寄託物の出庫の日から、全部滅失の場合は寄託者に対してその旨の通知を発した日から1年で、時効によって消滅する（617条1項・2項）。この短期消滅時効も倉庫営業者が寄託物の滅失または損傷について悪意であった場合は適用されないが（617条3項）、本条の「悪意」は、改正前商法566条の悪意（→**15章2**の4(5)）と同様に、倉庫営業者が寄託物に故意に損害を与えた場合や故意に損害を隠蔽した場合を指すと解すべきであろう。

3　倉荷証券

倉荷証券は、寄託物の譲渡や質入れを容易にするために発行される、寄託物返還請求権を表章する有価証券である。平成30年改正前の商法は、このような

コラム16-3　倉庫寄託物の担保化と倉荷証券

　沿革的には、倉庫業は金融取引を補助する機能、つまり、倉庫に寄託されている物について倉荷証券を発行し、寄託物を担保とする与信取引を円滑に行えるようにする機能を果たしてきた。倉庫業法は、倉荷証券の円滑な流通を確保することもその目的としており、許可を受けた倉庫業者のみが倉荷証券を発行できるものとして（13条）、利用者保護を図っている。もっとも、倉庫寄託物の担保化の方法としては、直接、寄託物に質権や譲渡担保権を設定することもでき、特に商品在庫のように倉庫内の構成部分が変動する場合は、集合動産譲渡担保権を設定する方が便利である。現在では、倉荷証券の主な用途は商品取引所の上場商品の受け渡しとなっているようである。なお、法人を担保権設定者とする動産譲渡担保権については、動産債権譲渡特例法（平成10年法律104号）に従い動産譲渡登記により対抗要件（民178条）を備えることができるが（3条1項）、この規定は倉荷証券、運送証券が作成されている動産には適用されない（同条同項括弧書参照）。

　証券について、預証券と質入証券をセットで発行し、質入証券に第一の質入裏書がなされた後はそれぞれ独立に流通させる複券主義を基本とし、寄託者の請求により倉荷証券のみを発行することも認めていた（両方をあわせて倉庫証券とよんでいた）。複券の利用実態はまったくないため、平成30年商法改正により複券主義は廃止され、倉荷証券の規定のみとなった。

　倉荷証券の性質や効力は、船荷証券（→**15章2**の(2)）に類似する（倉庫営業者の交付義務につき商600条、要式証券性につき601条参照。法律上当然の指図証券であり（606条）、文言証券性（604条）、受戻証券性（613条）、物権的効力がある（605条・607条））。約款では、倉庫営業者は「受寄物の内容を検査しないときには、その内容と証券に記載した種類、品質又は数量との不一致については、責任を負わ」ず、この場合、「受寄物の内容を検査しない旨又はその記載が寄託者の申込による旨を証券面に表示する」ものとしているが、判例（最判昭44・4・15民集23・4・755〔百選95・商判Ⅱ-23〕）は、倉荷証券上の免責約款の効力を制限的に解している。倉荷証券の正当な所持人は、寄託者と同様の寄託物返還請求権を取得する。証券所持人が証券と引換えに受寄物の返還を請求する際には、判例（最判昭33・2・19民集11・2・295）によると、倉荷証券が裏書譲渡されたと

きは、特段の事情がない限り、証券記載の文言に従い譲受人が保管料支払債務を引き受ける旨の債務引受の合意が当事者間に成立すると解されることから、証券所持人も保管料支払義務を負うことになる。このほか、倉庫営業者には帳簿記載義務が明文で課されており（602条。再交付につき608条）、証券所持人が寄託物の分割とその各部分についての倉荷証券の交付を請求することができるとされていること（603条）、倉庫業法において、同法に基づく許可を受けた倉庫営業者のみが発券できるとされていること（倉庫業13条）などが、船荷証券とは異なる。

17章

場屋営業

I 場屋営業の意義

　場屋営業とは、客の来集を目的とする場屋における取引（502条7号）、すなわち場屋取引を目的とする営業である。場屋取引とは、公衆の来集に適する設備を設け、これを利用させる取引を指す。場屋営業者の典型として商法は旅館、飲食店、浴場を挙げているが（596条1項）、この他に劇場、映画館、ゲームセンター、パチンコ店、遊園地などが該当すると考えられる。裁判例では、ゴルフ場を場屋営業者と見るものがある（名古屋地判昭59・6・29判タ531・176など）。なお、商行為性に関する裁判例では理髪店を場屋営業者にあたらないとしたものがあるが（大判昭12・11・26民集16・1681）、一定の設備を設けて広く一般の客の来集を待つことを営業の本質とする点などでは旅館や飲食店などと共通するため、場屋営業者に含むと考えるべきであろう。

　場屋取引には例えば旅館における宿泊契約、飲食店における飲食物提供契約といったものが含まれるであろうが、こうした取引については営業的商行為とされる（502条7号）こと以外は商法に規定が置かれているわけではない。もっとも、こうした取引の一部は、例えば旅館業法、公衆浴場法、興行場法、食品衛生法、生活衛生関係営業の運営の適正化及び振興に関する法律、風俗営業等の規制及び業務の適正化等に関する法律といった法律により行政的規制に服する。

　商法は、場屋営業に共通して問題となる、客の物品に対する場屋営業者の責任についてのみ規定を置くにとどまる。

2 場屋営業者の責任

客の物品に対する場屋営業者の責任は、レセプツム責任と呼ばれるローマ法上の責任に遡ることができる。これは、船主や、旅館・厩舎の主人などが、受け取った物品につきその受領（receptum）という事実のみに基づいて結果責任を負うというものであった（ただし、のちにこの責任には不可抗力の抗弁が認められるようになる）。当時の旅館の主人などは盗賊などと共謀し客の荷物を奪うような不誠実な行為をすることもたびたびあったため、このような厳格な責任が課されたものと説明されている。

もっとも、現代の場屋営業者にかかる不誠実が横行しているという事実はなく、だとするなら場屋営業者の厳格責任についてはまた別の趣旨があると考える必要がある。場屋営業においては場屋に多数の客が出入りし、またある程度の時間滞在する。客は所持品を場屋に持ち込むことが避けがたく、例えば入浴の場合のように、客が所持品から離れる必要があることもある。このため、客の所持品については盗難や紛失の危険性が高まることになる。こうした盗難や紛失の危険に鑑み、法は、客の安心確保や場屋営業者の信用維持のため、場屋への客の来集により利益を受ける場屋営業者に厳格な責任を課したものと理解することができる。

1 寄託を受けた物品に対する責任

商人が営業の範囲内で物品の寄託を受けた場合、有償無償を問わず善管注意義務を負うのが原則である（595条。→**9章2**の3(4)）。しかし、場屋営業者についてはこの責任を厳格化し、客から寄託を受けた物品の滅失または損傷については、不可抗力によるものであったことを証明しなければ、損害賠償の責任を免れることができないものとしている（596条1項）。

ここで、「客」とは、場屋営業者と場屋の利用契約を結んだ者（例えばホテルであれば宿泊客やレストランの利用客）のみならず、これから契約を結ぼうとする者（例えば宿泊のキャンセル待ちの者や宴会の予約をしようと訪問した者）や、他者の契約の反射的効果として施設の利用をしている者（例えばホテルで開かれた宴

会の招待客や会議の参加者）も含まれる。これに対し、単にロビーで休憩するためにホテルを訪れた者などは含まれないと解される。なお、裁判例では、ガソリンスタンドにおいて給油後も従業員の好意で自動車を駐車したままにしていた者について、客と認めなかったものがある（東京高判平14・5・29判時1796・95）。

　寄託があったといえるには、物品の占有が場屋営業者に移転していることが必要となる。出入り自由な場所に駐車場のスペースを設け客に自由に駐車させ、車の鍵は客自身が所持することとしていた場合（高知地判昭51・4・12判時831・96）や、コインロッカーを設け客に利用させ、鍵は客が管理することとしていた場合（東京高判平16・12・22金法1736・67）などにおいて、寄託の成立を否定する裁判例が見られる。これに対し、宿泊客が旅館の駐車場に駐車し旅館側に車の鍵を預けていた場合には、寄託の成立を肯定している（東京地判平8・9・27判時1601・149）。

　どのような場合にここにいう不可抗力であったといえるかは争いがある。まず、事業の性質に従い最大の注意をしても避け得ない出来事が不可抗力による事故であると考える見解がある（主観説）。しかし、この見解に対しては、結局不可抗力が無過失と同じ意味となり、場屋営業者の責任が単なる過失責任となってしまい、過失責任よりも厳格な責任を想定している条文の文言に反するという批判がある。また、不可抗力とは、客観的に特定の事業の外部から発生した出来事で、かつ、通常その発生を予期できないことが明瞭なものと考える見解もある（客観説）。この見解に対しては、事故の発生が予期されるが技術的・経済的に予防できない場合にも場屋営業者に責任を負わせることになり不当であるとの批判がある。こうしたことから、不可抗力とは、特定事業の外部から発生した出来事で、通常必要と認められる予防手段を尽くしてもその発生を防止することができない危害であると解されている（折衷説）。

　裁判例においては、宿泊客が旅館に自動車を寄託したところ、集中豪雨により土砂崩れが生じ自動車が損傷した事例について、土砂崩れ防止の措置がなかったことや、旅館側の迅速な対応があれば損傷を避け得たことなどから、不可抗力の抗弁を認めなかったものがある（前述東京地判平8・9・27）。

2 寄託を受けない物品に対する責任

　客が寄託していない物品であっても、場屋の中に携帯した物品が、場屋営業者が注意を怠ったことによって滅失し、または損傷したときは、場屋営業者は、損害賠償の責任を負う（596条2項）。寄託契約は成立していないため、場屋営業者は契約上の責任を本来負うものではなく、不法行為責任も当然には発生しないはずであるが、客の保護のため特別の責任を負わせたものである。この責任は、場屋の利用契約に基づく付随的な法定責任、ないしは場屋の利用関係に基づき法が認めた特別の責任とされる。「注意を怠った」とは善管注意義務違反を意味し、義務違反が場屋営業者、または使用人などの履行補助者にある場合に責任が認められる。かかる義務違反についての立証責任は客側にある。

　こうした責任が認められるのは、あくまで客の携帯した物品に限られる。客でない者が場屋中に物品を携帯したとしても、場屋営業者は特別の責任を負うわけではない（前述東京高判平14・5・29）。

3 特約による責任の排除

　1や2で述べた場屋営業者の責任の規定は任意規定と解されており、したがって責任を免除する特約や制限する特約を結ぶことも可能である。ただし、客が場屋の中に携帯した物品につき責任を負わない旨を表示したときであっても、場屋営業者は責任を免れることができない（596条3項）こととされている。単なる告示で場屋営業者の責任を免責できるとすれば責任規定が空文化しかねず、客の保護に欠けることとなるため、告示のみでは免責の特約の成立を認めないことを法文上確認したものである。

　また、免責特約や責任制限特約がある場合も、約款の合理的意思解釈などにより適用が排除され、結果として場屋営業者の責任が認められる場合がある。裁判例では、ホテルの約款に責任制限特約（宿泊客の携行品等のうちフロントに預けなかったものについては、ホテル側にその種類および価格の明告をしなかった場合、賠償額を15万円に制限する旨の特約）が置かれていた事例で、ホテル側に故意または重過失のある場合には特約が適用されないとしたものがある（最判平15・2・28判時1829・151〔百選98、商判Ⅱ-24〕）。

4　高価品に関する特則

　貨幣、有価証券その他の高価品については、客がその種類および価額を通知してこれを場屋営業者に寄託した場合を除き、場屋営業者は、その滅失または損傷によって生じた損害を賠償する責任を負わない（597条）。高価品については通知の上で寄託を受ければ場屋営業者も特別の注意を払うことができるが、通知や寄託がなければそうした注意を期待することは難しい。そこで、通知や寄託のない場合に場屋営業者の重い責任につき免除することを認めたものである。運送契約における高価品に関する運送人の責任の特則（→15章**2**の**4**(3)）と類似する規定であるが、場屋営業者については、高価品の寄託に際して割増の報酬を得ることはないなど、趣旨が異なるところもあると考えられる。

　高価品の通知がない場合、場屋営業者は普通品としての責任をも負わない。また、場屋営業主側に故意がある場合、免責されないと考えるべきである（重過失がある場合に免責が認められるかは争いがある）。場屋営業者の不法行為責任についても、商法597条を類推適用すべきである（ただし、大判昭17・6・29法律新聞4787・13は不法行為責任への当時の595条（現597条）の適用を否定する）。

5　時　効

　前述の場屋営業者の責任にかかる債権は、場屋営業者が寄託を受けた物品を返還し、または客が場屋の中に携帯した物品を持ち去った時（物品の全部滅失の場合にあっては、客が場屋を去った時）から１年間行使しないときは、時効によって消滅する（598条1項）。場屋営業者の責任につき、短期の消滅時効を認めたものである。

　ただし、場屋営業者が物品の滅失または損傷につき悪意であった場合には、通常の時効（民166条1項）によることとなる（598条2項）。ここにいう場屋営業者の悪意には、場屋営業者の履行補助者の悪意も含むものと解される。

参考文献一覧

〇商法総則・商行為法
青竹正一『商法総則・商行為法』（信山社、2019年）
大塚英明＝川島いづみ＝中東正文＝石川真衣『商法総則・商行為法〔第3版〕』（有斐閣、
　　2019年）
落合誠一＝大塚龍児＝山下友信『商法Ⅰ—総則・商行為〔第6版〕』（有斐閣、2019年）
片木晴彦『基本講義 商法総則・商行為法〔第2版〕』（新世社、2003年）
神作裕之＝藤田友敬編『商法判例百選』（有斐閣、2019年）
近藤光男『商法総則・商行為法〔第8版〕』（有斐閣、2019年）
田邊光政『商法総則・商行為法〔第4版〕』（新世社、2016年）
弥永真生『リーガルマインド商法総則・商行為法〔第3版〕』（有斐閣、2019年）
藤田勝利＝北村雅史編『プライマリー商法総則・商行為法〔第4版〕』（法律文化社、
　　2019年）

〇商法総則
大隅健一郎『商法総則〔新版〕』（有斐閣、1978年）
鴻常夫『商法総則〔新訂第5版〕』（弘文堂、1999年）
江頭憲治郎編『会社法コンメンタール（第1巻）』（商事法務、2008年）
酒巻俊雄＝龍田節編集代表『逐条解説会社法（第1巻）』（中央経済社、2008年）
酒巻俊雄＝龍田節編集代表『逐条解説会社法（第9巻）』（中央経済社、2016年）
関俊彦『商法総論総則〔第2版〕』（有斐閣、2006年）
田中誠二『全訂商法総則詳論』（勁草書房、1976年）
服部栄三『商法総則〔第3版〕』（青林書院新社、1983年）
森本滋編『商法総則講義〔第3版〕』（成文堂、2007年）
森本滋＝山本克己編『会社法コンメンタール（第20巻）』（商事法務、2016年）

〇商行為法
江頭憲治郎『商取引法〔第8版〕』（弘文堂、2018年）
大隅健一郎『商行為法』（青林書院新社、1969年）
西原寛一『商行為法』（有斐閣、1978年）
平出慶道『商行為法〔第2版〕』（青林書院、1989年）
森本滋編著『商行為法講義〔第3版〕』（成文堂、2009年）

事項索引

判例索引

■執筆者紹介 （＊執筆順、※は編者）

※北村　雅史　関西大学法科大学院教授・京都大学名誉教授　1 章、6 章

河村　尚志　龍谷大学法学部准教授　2 章、7 章

清水　円香　立命館大学法学部教授　3 章、5 章

岡田　昌浩　広島大学大学院人間社会科学研究科准教授　4 章、17 章

山下　典孝　青山学院大学法学部教授　8 章、13 章

行澤　一人　神戸大学大学院法学研究科教授　9 章、10 章

原　　弘明　関西大学法学部教授　11 章、12 章、14 章

増田　史子　岡山大学法学部教授　15 章、16 章

Horitsu Bunka Sha

スタンダード商法Ⅰ 商法総則・商行為法〔第2版〕

2018年12月15日　初　版第1刷発行
2022年 4 月20日　第2版第1刷発行
2023年11月30日　第2版第3刷発行

編　者　　北村雅史
　　　　　きたむらまさし

発行者　　畑　　光

発行所　　株式会社 法律文化社

〒603-8053
京都市北区上賀茂岩ヶ垣内町71
電話 075(791)7131　FAX 075(721)8400
https://www.hou-bun.com/

印刷：中村印刷㈱／製本：㈲坂井製本所
装幀：白沢　正

ISBN 978-4-589-04201-9

Ⓒ2022 Masashi Kitamura Printed in Japan

スタンダード商法
【全5巻】

〈本書の特長〉

・基本事項に重点を置いた標準テキスト
・丁寧な解説で商法の基本と全体像，およびリーガルマインドを修得できる
・理解を促すために，適宜，図解を用いる
・コラムにて重要判例，学説上の論点を解説し，知識の定着と応用を可能にする
・法学部をはじめ，経済学部・経営学部・商学部の講義に最適
・Ⅰ～Ⅳは基礎から発展レベル，Ⅴは入門書

北村雅史編
スタンダード商法 Ⅰ　商法総則・商行為法〔第2版〕
A5判・256頁・2750円

徳本　穰編
スタンダード商法 Ⅱ　会社法〔第2版〕
A5判・350頁・3300円

山下典孝編
スタンダード商法 Ⅲ　保険法
A5判・290頁・2860円

徳本　穰編
スタンダード商法Ⅳ　金融商品取引法
A5判・224頁・2750円

高橋英治編
スタンダード商法 Ⅴ　商法入門
A5判・214頁・2420円

─────法律文化社─────
表示価格は消費税10%を含んだ価格です